U0366071

本书为国家社科基金项目"日本'东洋史学'研究"

(项目号:14CSS018)结项成果

日本东洋史学研究

王广生 —— 著

上海交通大学出版社
SHANGHAI JIAO TONG UNIVERSITY PRESS

内容提要

　　日本"东洋史学"作为一门学科,主要以中国的历史文化为研究对象,在方法论意义上,可视为日本为了确立近代"自我",而以"东洋(中国)"和"近代"为方法的一种学术生产机制和思想路径。

　　本书尝试在历史哲学、史学方法论和日本中国学史等多重视域下,对日本"东洋史学"的发生学语境、形成过程及构成特色进行整体和系统性的分析,对该领域内的内藤湖南、白鸟库吉和津田左右吉、宫崎市定等主要学者的学术理路做出系谱学层面的研讨和回应,进而尝试解析日本"东洋史学"兼具科学性和人文性等多重属性的特质及其思想根源,从而为我国的日本学研究、国际中国学研究等学术领域提供有益的借鉴和启示。

　　本书可作为中日近代关系史、日本近代思想史、日本汉学(中国学)等专业的研究者参考。

图书在版编目(CIP)数据

　　日本东洋史学研究/王广生著. —上海:上海交

通大学出版社,2024.10 —ISBN 978 - 7 - 313 - 30214 - 4

　　Ⅰ. K313.03

　　中国国家版本馆 CIP 数据核字第 20246LF756 号

日本东洋史学研究

RIBEN DONGYANG SHIXUE YANJIU

著　　者：王广生

出版发行：上海交通大学出版社　　　　　　　　地　　址：上海市番禺路 951 号

邮政编码：200030　　　　　　　　　　　　　　电　　话：021 - 64071208

印　　制：苏州市古得堡数码印刷有限公司　　　经　　销：全国新华书店

开　　本：710mm×1000mm　1/16　　　　　　　印　　张：13.75

字　　数：217 千字

版　　次：2024 年 10 月第 1 版　　　　　　　　印　　次：2024 年 10 月第 1 次印刷

书　　号：ISBN 978 - 7 - 313 - 30214 - 4

定　　价：98.00 元

版权所有　侵权必究

告读者：如发现本书有印装质量问题请与印刷厂质量科联系

联系电话：0512 - 65896959

日本中国学/"东洋史学"的学术谱系及其业绩与国家主义品格[①]

严绍璗

若站在 20 世纪日本对中国历史文化的接受与变异的立场上,我们可以发现日本中国学/"东洋史学"在知识论层面表达为互为表里的两个方面:第一,日本中国学/"东洋史学"的学术谱系及其相应业绩;第二,日本中国学/"东洋史学"在 20 世纪日本对外殖民活动中的作用和整体变异状态,即其国家主义品格。

一、"东洋史学"的学术谱系及其业绩

若以 19 世纪末叶日本对中国文化研究的"近代型"逐步形成开始到 20 世纪末期,大致可以分离出 5～6 代学人,他们彼此学术相传,勾画出日本中国学/"东洋史学"谱系的基本面貌。

第一代学者属于近代日本中国学/"东洋史学"创立时期的学者。在日本中国学的形成时期,事实上形成了以京都帝国大学为核心的"京都学派"和以东京帝国大学为核心的"东京学派"。其中,前者的代表性学者有京都大学的狩野直喜(1868—1947)、内藤湖南(1866—1934)、桑原骘藏(1870—1931),后者的代表性学者有东京大学的井上哲次郎(1855—1944)、白鸟库吉(1865—1942)等。

他们的共同特点是以近代学科史的概念,进入"对中国文化的研究",即从传统的"文"和"文学"的大概念中,区分出了例如"文学史""哲学史""东洋史"

---

① 本序出自《20 世纪中国古代文化经典在日本的传播编年》(大象出版社,2018,作者严绍璗、王广生)的序言部分,此处略有修订。

等,并以各自的喜好和擅长,进入"研究领域";几乎所有的研究者,都具有在"中国"这一研究对象国的实地考察的经验,又具有在欧美世界的相关的文化活动的经验。他们从传统的只是在"书斋"中"读书"的"书面文本知识"中走向获得"文本研究"的"对象国总体"的"文化体验",并争取获得"欧美的近代文化观念"。

但是,"京都的学者"和"东京的学者"在"内在精神形态"上有相当大的不同。主要的差异在于,"京都的学者"的研究大都执着于"学术研究"的"本体层面",即以"研究中国文化"本身"是什么"就是"什么"的"学院派"道路(后面我们将以狩野直喜为实例来阐明);"东京的学者"大概与政治中心距离太近,具有与日本社会意识形态思潮的"密切关联",在某种意义上可以说,在创建时期开始的"对中国文化的研究",东京学者比较"自觉"地在日本总体的社会重大思潮中充当"风雨表"(后面我们阐述的井上哲次郎和白鸟库吉的学术,正是20世纪初期日本社会"亚细亚主义"和"脱亚入欧"这两种日本至今存在的"国家主义"意识形态在"中国文化研究"中的表现)。

我们这里介绍的日本中国学创始时期的两大学派的学术特征,只是就他们的基本状态而言的。这当然也只是一种看法,当代日本对中国文化的研究,"学派"之分正在"模糊之中"。

第二代日本中国学的研究家以京都大学的青木正儿(1887—1964)、武内义雄(1886—1964)、小岛佑马(1881—1966)和以东京大学的服部宇之吉(1867—1939)、宇野哲人(1875—1974)以及早稻田大学的津田左右吉(1873—1961)等为代表。

一般说来,"二战"后接手的第三代"中国学家",原先"京都大学学派"和"东京大学学派"的学术特征逐步相互融合,一直到现在,可以说以两个著名大学分割"学术"的状态基本已经消失。但个人"师承"的传统应该说还是具有学术意义的。

第三代研究家以吉川幸次郎(1904—1980)、宫崎市定(1901—1995)①、岩村忍(1905—1988)、榎一雄(1913—1989)等为代表。

---

① 宫崎市定师承内藤湖南和桑原骘藏,可以划归为京都大学中国学派的第二代学者,但其主要学术成就在"二战"后展开,故勉强划为第三代,但其学术兼具第二代和第三代之特色。特此说明。

第四代研究家以清水茂、伊藤漱平、户川芳郎、池田温、兴膳宏等为代表。

目前,正经历着第五代与第六代学者混同与相互接班的状态。日本人文学术研究的"师承关系"是很明确的。我这里表述的"代际"关系是以"师承"的"代辈"为主要标志的。

在这样浩大复杂的谱系中,我们以两位学者作为研究个案,挂一漏万地评估 20 世纪日本的"中国学"基本业绩。

(一) 狩野直喜开拓性的学术业绩

1. 狩野直喜对《水浒传》成形的思考

1910 年,狩野直喜在日本《艺文》杂志上发表题为《水浒传与中国戏剧》的论文。这是"日本中国学"界第一次把对中国的俗文学的研究置于文学史的观念之中,并且运用文献实证的方法开始的早期的研究。

1887 年,日本著名的三位作家森鸥外(1862—1922)、森槐南(1862—1911)和幸田露伴(1867—1947),在《醒醒草》杂志第 20 期上共同研讨《水浒传》。他们认为中国杂剧中的"水浒戏",其实大都是根据小说《水浒传》改编的。狩野直喜则在 20 年后提出了不同的见解:"小说的情节是应该由类似的戏剧发展而来的,而并不是由《水浒传》的这一回情节,分编为几出杂剧的。"[①]狩野直喜的这一学术创建,被后来的中日学者所接受,几成定论。但与其说结论,不如说研究的方法层面的启示意义:打通了文学和史学的分界,以新的实证观念和方法切入分析研究的材料等,这些都为后来的文学和史学研究树立了一个很好的典范。

2. 狩野直喜对中国敦煌文献的重视和解读,开拓了中国文学研究的新视野

狩野直喜从斯坦因(Marc Aurel Stein, 1862—1943)手中偶然得到一张敦煌文献的残片(破败的纸张一枚),他对此展开研究,并指出:"治中国俗文学而仅言元明清三代戏曲小说者甚多,然从敦煌文书的这些残本察看,可以断言,中国俗文学之萌芽,已显现于唐末五代,至宋而渐推广,至元更获一大发展。"[②]狩野直喜所说的"敦煌故事",成为后来学者所说的"变文",而时至今日,我们将中国俗文学的源头定义为唐传奇的学术常识,实则起源于狩野直喜的开拓和努力。

---

① 严绍璗:《日本近代中国学中的实证论与经院派学者——日本中国学家狩野直喜·武内义雄·青木正儿研究》,《岱宗学刊》1997 年第 2 期,第 48 - 49 页。

② 严绍璗:《日本近代中国学中的实证论与经院派学者——日本中国学家狩野直喜·武内义雄·青木正儿研究》,《岱宗学刊》1997 年第 2 期,第 49 页。

3. 狩野直喜对近代中国元曲研究的开拓之功

1912 年 10 月 20 日,狩野直喜在俄国首都圣彼得堡发现了一批珍贵的西夏文献和宋刊文献。特别值得一提的是,狩野直喜在《杂剧零本》下加了一个说明:"匆忙过目,未能断言,疑为宋刊,此为海内孤本,为元曲之源流,将放一大光明也,惟惜纸多破损。"[①]

虽然后来有学者考证,所谓的"杂剧零本",其实就是足以证明中国元曲之滥觞的《刘知远诸宫调》残本。而根据这些材料进行考证的学者,就是他的学生、著名的中国俗文学研究家青木正儿。

因此,狩野直喜在上述三个层面,推动并开启了近代的中国文学研究,泽被后世,对日本的中国学之学科建设与开拓也具有奠基性的重要意义。

(二)"吉川中国学"体系的创建

从 20 世纪"日本中国学"的谱系上讲,吉川幸次郎是属于"日本中国学"的第三代学者。若认定狩野直喜是日本近代中国学在"二战前"最为杰出的学者之一的话,吉川幸次郎则是属于"二战"后的最杰出的研究家之一。他在 20 世纪 40 年代后期至 80 年代(1980 年去世),即在 20 世纪中后期以丰硕的研究业绩,承上启下而具有广泛影响力。美国学者费正清(John King Fairbank, 1907—1991)称他为"中国学的巨擘",这一评价至今仍为国际中国学(Sinology)的大多数研究者所认同。

从 20 世纪 40 年代后期开始,"日本中国学"进入了"反省整肃和复兴阶段"。当年在初期学术史上曾经辉煌一时的学者,如内藤湖南、狩野直喜、桑原骘藏、井上哲次郎等,或年老或去世,相继淡出了学坛;一部分研究者如鸟山喜一、驹井和爱以及与"中国学"相关的人士如德富苏峰等人,作为日本发动战争的"喉舌",或被整肃或受抨击,也退出了学坛。与此同时,一批新兴的学者开始登上学术的圣坛,吉川幸次郎是其中代表性的学人。他以谨严的态度与睿智的思索,历经 50 年辛勤劳作,撰著了 2000 万字的等身著作,构筑起"吉川中国学"的宏大体系。

吉川幸次郎是狩野直喜和青木正儿的学生。狩野直喜是近代日本中国学

---

① 严绍璗:《日本近代中国学中的实证论与经院派学者——日本中国学家狩野直喜·武内义雄·青木正儿研究》,《岱宗学刊》1997 年第 2 期,第 49 页。

的创始者之一,而青木正儿则是狩野直喜的嫡传,他们都是"二战"前"京都学派"的中流砥柱。从"谱系"的立场上叙述,吉川幸次郎正是 20 世纪日本中国学"京都学派"同时也是整个日本中国学界第三代学术的代表性学者。

"吉川中国学"的标志性业绩主要在三个方面。

1. 吉川幸次郎在 20 世纪 30 年代初期开始编纂《尚书正义定本》,体现了"吉川中国学"最基本的学识修养

吉川幸次郎在 1929 年被他的老师狩野从北京大学召唤归国,担当由狩野任所长的日本东方文化学院京都研究所经学与文学研究室主任,担纲《尚书正义定本》的编纂。作为这一浩大工程的第一步,吉川把"佶屈聱牙"的《尚书》以及孔颖达的注释翻译成现代日语。

要把《尚书》翻译成日文,这件事情在现在看来也是了不起的工作。吉川幸次郎花了 10 年的时间,于 1939 年出版了日语版的《尚书正义》。这在世界性的中国文化研究中,把《尚书正义》完本全部移译为外文尚属首次,由此轰动了整个中国学界。这一业绩具有两个方面的重大意义。首先,这一尝试是日本中国学的开创者们试图建立一个"对中国文化的研究模式",即研究中国文化,必须努力阅读中国经典文本;而真正"读懂"的最理想的方式,就是把一部汉文的经典文献翻译成本国文字。它在"日本中国学"学科中具有创建性的意义,即使在 70 余年之后的今天来看,无论怎样估量,都不算过分。

同时,吉川选择了甚至连中国学者也多少视为"畏途"的《尚书》整理研究作为他最初的学术课题,由此经受学术炼狱的洗礼,表明日本中国学为培养高层次学者铺设起步的学术通道,是从最具有基础性意义,又是最具有经典意义的文本的阅读和整理开始入手的,由此而形成了 20 世纪中期以来日本近代中国学培养高级学者的一个极有价值的"养成机制"。

2. 吉川幸次郎从 20 世纪 40 年代日本侵华正酣之际开启对中国元曲的研究,体现了吉川文学史观的核心意识

吉川对元曲的兴趣与研究是在狩野直喜的指导和引领下渐入其境的。在 20 世纪的 20 年代,中国学者对古代戏剧似乎还不太重视(王国维是个别的例子),而日本京都方面则开始了对元曲的探索。这恐怕有三方面的原因。一是日本从江户时代中期以来,由于社会町人阶层的壮大,市民文化日趋发达;二是"京都学派"的学者在欧洲访学,受到欧洲文艺的影响,认为戏剧与小说比诗文

占据更加重要的地位;三是一些研究者受中国五四新文化运动倡导白话文的影响,尽力在中国古文学中寻找里井世俗文学,便首先把注意力集中到戏剧方面。吉川幸次郎先生在 1984 年时曾经感慨地对我(严绍璗)说:"我们是一些不愿意战争(指日本的侵华战争)的人,我们逃避战争,我们设法不服兵役。我消磨战争岁月的办法就是读元曲。"他在这里说的"我们",是指与他志同道合应该列入"京都学派"第三代学者的田中谦二和入矢义高等诸先生。

吉川说:"最初,我们是把读元曲既作为消磨战争无聊的时间,又作为汉语言文学学习的脚本。但是,一旦深入,我们就感受到在中国文学中,除了诗歌中的士大夫生活之外,元曲中还有另一种中国人的生活。在这样混乱的年代,甚至在空袭中,我们这些不上战场的人,经常聚在一起,不管时局如何,读一段元曲,议论一番,真是获益匪浅啊!"作为他们共同研究的成果,他们在社会上充塞着战争叫嚣的嘈杂声中,为了自己研究的需要,首先编纂了《元曲辞典》和《元曲选释》(二册)。

从 1942 年到 1944 年,吉川本人完成了《元杂剧研究》30 万言。此书分为"背景"与"文学"两编。吉川认为:"文学是一种社会存在,因而必须首先考虑各个时代的文学特点,与产生这些文学的社会之间的关系。"所以,他在"背景"编中尽力考定元杂剧的观众,并详细考证元杂剧的作者 70 余人。这是中国文学史研究中第一次较为系统地研究元曲的作者和观众。后来,孙揩第先生在《元曲家考略》正续编中,都吸收了吉川的研究成果。吉川又认为:"文学史的研究不能仅仅停留在考订上,'考订'只是达到终极的一个必需的过程。"因此,他的下编"文学"就是为此而设立,集中于元杂剧本身的艺术与文体的分析,并从七个方面阐述了元杂剧在中国文学史上的价值。无疑,《元杂剧研究》成为"吉川中国学"对中国古代文学研究的第一次较大规模的尝试,从中展现了吉川的文学史观和学识素养,从而开启了吉川幸次郎探索中国文学的大门。

3. 20 世纪 50—70 年代,吉川幸次郎专心于杜甫诗歌研究,充分展示了吉川对中国文学深厚的情感以及深沉的理性阐述

1947 年,吉川幸次郎以《元杂剧研究》获京都大学文学博士,开始了他研究最白热化的时期。在 20 余年的时间里,他发表的论著有 1 500 万字左右,包括学术性论著与向日本民众普及中国文学的知识性文稿。其间,他对于中国文学的理解愈益深化。此种理性的把握,使他自 20 世纪 50 年代以来,以最大的精

力,从事杜甫的研究。

吉川对杜甫的热情是与他逐渐地把握"中国伦理学的人本主义"相一致的。他说:"杜甫的诗始终是看着大地的,与大地不离开的。从根本上讲,这是完整意义上的人的文学!"晚年的吉川,愈益地从世界文学与文化的视野中观察中国文学,尽力把握杜甫的文学力量。吉川说:"我并不讨厌西洋文学。但西洋文学有的时候是神的文学,英雄的文学,不是凡人的文学。歌德是伟大的,但丁是伟大的,但我觉得,不如杜甫这样'人的文学'更好。"

杜甫文学在日本的流布已有 600 余年的历史。近代以来到"二战"结束的80 年间,日本研究杜甫的著作大约只有四五种,主要的如笹川临风等著《杜甫》(《中国文学大纲》卷九,1899),德富苏峰的《杜甫与弥耳敦》(1917)和上村忠治《杜甫——抑郁的诗人》(1939)等。吉川觉得这些研究未能表明他对杜甫人格诗品的理解,决意从事《杜甫详注》及相应的杜甫研究。他从 1950 年刊出自己的第一部研究著作《杜甫杂记》(原名《杜甫私记》,筑摩书房,1950),到 1968 年在京都大学退休时发表的最后的学术讲演《杜甫的诗论与诗》,先后刊出了《杜甫杂记》、《杜甫笔记》、《杜甫》二卷(筑摩版《世界古典文学全集》卷 28—29)、《杜甫诗注》等数种著作。其杜甫研究在他去世后被编辑为《杜甫详注》(7 卷)。吉川在他后期 20 余年中,倾注其主要的精力,阐述中国这样一位强烈表达"人本主义"精神的诗人,研究他的作品与他的思想,成为"吉川中国学"的宝贵遗产。尽管他在杜甫的研究中存在着知识的不足和判断的错误,但它表述的研究精神和学术方向,显示了他作为一个中国学家对中国文学本质的理性认识和把握,显示了他作为一代中国学家的代表所内具的心路历程。

(三)日本中国学/东洋史学的三个学术特征

第一个学术特征是,与江户幕府时代的"汉学"家们相比较而言的,传统的汉学者往往闭门读书,潜心研究,偶有所得,辄记成篇,而日本近代中国学的理念与路数与之截然不同。新兴的学者有一种"学者文化体验"的自觉,即他们意识到研究中国文化就必须突破文献的书面记载而需要到中国去接受实地的文化经验。像内藤湖南便是第一个在北京刘铁云处看到甲骨文字的外国人,而狩野直喜则是第一位发起调查"敦煌文献"的日本学者。与此同时,在关心传统的Sinology 之外,他们也十分关注欧洲的思想文化动向。如狩野直喜对赫伯特·斯宾赛(Herbert Spencer, 1820—1903)的伦理学和孔德(Auguste Comet,

1978—1857)的实证主义等,都有相当的把握和了解。

事实上,一部分学者以接受施泰因(Loreng von Stein, 1815—1890)、盖乃斯德(Heinirich Rudolf Harmann Friedrich Geneist, 1816—1895)等学说为主,逐步创立了"哲学主义学派"(即"儒学主义学派");一部分学者以接受培理·拉菲特(Pierre Laffitte, 1823—1903)等的学说为主,逐步创立了"批判主义学派";一部分学者以接受孔德等的学说为主,逐步创立了"实证主义学派"。借此西方学术的思想资源提升并拓宽了其学术认知,从而建立了他们观察中国文化相当宽阔的文化视野。

第二个学术特征是,在国际中国文化研究学术史上,我认为日本中国学家首先倡导的"实证主义"的观念和方法构成国际中国学的学理基础。

提到"实证主义",有些学者便认为这就是中国清代的"考据学",是过于简单而且有点夜郎自大了。日本中国学中的"实证主义"固然是与中国清代的考据学有着某些关联,但是,近代日本中国文化研究中的"实证主义"的观念和方法论,其创立与演进的哲学基础,则主要来源于法国孔德的"实证主义"(positivism)观念。

与中国哲学界长期把孔德理论解释为"以主观的感觉为依据",从而否定客观世界与客观规律的可知性不同,日本中国学对孔德理论的表述具有日本式的阐述。他们认为,孔德的"实证主义"在于说明科学研究应以确凿的事实为基础,而不是抽象的泛泛推理。这一理论对他们接受"清代考据学"具有新的启示。

20 世纪初期,当日本的中国文化研究者们正在以此展开研究之时,中国本土甲骨文字与敦煌文献文物的相继发现,给他们以重大的刺激,他们以此为契机,逐步建立起对中国文化研究的"实证论"观念和方法论。

一般说来,日本中国学的"实证论"包含了以下主要内容:重视原典文献(原本或一手资料)的批评,强调"文献"与"地下文物"互相参照的重要性,主张研究者必须具有相关研究对象国家和地区的文化经验,尊重一种近似章学诚之"断言"的判断等。[①]

这是 20 世纪日本中国学在学术上最具价值的成果。日本中国学有价值的

---

① 严绍璗:《日本近代中国学中的实证论与经院派学者——日本中国学家狩野直喜·武内义雄·青木正儿研究》,《岱宗学刊》1997 年第 2 期,第 49－50 页。

成果,可以说绝大部分来自"实证主义"运作。例如,狩野直喜最早认为敦煌文献中的"佛曲"(即"敦煌变文")当为"中国俗文学之萌芽";而他在俄罗斯圣彼得堡发现的"杂剧零本"(即《刘知远诸宫调》),"为元曲之源头,将放一大光明也";青木正儿首次全文解读《刘知远诸宫调》,并著《中国近世戏曲史》。吉川幸次郎考证元杂剧作者72人生平,并著《元杂剧研究》。师生三代对中国文化史(含文学)研究的业绩至巨至大,中国学者从王国维到孙楷第,都曾在自己的研究中广泛而深入地吸收和融入了他们的成果。这一学派在中国文化学术史上,留下了宝贵的财富。

几乎在同一个时代里,日本的"哲学主义学派"(即"儒学学派")力倡"孔子之教",一直致力于把儒学学说融合于日本皇权主义的国家体制之中,构筑从民族主义通向军国主义(即日本的法西斯主义)的精神桥梁,并进而高唱"把儒学之真精髓归还中国,达成中国之重建,是皇国旷古之圣业"(服部宇之吉《新修东洋伦理纲要》)。这是20世纪日本"东洋史学"中国学中最腐败的一部分。

"日本中国学"中的"实证主义",首先是对江户时代传统汉学的"义理主义"的反省,同时也是对正在发展起来的、黏着于当时天皇制政体的中国文化研究中的"哲学学派"(即"儒学学派")的抵抗。

第三个学术价值在于,近代日本中国学虽然在"本体论"方面对江户汉学做了否定,即把对江户汉学从事的中国文化的研究,从具有意识形态内涵的信仰转化为此时作为学术客体的研究对象,但是,此种否定是以他们自身相当深厚的江户汉学的学识为学术支点的。正是因为他们具有了这种江户汉学的修养,才使他们对江户汉学的批评并实施其学术的转化成为可能。与此相关联的,则是早期京都学派的学者大都具有对本国历史文化相当好的造诣。中国文化对于他们是一种外国文化,当他们把握这样一种外国文化的时候,他们常常是以对本国文化的修养作为其学术的底蕴。这对中国的人文学术研究者应该说是极有积极意义的提示——任何对外国文化的研究,必须具有本国文化的修养基础。

日本中国学这样一些基本的学术特征,构筑了日本中国学学术的最主要的学术平台,也成为我们评估这一学术的基点。

二、日本中国学/"东洋史学"的"国家主义品格"

以上部分主要阐述了考察 20 世纪中国经典文化在日本的传播与接受之过程,需要着重把握的第一个层面,即日本近代中国学家的学术谱系以及他们相应的业绩。与此同时,我们还应该密切关注另外一个大的问题,即第二个层面,即揭示日本中国学/"东洋史学"内在的"国家品格"(抑或说成"国家主义品格"更为准确),即其变异中国文化成为它们主流意识形态的过程及其对于 21 世纪国际中国学研究的警示意义。

从本序所提供的材料可以看出,20 世纪的日本对"中国"和"中国文化"接受、研究的规模超乎一般人的想象,从中也出现了一批研究中国文化的有价值的成果,成为人类共有的精神智慧。但同时,这种对中国研究的"癫狂状态",也包含着不少为推进日本持续不断的"国家主义""超国家主义""军国主义"乃至"法西斯主义"等的观念而把"中国文化"作为"文化材料"所进行的多类型的"研究",并且以对中国文献典籍的大规模掠夺为标志的对中国文化具有毁灭性的破坏。所以,我们一直主张,从事日本中国学的研究必须以"理性"的精神来对待日本中国学内部存在的必须要"反省"的空间,其中特别重要的是必须认识20 世纪上半叶在日本国家主义意识形态中,中国学学术蜕化为日本侵略中国的政治工具,同时他们的贪婪欲望与国家强权相结合,对中国文化资源进行过毁灭性掠夺。

1938 年,中国著名的作家郁达夫先生对于当时日本的知识分子以自己所谓的"学术研究"和"文学创作",甘愿充当日本军国主义的文化工具这样严重的文化现象大声地谴责他们说:

> 总以为文士是日本的优秀分子,文人气节,判断力,正义感,当比一般的人强些。但是疾风劲草,一到了中日交战的关头,这些文士的丑态就毕露了……日本的文士,却真的比中国的娼妇还不如……我所说的,是最下流的娼妇,更不必说李香君,小凤仙之流的侠妓了。[1]

---

[1] 郁达夫:《日本的娼妇与文士》,《抗战文艺》第 1 卷第 4 期,1938 年 5 月 14 日。

为了更好地说明近代日本中国学/"东洋史学"的"国家品格"及其变异,笔者以日本近代的儒学研究与国家意识形态的关系为中心进行较为详细的解读和分析。

日本中国学中,思想哲学研究在主流意识形态强力推动下,是最先开始"被异化"的。其中,最引人注目的是日本对儒学的改造和利用。而国家层面对儒学的近代化改造,最著名的是《教育敕语》(1890)的颁布:

> 朕惟吾皇祖皇宗,肇国宏远,树德深厚。吾臣民克忠克孝,亿兆一心,世济厥美。此乃吾国体之精华,而教育之渊源亦实于此也。尔臣民应孝父母,友兄弟,夫妇相和,朋友相信,恭俭持己,博爱及众,修学习业,以启发智能,成就德器,进而扩大公益,开展世务,常重国宪、遵国法,一旦有缓急,则应义勇奉公,以辅佐天壤无穷之皇运。如是,不仅为朕之忠良臣民,亦足以显扬尔祖先之遗风矣。斯道实为吾皇祖皇宗之遗训,子孙臣民俱应遵从,通于古今而不谬,施于内外而不悖者也。①

《教育敕语》颁布不久,就如雨后春笋般涌现出许多注解和阐发的论述。但"揣测圣意"不够境地,使文部省等高层十分苦恼,于是,经内阁会议研究决定,拟委托刚从德国留学 6 年、归来不到一个月的东京帝国大学井上哲次郎②对天皇的这一重要文本进行阐发和解读。

19 世纪 80 年代的日本处于东西方思想文化的激烈交汇处,井上哲次郎的学术思想的萌发和养成,根植于那个时代思想文化的分裂性特征:一方面渴望欧洲的近代性和先进性,一方面又怀揣着一份怀古念旧的复古之风。

井上哲次郎奉文部省之命于 1891 年撰写完成《教育敕语衍义》,经过天皇本人亲自审阅,决定署名为井上哲次郎,刊印发行同名专著《教育敕语衍义》(敬业社),并随即向全国推广。

井上氏在《衍义叙》中巧妙地阐述了"家国一体论","天皇"如同人体的"精

---

① 佐藤弘夫『概説日本思想史』、京都:ミネルヴァ書房、2005 年、第 235 - 236 頁。
② 井上哲次郎是近代日本中国学中最早从事中国古典哲学研究与教学的学者之一。1882 年,27 岁的他被聘为副教授,在当时的东京帝国大学主持"印度、中国哲学讲座"。

神"抑或"心意",而"臣民"则是人体的"四肢",两者相互依存,而四肢自然是听从大脑的。换言之,井上哲次郎奉文部省之命把日本"儒学"中的"君臣""忠孝"以及神授皇权等观念,与德国的普鲁士民族国家之近代学说糅合为一体,宣扬一种作为"臣民"而需要"尽忠"的"爱国主义",从而想要创造一种以近代"家国"观念为核心的国民精神。

对于明治政府及其统治集团而言,欧化的民主和自由的思想释放出巨大的推动力,同时也担心势必会影响他们自身专制的统治,动摇以日本天皇为首的既得利益集团的利益。因此,对儒学的改造就成为日本统治阶层在学术和思想层面的有效手段和策略。

因此,在此之后很快就出现了服部宇之吉将儒学转向"孔子之教"的努力与改造。

服部宇之吉1890年毕业于东京帝国大学哲学科,1900年12月官派赴德国,在柏林大学等地学习、研究汉学,1902—1907年出任中国京师大学堂(北京大学前身)师范馆主任教授,1909年升任东京帝国大学文学部教授;1917年起,出入皇宫,先后为皇太子、天皇讲授汉文。[①]

服部宇之吉一生最重要的学术努力,就在于把日本的"儒学"提升、改造成为"孔子教"。这可以说是近代日本中国学中受官方意识形态作用而形成的主要学派之一。

服部宇之吉在《重修东洋伦理纲要》(1926)的"序言"中提及"孔子教"与"儒教"之区别:

> 儒教之真精髓在于孔子之教,然中国于此久失其真精神,及至现代,误入三民主义,又以矫激之欧化思想,将其拂拭殆尽。有鉴于此,凡东西慧眼之士,皆睹孔子教即在我邦保存普及,且感叹我国民卓越之文化建设力。[②]

---

① 严绍璗:《中国儒学在日本近代"变异"的考察——追踪井上哲次郎、服部宇之吉、宇野哲人的"儒学"观:文化传递中"不正确的理解"的个案解析》,《国际汉学》2012年11月,第463页。
② 严绍璗:《中国儒学在日本近代"变异"的考察——追踪井上哲次郎、服部宇之吉、宇野哲人的"儒学"观:文化传递中"不正确的理解"的个案解析》,《国际汉学》2012年11月,第466页。

由此可知,服部宇之吉的"孔子教"乃是为了区别于中国的"儒教"(即中国的儒学)而设立的一种新的学说。这种学说站在国家主义的立场否定欧洲文化的自由主义和民主思想的同时,也否定了中国革命道路的价值。这种"孔子教"是排除了"革命"思想、否定欧化思想的精神。而这样的言辞与日本足利学校①开坛祭祀孔子遥相呼应,否定中国思想文化,以"儒教"和"孔子之名"行侵略之实的做法昭然若揭。

1906 年 12 月,日本现役军人在足利学校集会,宣告日俄战争的胜利并举行了日本近代史上第一次祭孔仪式。他们祭祀孔子的理由竟然是"感谢"孔子的教诲,在孔子思想的引领下,日本取得了甲午海战以及对俄战争的胜利。

因此,无论是明治天皇颁布《教育敕语》也好,井上哲次郎奉命对《教育敕语》进行学术的"圣意的宣讲"也好,还是服部宇之吉将"儒学(儒教)"提升为"孔子教"也罢,军部高层在足利学校祭祀孔子也罢,这些现象和活动都散发出同样的味道:日本"东洋史学"(日本中国学)已经逐步被国家专制主义的意识形态所控制和左右,学术和知识沦为"帝国学知"的一部分,成为权力的奴仆和小妾。

综上,中国的日本"东洋史"("中国学")研究者,也应该以理性的精神,分辨丰厚的 20 世纪日本中国学/"东洋史学"内部的多元构成和多元性表述,考察20 世纪中国文化在日本的流变轨迹与方式,研讨其对于中国文化的接受与变异,不仅关注他们对此说了什么,如何说的,也要努力探究缘何如此,分享他们的业绩,寻找共通的智慧;同时也对日本中国学曾经的曲折与教训给予充分认知和思考,并将之转化为开创未来的有价值的思想成分。

正如该书作者王广生博士所言,日本"东洋史学"在接受近代西方学术谱系和影响下得以确立的同时,也将近代西方学术思想体系中的民族主义和"近代"立场与观念内化于自身,并影响着其研究的视野和方向。我想,这也是日本"东洋史学"自身的史学双重性在知识论层面的展开与呈现,而对于国内学者而言,我们就不能简单地将包括东洋史学在内的中国学/汉学研究理解为西方近代学术之复刻,也不可将其简单地视为萨义德(Edward Wadie Said, 1935—2003)

---

① 足利学校是日本历史上具有悠久传统的一所"汉学学校",位于今日东京都北部的栃木县,地处足尾山地的南端,其北侧即是日光风景区。足利学校是中世纪以来日本国内的"汉学",特别是"易学"重要的研究和教学场所,历代培养了众多"汉学学者",该机构收藏有极为珍贵的汉籍文献,如宋刊本《周易注疏》十三卷(日本国宝)等。

意义上的"日本东方主义话语体系"。

广生博士是我在北京大学指导的最后一名博士研究生。前些日子，他告诉我，拟将出版《日本"东洋史学"研究》一书，并问询序言等事宜。我垂垂老矣，无可助力，但内心由衷高兴并欣慰，这应该是国内第一部关于日本"东洋史学"的整体性、系统性研究专著，这也是广生博士在完成"日本'东洋史学'研究"这一国家课题的基础上修订后的学术成果，可喜可贺。

2018 年，广生博士调入首都师范大学，在院系的支持下，教学科研之余，创办《国际中国学论丛》学刊，并出版、发表系列基础性成果，在学术界日益考核量化、标准化的"科学"时代，他的坚守和努力难得且不易。经他提议，现将我和广生博士合作的一篇旧作授权于他，权当序文，以示勉励。也希望更多的学者加入日本中国学、日本"东洋史学"的讨论中来，在学术层面，为比较文学与跨文化研究，为中日两国间的思想对话增添一份力量。

2022 年 6 月 12 日星期日

日本"东洋史学",是日本近代史学体系中与"西洋史学"相对应的世界史研究的一部分。从学术史或发生学的角度上看,日本"东洋史学"乃是西方近代学术思想和方法在日本的赓续与变异,先天性具有科学实证(理性主义)与人文主观(民族主义、国家主义以及文学审美等)的多重性品格。在方法论层面,乃是近代日本为了确立"自我"而以"东洋(中国)"和"近代"为方法的一种学术方式和思维路径,其背后有着深刻的民族主义立场和目的。因此,其自产生之日起,就与日本近代以来的东亚(亚洲)策略的演进密切相关,曾沦为日本近代"东亚新秩序"在人文社会学科中的变异形态,至今仍是日本各色东亚(亚洲)战略与论述的思想资源与学术支撑。不无遗憾的是,迄今为止,中日学界未有一部以日本"东洋史学"为研究专题的著述。

日本"东洋史学"就其内容而言,洋洋大观,关涉多个学科与领域,其成果累积如山,涉足该领域的学者不计其数:有所创建者上百,从事相关研究者逾千;就其时间而言,该研究时间跨度大,上下横亘三个世纪。而受制于当下狭隘学科的分野,国内外对于日本"东洋史学"的研究大多横看成岭侧成峰,难以获得整体而内在的把握,即当下研究过多地侧重对学术史和知识论的考察,即便指出其背后的国家意志的因素也多以"国家主义"一言以蔽之,往往缺乏历史性还原和认识论层面的考察,缺乏以方法论的立场将其主体的观念、方法和目的放在一个整体中研究其内在的生成与变异的学术经验。

基于日本"东洋史学"的复杂性与丰富性,更鉴于自身能力与精力之不足,本书采用限定时段、点面结合的研究方式,从多个视角,从不同学科和研究领域的视域出发,尝试在历史哲学、史学方法论和日本中国学的多重立场之下,对日本"东洋史学"的发生语境、形成过程及构成特色进行建设性、整体性的说明,并描述其变异(学术成为"帝国学知")的过程同时,也应对日本"东洋史学"领域内的典型学者之史学观念和方法论做出比照性分析和研讨。具体而言,至少有如下相应的三个方向和维度:

第一,历史哲学立场之下的日本"东洋史学"。

历史哲学的立场,就要求我们要重视作为发现者、理解者抑或陈述者的历史学家本身(研究主体),重视分析和考察他们自身的内在情感、立场、世界观,以及其理解、描述历史的方式和方法。

具体而言,面对这一课题,就必然要分析和研讨以下问题:日本"东洋史学"作为一种学术机制内在的史学观念的形成与发展,以及在特定史学观念前提下日本东洋史学者(研究主体)的东洋史研究目的和叙述方式等。

在历史哲学的立场上,我们注意到日本"东洋史学"形成的历史语境,正是日本近代民族主义和欧化文化并起之际,而近代民族主义自身的复杂性(现代性与反现代性)也决定着以下事实:"西化"以及反"西化"潮流之间的斗争与消长成为日本近现代文化史最核心的主题之一,其背后也暗含日本如何处理与以中国为中心的东亚(东洋)历史和现实关系之问题。

日本"东洋史学"的形成,正是以上述思想浪潮为文化语境和思想前提,并在上述思潮冲击中呈现、展开着自身的命运。在西方近代文化思潮的影响下,以甲午海战为现实背景,日本学者借由欧洲近代学术的观念与方法,完成近代的"东洋"概念之转换,进而在中学历史学科创建"东洋史"学科,更进一步在以东京帝国大学和京都帝国大学为代表的高等学术教育机构设置"东洋史"讲座及学科方向,由此,日本的"东洋史学"学术体系得以最终完成,并和日本近代的其他学术思想和学科体制一起,从不同层面构建起了一个完整而庞大的学术的、思想的近代日本。

此外,虽然日本"东洋史学"对中国、东亚和亚洲乃至世界有着不同的描述和叙述,仅从汉族与少数民族、从周边与中原王朝关系的视角出发,就出现了众多有影响力的东洋史叙事方法和模型,比如白鸟库吉的"南北双元论"、津田左右吉的"日本文化独特论"、内藤湖南的"解毒学说"、矢野仁一的"满蒙非中国论"、宫崎市定的"朴素的民族与文明主义"等。而其丰富的历史叙事策略背后则暗含了日本"东洋史学"的内在方法论，即"西方的近代性"和"日本的民族主义"的统一。

要言之，近代日本在思想启蒙、文明开化的同时，也涌现出各种近代的民族主义意识，两者又交互影响、共同作用于日本"东洋史学"以及其他思想文化领域，并最终推动日本走向对亚洲的殖民扩张以及面向西方的"近代的超克"之思想动员。且以历史学发展的事实观之，日本"东洋史学"整体变异、顺应、配合日本对外的殖民主义扩张，也正说明了日本"东洋史学"在历史哲学层面的堕落和失败。

此外，历史哲学这一主线内，还涉及史学与美学的关系问题，如内藤湖南和宫崎市定对美学史的关注背后不仅隐藏了以文化为中心的史学意识，还牵涉了史学、文学与美学在深层次的互动性关联。今日看来，在上述三者之间，美学处于中心的位置。而且，日本东洋史学内部的思想形态与生俱来就具有与欧美史学及其思想界同步的特质，无论从其初始之际的发生学过程（如兰克史学对白鸟库吉的教示等）来看，还是后来其学术的发展（如年鉴学派对宫崎市定的影响）观之，日本东洋史学可视为西方学术整体之延宕与更迭。可惜的是，笔者虽意识到上述问题，却未能充分展开并借此探究史学中的诗学等关涉史学本质的深层问题。

第二，史学方法论视域中的日本"东洋史学"。

一般而言，历史方法论抑或史学方法论包括了一定的历史观念及一定的研究方法和路径的有机统一。根据马克思主义史学观念和反映论的认识论，历史方法论与历史认识论实则相通，甚而可以认为是同一件事。即"史学方法论"就是"历史认知论"。

史学方法论视野的确立，无疑会深化我们对于日本"东洋史学"的发生过程、历史研究过程的观察和分析，也会促使我们对日本"东洋史学"研究者的主体性予以必要的关注；并且，有助于我们对于研究主体在研究过程中的观念前提和研究方法、立场选择和叙述策略、知识论和方法论的内在统一的考察和把握，特别利于我们对日本"东洋史学"思想史脉络进行整体性的辨析，在区别"京都学派"和"东京学派"的同时，把握其内在的统一性特质。

具体而言，此类课题需着力观察和分析日本"东洋史学"的形成与发展内在思想脉络,通过典型案例——内藤湖南、白鸟库吉和津田左右吉、宫崎市定等代表性学者的东洋史研究——展示其史学研究过程中呈现和隐藏的认识论与方法论等问题。即站在史学方法论/认识论的视野之下,我们可以清晰地看到上述四位学者相似的情感路径和学理方法,即在"脱亚"和"亚洲主义"两大思潮之下,借助近代的科学方法(实证主义、文献批判、比较研究)和近代性价值(先进、文明),选择叙述"东洋史"的方法和视角,去面对和处理与欧洲和亚洲(以中国为中心)历史和现实的关系,并借此确立日本自身的位置和方向。

换言之,本书在史学方法论的视角下,经由上述典型的学者个案(内藤湖南、白鸟库吉和津田左右吉、宫崎市定,涉及所谓的东京学派和京都学派)之后,将东洋史学在日本近代的学科思脉及其发展投射到日本整体文化脉络之中,关注东洋史学的主体性、近代主义和民族主义等关键要素所处的位置,进而借助对日本"东洋史学"之学术在日本侵略战争期间的国策研究事件("大东亚史"和"满蒙学"等)的分析和批判,观察和审视日本"东洋史学"的变异和堕落。在此基础上,本书进一步追溯其变异的思想本质,提出超越表面双重性(科学与国策)的内在双重性即"科学性"与"人文性"之框架,顺及反思现代史学思想自身的悖论。

换言之,在史学方法论的视角下,观察和审视日本"东洋史学"的思想易变,或会发现其所谓的"东洋"/"中国"的落后和野蛮也罢,"西洋"的文明和理性也罢,日本"东洋史学"的目的和归依始终是"为了日本",其背后的民族主义情感与立场迫使"西洋"的"近代性"和"东洋"的"停滞"一样,沦为近代日本"优秀论"——成长为世界现代文化之"明珠"——的背影和途径。而正是在上述思想的易变之中,日本的"东洋史学"最终成为给日本对外殖民提供"合法""合情""合理"的"帝国学知"的生产者和侵略工具。

第三,日本近代中国学视域中的"东洋史学"。

中日两国文化交往源远流长,在日本思想文化界,很早就出现了以中国历史和文学、文化为专门研究对象的、具有特殊价值的思想和学问。这一独特的学问和思想体系,一般而言,古代日本称之为"汉学",近代日本称之为"中国学"。

日本近代学术史上形成的"东洋史学",以中国历史、文化为主要的研究对象,因此"东洋史学"是日本中国学的重要组成部分,事实上构成了日本中国学最主要的内容。

　　具体而言,日本"东洋史学"不仅在教育、学科、学术和思想等各个层面构建着日本中国学事态和时态,而且无论在哪个维度和层面上,日本的"东洋史学"都对我国近代的史学和人文学术产生了重要影响,并迫使我国史学研究者在学理和历史事实等多个层面与之展开理性的批判和对话。

　　在学术的本质上,19 世纪诞生、20 世纪前半叶的日本"东洋史学"是以西方的近代科学为依托,对历史上和现实中日本与"东亚"和"亚洲"之关系的重构,意味着日本学术界对东亚、亚洲尤其是对中国之历史文化话语权的争夺。这是近代日本作为一个近代民族国家,寻找自身价值和精神皈依、建构近代日本民族话语体系的一个策略性也是必要性的过程。其脉络一直延续到 21 世纪初,即日本民主党上台执政后提出的"东亚共同体"构想。①

　　因此,站在日本对中国历史文化的接受与变异的立场上,作为一名中国学者,面对作为"变异复合体"的"东洋史学",有必要对其研究进行再研究,关注"东洋史学"研究者不同的历史叙述及其历史认识,揭示出隐藏在其"客观知识"背后的认识论和方法论。特别是,我们应该把握日本"中国学"/"东洋史学"所具有的双重性品格,即:①日本东洋史学的学术谱系及其相应业绩,②日本东洋史学在 20 世纪日本对外殖民活动中的作用和位置,理性地研究其"国家主义品格"的属性和整体性变异状态,并总结和提升国内学界对于 21 世纪日本学术研究的启示。

　　总的来说,在上述三个研究的维度和视域中,"二战"前日本"东洋史学"的形成及其变异过程,展现出日本近代学问体系的复杂性和多重性品格。特别值得关注的是,其内在的"近代思想"(科学理性)和"民族主义"(人文主义)两条主线的纠缠与共存,使得研究者主体在狭隘民族主义的立场下丧失了基本的学术理性,最终促使在"二战"之前,日本"东洋史学"在学术层面的整体变异和堕落。

　　"二战"后,在客观上,日本"东洋史学"在认知论和知识论层面随着日本的"战败"而宣告"失败",但其作为一门学科和学问体系在教育体制和学术思想界

---

① 2002 年,"10＋3"领导人会议(〔东盟 10 国(文莱、印度尼西亚、马来西亚、菲律宾、新加坡、泰国、越南、老挝、缅甸、柬埔寨)领导人与中国、日本、韩国 3 国领导人举行的会议)通过了东亚研究小组(EASG)提出的建立"东亚共同体"报告。2009 年 9 月,日本民主党执政后,首相鸠山由纪夫在与中、韩领导人接触时多次提及东亚共同体的建设,中、韩领导人也予以积极回应,东亚共同体的概念迅速升温。

得以留存,更为重要的是,其内在的以"日本"为目的,以"中国"/"东洋"为手段的方法论(如 20 世纪 70 年代,日本史学思想界曾再次以"近代化"的立场证明日本的特殊与优越),也被日本史学思想界当作历史的优秀"遗产"所部分地继承和肯定,至今仍回响在 21 世纪日本各色"东亚""亚洲"和"世界"的论述和策略之中。

最后,需要指出的是,所谓历史学,是现代人理解和认知"世界"最重要的路径之一。但,此处的"世界"是特定所指的被对象化、符号化、知识化甚至学科化了的"世界",并非世界本身。也就是说,历史学所面对的不再是世界原初之态,也非第一性的"世界"。甚至在德国年轻的哲学教授马库斯·加布里尔(Markus Gabriel)看来,"世界"并不存在,存在的只是现实事物于其中显现的各种意义场,以及存在于这些意义场中的自在的、现实的事物。他将"世界"视为万物所在的总场域,"存在"即意味着存在之物出现在世界这个总域之中。①

马库斯·加布里尔的立场是反形而上学的,虽然他的上述观点带有胡塞尔、马丁·海德格尔和哈贝马斯等前辈思想家的印记〔如"生活世界"的理念,海德格尔就将"世界"指认为"包含了一切域的总域"(der Bereich aller Bereiche)〕,也未能完全摆脱他所反对的以康德(Immanuel Kant, 1724—1804)为首的建构主义的影响,他将上述观念称为"新实在论"这一行为本身就表明了自身学说存在的悖论。

显然,笔者尚未有足够的智慧和勇气面对"世界"或"存在"本身,本书亦是多在知识化、学科化的历史学之框架内探究日本东洋史学的相关诸问题,若要在此之上,继续讨论日本文化抑或东洋史学之思想的本质,除了引入其他相关学科之外,放弃学科与知识化的路径,以"独立苍茫"的生命体验投入天地人间,并以"切身近思""反求诸己"之态度思考被符号化了的世界,或许,也不啻为一种通往解放与自由的"诗思"。毕竟,每个微小的生命,如你我,已在历史之中。

---

① (德)马库斯·加布里尔:《为什么世界不存在》,王熙、张振华译,北京:商务印书馆,2021 年。

第一章

日本"东洋史学"的形成

　　明治以降,"西化"以及反"西化"潮流之间的斗争与消长成为日本近现代文化史最核心的主题之一,其背后也暗含日本如何处理与以中国为中心的东亚(东洋)历史和现实关系之问题。换言之,近代日本在思想启蒙、文明开化的同时,也涌现出各种近代的民族主义意识,两者又交互影响、共同作用于日本近代的思想文化领域,而以福泽谕吉为代表的日本近代启蒙思想家的"文明论"及其转向,最终推动日本走向"近代的超克"①与对亚洲殖民扩张之路。

　　日本"东洋史学"的形成,正是以上述思想浪潮为文化语境和思想前提,并在上述思潮的冲击中呈现并展开着自身的命运。在西方近代文化思潮的影响下,以甲午海战为现实背景,日本学者借由欧洲近代学术观念与方法,经由完成近代的"东洋"概念之转换,进而在中学历史学科创建"东洋史"学科,并最终在以东京帝国大学和京都帝国大学为代表的高等学术教育机构设置"东洋史"讲座及学科方向,由此,日本的"东洋史学"学术体系得以最终完成,并和日本近代的其他学术思想和学科体制一起,从不同层面构建起了一个完整而庞大的学术的、思想的近代日本。

---

① 日本现代思想史中的一个重要课题。起源于 1942 年召开的"近代的超克"座谈会。参加座谈会的除了召集者《文学界》的人员之外,还有来自京都帝国大学的西谷启治和铃木成高,以及专攻神学、自然科学、音乐等学科的知识分子。其主题是日本如何面对并超越西方的"近代性"。与此相关的还有在此之后召开的一个名为"世界史的立场与日本"的研讨会,主要由京都帝国大学的学者组成,其主题是"世界史的立场与日本"。可参见竹内好《近代的超克》(中译本由生活·读书·新知三联书店于2005 年出版)等著作。

第一节 近代"东洋"的多重与发现

"东洋"的概念与外延,在东西近代交涉之前,在东西各自的文化语境之内,分别有着不同的表述和认知。

如在汉语的语境中,所谓"东洋"之称谓,早已有之。元代地理学家汪大渊(约1311—?)著《岛夷志略》,明代学者张燮(1574—1640)著《东西洋考》,这两部书中都把南海东部及其附近的岛屿,具体而言,主要是加里曼丹岛、菲律宾群岛等区域称为"东洋"。① 清代以来的文献中,概因日本位于中国之东的海洋中,便将日本统称为"东洋"。

众所周知,古希腊时代,以"ocean"的语源"oceanus"指称环绕世界的海洋,并将之与内陆的海(sea)相对应,②后来又分化为"oceanus occidentails"(西洋)和"oceanus orientalis"(东洋)这两个词汇。"oriental"此时也便出现了古罗马以东的地区之意,虽然在此之后,"oriental"自身的内涵与外延也发生了一些变化,但其基本的指向并没有太大的改变。沿袭这样的传统,"oceanus orientalis"在近代基本的指涉已经固化于:一为"位于地中海或古罗马帝国以东的国家和宗教",二为"西南亚或亚洲国家之通称",三为"欧洲基督教国家东部之帝国"。③

明末,利玛窦(Mattro Ricci,1552—1610)在中国绘制世界地图,即《坤舆万国全图》时,也沿用了中国当时已经通用的"东洋"之概念和用语,并将之扩成"大东洋"的概念,其指向与中国传统文献相一致。④

日本语境中的"东洋"概念有着不同的解读方式。按照日本东洋史学者津

---

① 严绍璗:《日本中国学史稿》,北京:学苑出版社,2009年,第216页。

② 英文"orient"源于拉丁语动词"orior"的现在分词"oriens",即由太阳的"升起、上升"(orior)转化为太阳"升起的方向"或"日出方向"(oriens)。由于"太阳升起的方向"是东方,"oriens"引申义指东方。狭义指古罗马以自我为世界中心出发的古罗马人看到的位于安纳托利亚半岛、叙利亚、古埃及、古美索不达米亚、波斯等地域的东方世界。这种狭义的"Orient"在现代作为西洋史和西方考古学上的用词大多指"古代东方"。

③ J. A. Simpson, E. S. C. Weinet, *The OX ford English Dictionary*, (Oxford: Clarendon Press, 1989), p.36, p.930.

④ 斎藤毅『明治のことば』、東京:講談社、1977年、第33頁。

田左右吉的观点,虽然"东洋"一词源于中国,但其在地理和文化意义上却没有继承中国的用法,而随着江户时代对于西方欧洲的认知和了解,日本开始以"西洋"来指称那些位于日本极西地区的欧洲各国。① 同时,随着这一概念的使用,日本还赋予了"西洋"以文化上的意义——代表与亚洲和日本不同的文化样态。② 与此对应,日本则把东方的国家指称为"东洋",此时的"东洋"在日语语境之中,便已成为以中国为中心的除日本之外的亚洲其他地区和国家。③

　　1840 年鸦片战争爆发,中国战败而割地赔款。这一事件深深刺激了整个日本朝野,尤其是日本的思想界。日本的有识之士痛感自身的危机,并以此为契机,认识到西方文化不可抗拒的历史现实。与此同时,日本对中国(清朝)的看法和态度也悄然发生着巨大的变化。以幕府末期思想家佐久间象山(1811—1864)为代表,开始构建日本独特的"东洋"观念。佐久间象山于 1854 年出版了《省諐录》一书。在该书中,他提倡"东洋道德,西洋艺术,精粗不遗,表襄兼该"④之观念,引起世人的瞩目。并进而影响了后来的明治维新人士的世界观,后成为明治维新之后的日本想要摆脱中国传统,尤其是儒学思想影响的思想武器和手段。于是,在否定、轻视中国的思潮之下,留德背景的哲学家井上哲次郎⑤在学术领域提出了日本近代的"东洋论"。在井上哲次郎那里,表面上"东洋"作为"西洋"的对应语,意指以中国、印度为主的学问,似乎并无大碍。但此时井上哲次郎口中的"东洋"已经沦为殖民地和半殖民地,成为"落后"的代名词。于是,在西力东渐的背景之下,日本"东洋"的概念所蕴含的"否定意象"得以确立并固化。

　　日本从西方"落后的""停滞的""东洋"之概念中抽身而出,意图摆脱近代兴起的西方"东方学"的指涉,其潜在的话语对象主要就是德国近代哲学家黑格尔

---

① 津田左右吉『シナ思想と日本』、東京:岩波新書、1977 年,第 108 - 109 頁。

② 严绍璗:《日本中国学史稿》,北京:学苑出版社,2009 年。

③ 甘文杰:《东洋史学与"东京文献学派"初探——兼论黄现璠与这一学派的学术关系》,http://kbs.cnki.net/forums/81308/showThread.aspx,2011/6/5。

④ 这种日本的"东洋道德西洋艺术论"实与同一时期中国出现的"中体西用论"和朝鲜出现的"东道西器论"有着相似之处。

⑤ 日本明治、大正时期的思想家、哲学家,早年留学德国,并积极将德国的思想哲学观念引进日本。他与日本政府和皇室关系紧密,数十次受到日本政府的嘉奖。后期又积极推进从西方思想哲学角度去改造儒学为核心的东洋思想文化。主要著作有《哲学字汇》(日本最早的哲学辞典)、《日本阳明学派之哲学》、《日本古学派之哲学》及《日本朱子学派之哲学》等。

(Georg Wilhelm Friedrich Hegel, 1770—1831)的相关论述。① 黑格尔在《历史哲学》中创造出"东洋式专制"(Oriental Despotism)一词,借助这一词汇形容且批判东洋社会(以中国、印度为中心)。这种"东洋社会"在黑格尔以及其继承者们的眼里,其历史的发展虽然悠久,但近乎长期保持一种历史原始的、停滞不前的状态,是一种与西方文明相对的专制体制和形态。比如,在黑格尔那里,中国是没有哲学的国度,中国的汉字作为象形文字处于半开化状态,等等,这明显是一种西方优越论的表述。汤因比(Arnold Joseph Toynbbee, 1889—1975)早已指出其中的欧洲中心立场,而我们也应该注意到,其背后实际上是黑格尔设置的普遍价值和标准(近代化)之下的文明与野蛮、先进与落后的对立图示。

总之,在黑格尔所设定的欧洲文明视野下的东洋概念,影响至深,即便在马克思(Karl Heinrich Marx, 1818—1883)那里,"东洋"也是西方社会自我论证的参照物,即非西洋的他者——"专制与停滞的东洋"。而在将欧洲文明作为普遍主义加以接受的近代日本社会,开始在承认西方先进于自身的前提下,实施明治维新,开启了追求近代化强国的旅程。其中,启蒙思想家福泽谕吉(1835—1901)的"脱亚论"是其中最典型的代表。大多数学者将1885年3月16日福泽谕吉在《时事新报》上发表《脱亚论》一文视为其脱亚观的标志。他在文中将中国与当时被欧洲欺辱、轻蔑的土耳其相提并论,具体表述如下:"今日之支那与土耳其有何异同可言呢。土耳其人沉湎于回教杀伐唯是,支那人妄信儒教不解事物之真理,可谓均为文明境外无知之愚民也。"②

从中明显可以看出,福泽谕吉站在西方文明史观的立场,借用西方话语结构建构自身的"脱亚入欧"理念之事实。但福泽谕吉"脱亚"的立场并非一日之所激,实则在其《文明论概略》中已经体现出来,③尤其是在统合朝鲜未成,即联合中国和朝鲜对抗西洋之路受挫之后,福泽便开始了抛弃在他看来已经毫无觉醒之可能的中国和朝鲜之想法。而这一思想又反过来,深刻而直接地影响到了

---

① 近代西方兴起的"东洋学"(Orientalism 或 Oriental Studies)或"东方学"(Eastern Studies)包括亚述学、埃及学、汉学、印度学、日本学等,内在包含着文明与野蛮的对立。

② 子安宣邦:《东亚论——日本现代思想批判》,赵京华译,长春:吉林人民出版社,2004年,第36页。

③ 《文明论之概略》第3章"论文明的涵义"就此论道:"文明是一个相对的词,其范围之大是无边无际的,因此只能说它是摆脱野蛮状态而逐步前进的东西。"见福泽谕吉《文明论概略》,北京编译社译,北京:商务印书馆,1959年。

日本关于"东洋"的话语构建,包括"东洋史"这一日本特有的连接国家意志的近代学术、教育体系的创生。

第二节 日本"东洋史"学科的出现

日本在江户幕末处于民族危急之时,国内的知识分子曾试图构建包含自身在内的"东洋"来对抗西方;当日本经过明治维新一跃成为西方列强成员之一时,又想办法摆脱"东洋"这一概念的羁绊,并以西方的眼光看向"东洋"的内部。

无疑,日本近代知识分子创造出自身不在其内的独特的"东洋"之概念,在方法论上是为了脱离和克服源发于西方所定义的"东洋"——落后、野蛮的"东方"——确立日本相对于亚洲其他国家和地区的"不同",进而构建一种近代日本流行的"独特论"抑或"特殊论"。[①]

西方学者曾以"orient"(东方)来参照、确证并确立"自我"历史和文化的根源,日本近代的知识分子则尝试从独创的"东洋"之概念中构建日本历史和文化的"独立""独特"之大厦。如此一来,赋予"文化独立"深厚历史意蕴和基础的重任,无形之中就落在了日本近代的哲学家和历史学家身上,因此,作为历史和文化新概念的"东洋"最早在"东洋史"中滋生自然也不足为奇。[②]

而最早出现"东洋史"之名称,并作为一门学科被制度化之情形,首先出现在日本的中学历史教学实践之中。

因此,考察"东洋史"的出现,我们需从以下几个方面做简要的背景说明,借鉴严绍璗提倡的"文学发生学"方法,[③]对"东洋史学"的生成文化语境进行详细

---

① 在东洋史学的范畴内,以方法论的视角观之,白鸟库吉、桑原骘藏和津田左右吉等对(古代)中国历史和文化的否定,实乃为"肯定"日本;内藤湖南的"文化转移学说"、宫崎市定等人的"远端文化论"抑或"终点文化论"也是为近代日本证言。

② 洼寺紘一『東洋学事始:那珂通世とその時代』、東京:平凡社、2009 年、第 191 - 199 頁。

③ 严绍璗先生在比较文学和跨文化研究领域,在半个多世纪的学术作业中,体验与积累了以"多元文本细读"与"特定时空中观念的思考"互为特角并相互渗透的"新知识生产经验",逐步形成了"多元文化语境"、"不正确理解的中间媒体"和"变异体"等具有内在逻辑的理性观念,并以"多层面原典证实方法"作为实际表述手段,组合成一个"自我学术理念系统",严先生称之为"文学(文化)的发生学"。这套学术方法论注重生产的文化语境以及过程中变异形态的研究。本书的研究方法和意识多受教于此。

的考察和分析：

一、甲午战争与日本主义的兴发

中日甲午战争可视为中日两国近代史上相互关系和认知的转折点之一。对于日本而言，经过这次战争，既证明了开启日本近代化强国之路的明治维新之"正确"，使得日本努力获得拥有殖民地、与西方列强平起平坐的国际地位，又使得原本在日本传统认知世界近乎"母体文化"位置的中国成为自己所轻视和否定的对象，刺激了日本狂热分子侵占中国的野心。通过这场战争，日本政府不仅获得了 4 倍于其当年国库的收入，还承认和强化了西方"文明—野蛮"之观念，并在这一观念的前提下，坚定了追求近代化强国的"必然"之路。

借助甲午战争的影响，日本随后便与英国修正了不平等条约，其侵略势力进一步渗入朝鲜半岛，自此，自诩为东亚强国的日本，悄然形成了一股日本主义的思潮。如以井上哲次郎、元良勇次郎（1858—1912）、竹内楠三（1867—1921）和高山樗牛（1871—1902）等人为首，创设了"大日本协会"，并以此协会为中心，又以《日本主义》和《太阳》杂志为阵地，公开发表了一系列鼓吹日本精神的文章，积极鼓吹日本应借甲午战争之机，努力拓展海外扩张之道。虽然从该协会的发起到其相关活动的结束，前后不过十余年的时间，但其呼声应和了当时日本多种思潮共同的追求，故作为思想运动的"大日本协会"所倡议的日本主义虽然偃旗息鼓，《日本主义》期刊也很快停刊，但其回响一直持续到明治末年的国家主义思潮，波及日本国民教化、教育等多个层面。

二、"东洋史"的思想萌芽

1874 年刊行了太田勘右卫门编辑的《新刻书目便览》，其中冈田伴治（生卒年不详）的《东洋史略》2 卷也位列其间。这或许是"东洋史"在日本出版物中最早的事例。但是，当时此语并非对应"西洋史"而生。

其后，在 1893 年 11 月至 1894 年 1 月，井上哲次郎以《东洋史学的价值》为题在《史学会杂志》上发表文章，阐发东洋史研究的必要性和重要意义。文章结尾表述如下：

> 东洋史的研究,可以说不仅对于欧罗巴的学问社会具有非常高的
> 价值,即便对于我国国民,事实上也具有不可估量的价值。①

另外,需要注意的是,拥有显著西学和官学背景的井上哲次郎和津田左右吉二人,在"哲学"意义上对于"东洋"和"东洋史学"的建构十分着力。对此,加州大学教授史蒂芬·田中(Stefan Tanaka)在关西大学文化交涉学教育中心于2008年10月24—25日举办的"建立文化交涉学——'西学东渐'与东亚近代学术的形成"第二届国际学术研讨会上,有极具启发意义的发言:

> 日本社会在接受现代性的"时间"观念时,东洋及东洋史是如何建
> 立的呢? 井上哲次郎为了对抗西方观念中的东方主义记忆把日本作
> 为落后国的观念而创立了东洋史学。井上的东洋史学被白鸟库吉、内
> 藤湖南等认同,可以说在某种意义上成功修复了西洋化的日本观。但
> 是,即便如此,"东洋"因为落后于西洋,并没有从西洋史中的"东方主
> 义"中完全脱离出来。而津田左右吉认为正因为"东洋"这个概念才更
> 加把历史固定住了。津田将"历史"与"史学"区分开来。"历史"是从
> 脱离自身的,被非历史化所固定的过去。而"史学"是强调生活中发生
> 的过程、不同意见以及非单线性的变化。津田充分认识到只有通过忘
> 记历史,构筑了现代这个理论框架才可能真正记述历史。津田冲破了
> 从现代"时间"的概念中理解"东洋史"的局限性。他的史学观似乎摆
> 脱了以自由资本主义为基础的国际性的束缚。②

三、"东洋史"在中等教育体系内的诞生

"东洋史"的诞生,首先是在中学的教育体系中作为教学科目产生的,经历了由中等教学科目而到大学讲习和专业设置这样一个较为明晰的过程。

---

① 转引自洼寺紘一『東洋学事始:那珂通世とその時代』、東京:平凡社、2009年、第195頁。日语原文为:東洋歴史の研究は、啻に欧羅巴の学問社会に対して、非常に高尚なる価値を有するのみならず、又我国民に取ても、実に限り無き価を持て居るものと言はんければなりませぬ。

② 参见 http://www.icis.kansai-u.ac.jp/cn/sympo02.html。

东洋史学在教育体系内的首倡者正是那珂通世(1851—1908)。1892 年，中原贞七出版了《中等教育万国历史》，书中提到相对西洋史，日本国内也要尽早创建"东洋史"的想法和建议。但"东洋史"在公开场合第一次被提出并得到响应，还是源于那珂通世在一次会议上的倡议。

1894 年 4 月，东京高等师范学校(以下简称"东京高师")的校长嘉纳治五郎(1860—1938)为了调研当时中等教育的状况而进行了一次广泛的采访，收集了各个高校相关教师的一些意见书和议案。同年，嘉纳治五郎在东京高师主持召开了"历史科教师会"。在这次会议期间，以 1890 年出版《中国通史》而闻名于日本学界的那珂通世，提交了一份在日本近代史学史上有重要意义的提案："应该将外国历史分为西洋历史和东洋历史，当场得到入会者全体赞同，此为'东洋史'成为科目的发端。"①

同年 7 月，根据历史科教师会的提案，《东京高等师范学校校则》修订刊印。其中历史科目授课的导言中出现"本邦史""西洋史""东洋史"的字样。在当时，那珂通世不仅名动学界，甚至受到了时任文部省大臣的井上毅(1843—1895)的支持和肯定。因此，同年 8 月，那珂通世和他的同事三宅米吉(1860—1929)将中学历史科目的改革方案上报给文部省，没过几日就得到回复。于是，下一个月，文部省就对日本的中学历史科目做了新的如下规定：日本的高中历史学科主要讲授国史(日本史)，次而讲授世界史。世界史的内部，又分为"西洋史"和"东洋史"两个部分，而"东洋史"主要是指中国史(支那史)的讲授。

值得注意的是，文部省的文件中还特别提到了关于"东洋史"的授课要领："历来的中国历史主要叙说中国历代兴亡和人种盛衰的消长，而在东洋历史的授业中，除了讲授东洋诸国的兴亡外，还应言及支那种、突厥种、女真种、蒙古种等的盛衰消长。"②

据此可知，日本近代史学在视野和方法论层面对"中国史"和"东洋史"做了区分。"东洋史"的出现也意味着原有的有关中国的传统学问形态——"汉学"面临着时代的转型。而这一转型的背后是时代的巨变。

正如许多学者所指出的那样，"东洋史"概念问世时正值中日甲午战争开战

---

① 注寺紘一『東洋学事始：那珂通世とその時代』、東京：平凡社、2009 年、第 197 頁。

② 转引自山本一成「教科目としての「東洋史」の成立と「世界史」構想への試み」、『社会科研究』第 22 号、1973 年、第 43-48 頁。

不久,这一概念的出笼实与中日甲午战争的发生有着直接关系。① 那珂通世意在"中国史(支那史)"之上,创建日本近代史学教育史上独特的"东洋史"。其历史学的目的,较为明确地指向在历史学意义上阐明和解释"日本帝国"的"特殊论",即日本虽不在欧洲之范围,但也不在欧洲知识分子所界定的——"停滞、落后、野蛮"的——"东洋"之内。这样的研究思想与方法,不禁让人想起那珂通世思想的启蒙老师福泽谕吉的文明观念。福泽谕吉以文明史观作为理论前提,倡言"脱亚"的立场,影响至深。以接受西方文明史观为理论前提的福泽谕吉,在其思想转型的后期,虽然并没有完全接受西方中心主义对"东洋"施加的咒语,但他还是否定了亚洲联合的思想,认为中国、朝鲜和日本从文化意义上并非一个整体。"东洋"是包含中国和朝鲜的地理概念,但不含日本在内。日本在亚洲的"远西",亦即文明世界的一员。②

1897 年,那珂通世被日本文部省聘为东洋历史讲师,在文部省举办的夏季历史教师讲习班授课开讲。③ 以此为肇始,"东洋史、西洋史、日本史"三足鼎立的日本近代史学时代正式出现。

同年 9 月,那珂通世等又被日本的文部省聘任为"普通中学教科细目调查委员会"历史科委员,④具体筹划制定中学历史学科目的设置与要求。以此为标志,日本的中学历史教学科目之中便多了一门"东洋史"的学科。以此为契机,冠名"东洋史"的教科书和其他著述也相继刊行。

由此,在某种意义上,我们也可以说,将"东洋史"作为一门学科的"东洋史学"已经面世。⑤ 但若是站在学术生产的角度,其正式的成立还得以东京帝国大学和京都帝国大学设置"东洋史"讲座为标志。⑥

---

① 五井直弘『近代日本と東洋史学』、東京:青木書店、1976 年、前言第 2 - 3 頁。

② 王屏:《近代日本的亚细亚主义》,北京:商务印书馆,2004 年,第 141 页。

③ 与此同时,日本文部省聘任箕作元八为西洋历史讲师,三宅米吉为日本历史讲师,同时授课开讲。

④ 一起被聘任的学者还有:坪井九马三、箕作元八、三宅米吉等。

⑤ 三宅米吉「文学博士那珂通世君伝」、『那珂通世遺書』、東京:大日本图書、1915 年、第 33 頁。

⑥ 关于日本的"东洋史学"的开创者是白鸟库吉还是那珂通世,学界目前还存在很多争议。本书不刻意强调是某个人开了历史之说,而是将"东洋史学"看作一个学术的综合体,主张是由一群人共同开创的。但即便如此,我们也应该看到日本近代最早将原来作为地理概念的"东洋"转化为文化概念的"东洋"的学者是那珂通世,最早在东京帝国大学讲授"东洋史"的是那珂通世,而且白鸟库吉和桑原骘藏都深受其影响。因此,笔者主张日本近代"东洋史学"的创始人当属那珂通世,他不仅是白鸟和桑原的老师,还是他们生活的益友,而内藤湖南也与之关系紧密。不过,若以将日本的东洋史学学科化、体系化,并将日本的东洋史学推向"世界的东洋史学"舞台为主要视点,学者之中首推白鸟库吉。

第三节　"东洋史学"在日本大学的创设

如果说"东洋史学"首先作为中等历史教育的一门科目诞生的话,那么其作为日本近代化进程中一门独特的学问体系的最终形成,则是以京都帝国大学和东京帝国大学设置"东洋史讲座"为主要标志。

日本明治维新以来,新政府致力于推进近代国家的建立并由此而推进近代化运动。政治上废藩置县、取消等级,经济上实行土地改革、职业自由化,并发展工业经济。与此同时,明治政府在1869年7月,把江户时代曾经是幕府养成汉学家的摇篮"昌平黌"改制成大学校中心,把当时从事以"兰学"为主的外国语养成机构"藩书调所"等和从事西医生培养的学校改制成大学校分校,最后以此为基础,在1877年正式命名为"东京大学"①。东京大学自从成立之日起就成为日本政府的最高智库和最重要的人才储备基地,具有鲜明的意识形态和政府色彩。1897年,为了打破东京帝国大学一家独大的状态,明治政府又创建了日本第二所国立大学——京都帝国大学,其目标就是创建一个相对自由的学术环境,所以在学科设置、课程安排以及学风等方面,都呈现出一种不同于东京帝国大学过分倚重于政府的形象。如东京帝国大学教学和教员都十分依赖西方教育模式,尤其是效仿德国的高等教育体制。② 日本"东洋史学"在东京帝国大学的产生就与上述背景密切相关。

1886年,东京帝国大学聘请德国兰克学派的主要学者里斯(Ludwing Riess, 1861—1928)主持新设立的"史学科"的教务。以此为契机和转折,兰克学派的历史学观念与方法,迅速在日本传播、接受和普及,产生直接效果的同时,也产生了巨大而深远的影响。这一影响体现在,不仅促使日本传统学问在学术观念和方法论层面的衰落,还直接催生了包括"东洋史学"在内的日本近代

---

① 1886年,依据《帝国大学令》东京大学改称为"帝国大学"。
② 创建之初的东京(帝国)大学,外籍教授的比例远远大于日本人,这一状况在许多年后没有根本性变化。日本教师的待遇原本就高于一般职业,而外籍教授待遇更是如此,据有关资料,在建校之后的很长一段时间,东京(帝国)大学给予外籍专家的薪俸占该校全年预算的三分之一左右,一级外教工资超过日本政府首相的两倍。

新史学的最终确立。可以说,日本近代学术界的上述变化都离不开兰克学派在日本的作用和影响。具体而言,其产生的影响如下:

第一,催生了日本的近代史学观念。如在兰克学派学术观念的推动下,当时在东京帝国大学"史学科"与里斯共执教鞭的坪井九马三(1858—1936)教授,1903年刊行了称得上是日本史学史上第一部近代历史学理论著作《史学研究法》。

坪井九马三在该书的"总论"开篇便有如下论述:

> "史学"一词,系自古代汉语。中国之"历代史学",通常简约而与"历史"同义。然彼等所用,亦仅以"历史"言之而难辨其意。今以科学性之研究法,欲阐明史学之概。[1]

由此可见,坪井九马三史学观念一目了然,特意针对区别于中国,也是日本的传统史学观念,欲以西方之"科学"史学去超越和克服。在其后的论述中,他明确提倡要以英法德等西方国家的史学研究去改造旧有史学观念和方法。对于"史学",他有如下定义:

> 史学系研究作为社会之细胞的人的活动发展的科学(这里说的"人的活动"既是个人的,也是集团性)。……是作为社会细胞器官活动着的动物实体……(史学便是)把此种实体作为实物来看待,既不超越其上,也不迁就其下……在史学家眼中,既无神,也无魔。[2]

重视"人的活动",重视人的心理特征,并认为史学的客观性价值,无疑具有心理主义史学和经验主义实证史学的特点,即较为充分地呈现出兰克学派的主张和立场。

第二,近代学术组织学会及《史学杂志》的创建。日本的近代史学之建设,除了观念的更新之外,还需要外在的学术阵地和舞台,因此,在里斯的直接影响

---

① 坪井九馬三『史学の研究法』、東京:早稲田大学出版社、1903年、第1頁。
② 坪井九馬三『史学の研究法』、東京:早稲田大学出版社、1903年、第2頁。

下,东京帝国大学与史学有关系的教授、学生以及负责"编年史"的工作人员(即今东京大学史料编纂所前身),于1888年成立了日本第一个近代史学研究会。1889年12月,该学会创刊发行《史学会杂志》,1893年改名《史学杂志》,并横跨三个世纪延续至今,成为日本史学界的权威性刊物。自此,许多东洋史学(中国历史研究)的重要论述都曾刊登于此。[①]

第三,更为重要的是,开设了相关课程与学术方向,创设了"东洋史学"讲座,培养了一大批近代史学的精英和学者,其中,最著名的就是被称为日本东洋史研究界的太阳——白鸟库吉,由此形成日本的"兰克史学"思潮和学派。

"东洋史学"在日本大学讲座的设置,始于日本京都帝国大学于1907年开设的"史学科",还同时设置了"东洋史学第一讲座"。当时邀请了没有高等学历也没有教学经验的社会评论家、记者内藤湖南主持,其第一年任讲师,第二年破格转为教授。1908年,又设立"东洋史学第二讲座",由东京帝国大学史学学科毕业,并刚从中国回国的桑原骘藏博士主持。此外,参加"东洋史学"课程授课和建设的,尚有新进的年轻史学家富冈谦藏(1873—1918)、滨田耕作(1881—1931)、羽田亨(1882—1955)等。

不过在此之前,东京帝国大学就曾于1904年进行学科改制,即文科从九学科制,改为"哲学、史学、文学"三学科制。其中,在史学科中分设国史学、中国史学和西洋史学。因此,就中国史的专题讲座设置而言,东京帝国大学是最早的,只是后来该讲座发生了一些变动。1905年,东京帝国大学把从前的"汉学中国语学讲座"细分为"中国哲学、史学、文学"第一、第二以及第三讲座,其中,"中国史学"课程讲授的教师分别是星野恒、市村瓒次郎、白鸟库吉、那珂通世等,这是一个新旧搭配的组合,既有旧式的汉学家,又有新式的史学研究者。众所周知,传统的汉学家星野恒把孔子视为神圣,把对"孔子研究"视为亵渎;而作为兰克史学在日本的第一代弟子,白鸟库吉则以充满疑惑、否定的眼光观察中国的儒学,认为孔子膜拜的所谓"尧舜"是根本不存在的。他们的史学观念有天渊之别,相差甚远。1910年,东京帝国大学始将"中国史学"改为"东洋史学"。

由此,以日本这两所最著名的帝国大学创设"东洋史讲座"、设置相关学科为标志,近代日本的学术界在创建出新的"东洋"概念、新的"东洋史"中学学科

---

① 严绍璗:《日本中国学史稿》,北京:学苑出版社,2009年,第315页。

之后,在日本高等学府终于也正式建立起了“东洋史学”之学科,并在其后的学术展开中,分别以京都学派和东京学派为旗帜和特色,引领着日本时至今日的东洋史研究。

严绍璗在 1991 年出版的《日本中国学史》的前言中指出:“日本对中国历史的研究成为一门近代科学,不是直接从传统汉学中承袭蜕变的,而是在欧洲史学直接启蒙中,另起炉灶而造就成的。这样的路径也与其国家整体的发展轨迹相符的。日本中国学并不是直接地从传统‘汉学’发展来的,早期的中国学家也并不是旧汉学家的私淑弟子。恰恰相反,‘中国学’是在批判‘汉学’的基础上,从日本对国际文化的研究中分化出来的。中国学的奠基者们正是以他们自身的深厚的汉文化为基础,与欧洲资产阶级学术思想与方法论相结合的产物。”①当时,东京方面的服部宇之吉、白鸟库吉、池内宏(1878—1952)与京都方面的内藤湖南、桑原骘藏等人都具有这样一些共同的特点。

---

① 严绍璗:《日本中国学史》,南昌:江西人民出版社,1991 年,第 1-11 页。

第二章

内藤湖南史学关键词

作为学术研究的"东洋史学",自产生之日起,就以京都(帝国)大学和东京(帝国)大学为最主要的两大阵地。作为日本最重要的近代知识产生和传播基地,在"亚细亚主义"和"脱亚入欧"两大思潮共同的作用下,京都帝国大学和东京帝国大学相继出现了以"东洋史"为名的学科方向,推动和引领着日本近代的中国历史文化研究。以狩野直喜、内藤湖南、桑原骘藏与"中国学社"诸位学人为代表的实证主义学派,是"日本中国学"中最早形成的学派,因这一学派的创始者和主要学者大部分集中于日本的京都,习惯上又被称为"京都学派"抑或"关西学派"。

对于"京都学派"是否真实存在,学界尚有不同的意见,即便在认可这一概念有效性的学者中也有不同的解读,这也从侧面说明这一概念所具有的泛化特征以及相对化特征之事实。正如钱婉约所说,"京都学派有时也是一个更广义的概念,它也包括20世纪以来京大中国学以外的哲学,如西田几多郎(1870—1945)的经济学、河上肇(1879—1946)等人的学术体系。而且从学术史概念上讲,则是先有'京都学派',相应地才产生了所谓的'东京学派'"①。为了便于表述,在本书中,笔者将"东洋史学"这一概念限定为京都(帝国)大学东洋史学创建以来所建构和影响的学术研究谱系。

---

① 钱婉约:《日本中国学京都学派刍议》,《北京大学学报(哲学社会科学版)》2000年第5期,第128页。

岛田虔次(1917—2000)在《宫崎市定的谱系》①一文中指出,在战前文科学部中,被称为"京都学派"的有两个系统("二战"后的"新京都学派"之说暂且不提),一个是哲学学部的西田几多郎及其继承者田边元(1885—1962)以及他们所提倡的"西田哲学",另一个是京都帝国大学时下的中国研究(按照当时的学科来划分就涉及中国哲学、中国文学和"东洋史学"等三个学科方向)。"二战"前,这一学派以《中国学》(『支那学』,1920年创刊)为重要阵地,以狩野直喜、内藤湖南、桑原骘藏为代表。其中,狩野直喜在中国文学,尤其是俗文学等诸多层面创建了一种新的研究道路和方法论,而内藤湖南和桑原骘藏则是在东洋史研究领域大放异彩,在史学观念和史学方法等层面树立了典范,尤其是内藤湖南的史学成就更为世人所瞩目,在其身前身后获得了超越时代的世界性的关注和认可。而在这些第一代开创者之后,即"二战"后的"京都学派"中国史研究,则无疑以宫崎市定为主要代表。宫崎市定被认为是日本"东洋史学"继内藤湖南、桑原骘藏之后的又一座高峰,是日本"二战"后"东洋史学"的权威和领军人物,常年担任日本东洋史学研究会会长。其东洋史学的成就和影响非他人可比,也是推动日本的"东洋史学"在"二战"后获得世界性声誉和影响的重要存在。因此,本书拟以战前的内藤湖南和"二战"后的宫崎市定——日本东洋史研究界的核心存在——为研究对象,并辅以对京都学派的整体考察来尝试性说明日本"东洋史学"在史学观念和史学方法论层面的特征及原因。

第一节　内藤湖南生涯概要

内藤湖南,本名虎次郎,字炳卿,号湖南,是享誉海内外的东洋史学学者、中国史研究专家,其"内藤史学"对后世影响颇为巨大。内藤湖南及其学问获得了世界性的声誉及关注,其学术与人生在这个意义上具有了超越时代的价值。

内藤湖南作为近代日本"东洋史学"(中国学)的奠基者之一,在年轻时期生活在传统汉学的家庭之中,但未获得近代意义上的大学学历,他自秋田师范学校(相当于高中)毕业后就参加工作,成为一名新闻记者,依靠他自身的努力和

① 岛田虔次「宫崎史学の系譜論(月報25)」,『宫崎市定全集』第二十四卷、東京:岩波書店、1994年。

才智,日渐成长为有影响力的社会活动家、政论家并以此闻名于世。以正统的学院派学术立场观之,在他成为教授之前,我们甚而可以说他更接近一位颇有些被轻蔑的"中国通"而活跃。孰料他竟然可以一跃而成为京都帝国大学的"东洋史学"教授(第一年讲师,第二年直升教授),并开创了一代学风和学派,为后世学者所敬仰。这样的人生经历的确称得上是一段佳话和传奇。

内藤湖南一生从事两种看似不相关的职业,在 1907 年之前,即从 1887 年 22 岁起,从事新闻记者这一行业,并日渐获得声誉和影响,最终成为新闻系统的活跃分子,又由于后来赴中国游历采访,遂成为日本新闻界的"中国通"。

在 1887 年之后的大约 6 年间,内藤湖南任职于"国粹主义"阵营的新闻系统之内,曾多次为三宅雪岭(1860—1945)、志贺重昂(1863—1923)、杉浦重刚(1855—1919)等当时日本著名国粹主义分子"代笔""捉刀"。其间,内藤湖南参加了三宅雪岭等人组织的国粹主义文化团体"政教社"。后来,他兼任高桥健三的秘书,当高桥健三于 1896 年成为松方正义内阁的书记长官时,这一届的"内阁政纲"就是由内藤湖南起草的。因此,内藤湖南在这一个阶段,由原来的记者转变成为一名社会活动家。

1897 年,内藤湖南 32 岁,开始担任《台湾日报》主笔,为日本的殖民主义扩张和建设积极献言献策。借此机会,他游历了中国大江南北,途中结识了罗振玉(1866—1940)、王国维(1877—1927)、严复(1854—1921)、郑孝胥(1860—1938)、张元济(1867—1959)、方药雨(即方若,1869—1954)、端方(1861—1911)等一大批中国当时的文化界名人。内藤湖南还是第一批看到甲骨文和"黑水文献"、宋代画卷等珍贵文物的外国人。1900 年,内藤湖南出版了《燕山楚水》,由此也正式开始了他研究中国历史文化的生涯。随后,他又多次受到外务省和新闻社委托,来到中国进行调研、收集资料以及情报。此时他已开始从时事情报的搜集和报道,转向历史文化和文献资料的搜集与研究。如中国与朝鲜间发生所谓"间岛"①的领土纠纷之际,内藤湖南接受日本参谋本部的委托,收集编撰

---

① "间岛"是日本为侵略中国领土强加于中国吉林省延吉、汪清、和龙、珲春地区的名称,原名夹江,系图们江北岸吉林省延边地区和龙县光霁峪前的一处滩地,本属中国领土,准"韩民租种"。日俄战争后,朝鲜沦为日本殖民地,日本强行将"间岛"的范围扩展到包括延吉、汪清、和龙、珲春等四县在内的广大地区,并制造"间岛问题"。1909 年 9 月 4 日,中日双方代表在北京签订《图们江中韩界务条款》(韩国单方面又称《间岛协约》),确定"间岛"为中国领土。当前各国政府,包括朝鲜、韩国都承认所谓"间岛"是中国领土,现隶属于中国吉林省延边朝鲜族自治州。

相关材料,展开关于"间岛"问题的研究,想要帮助日本军队完成"间岛"属于朝鲜的历史证明。为此,他专门跑去东北查阅有关历史资料,写成调查书。后来,在此基础上,他撰写并发表了《韩国东北疆界考略》一文。[①]

内藤湖南在前半生的记者生涯中就表现出了极高的分析能力和领悟力。他对 19 世纪中叶以来中国的改革、中日两国间的关系等抱有持久性的关注,对甲午战争、戊戌变法、辛亥革命、五四运动等重大历史事件也都有超越同时代人的敏锐洞察,作为历史学家对上述重要问题都发表了相当深刻的分析和见解。[②]

1899 年,对内藤湖南而言是极为特殊的一年。说其不幸,是他家中遭遇火灾,多年节俭衣食而不惜重金购买的藏书付之一炬,这无疑给了他沉重的打击。但是另一方面,这一事件对日本中国学的研究历史而言,却有着重要的意义。那就是在这场火灾中,内藤湖南损失了许多日本国学和文化的书籍文献,客观上促成了内藤湖南的中国之行,并以此为契机使得内藤湖南开始转移了自己的文献兴趣和志向,将精力和眼光投放到中国以及中国相关的文献之上。可以说,内藤湖南的这次中国之行,在某种程度上改写了中日近代文化交流的风貌,促成了日本近代中国学,尤其是京都大学中国史研究学派的形成。[③]

1907 年对于内藤湖南来说也极为重要,也可认为是他人生中一次最重要的转折。时任京都帝国大学文科大学学长的狩野亨吉力排众议,邀约内藤去该校担任史学科教授。最后由于学历的问题,内藤不得不改以讲师身份应聘,并担纲设立的东洋史讲座,主讲东洋史概论(以中国史为主)、清史等。1909 年 9 月,晋升为文科大学教授,并获文学博士称号,时年 44 岁。自此时起,至 1926 年退休时止,内藤氏主持"东洋史学"的第一讲座,主要讲授中国上古史、中国中古的文化、中国近世史、清史、中国史学史、中国目录学及一些史料课程。此外,内藤还多次在各种学术集会上,做"东洋史学"方面的专题演讲,又陆续发表上述领域内的诸多论文(现今出版的《内藤湖南全集》中所搜集的有关历史的著作,大半都是他死后由门人和友人根据他在京大的讲稿整理出版的)。在此期

---

① 严绍璗:《日本中国学史》,南昌:江西人民出版社,1991 年,第 388 页。

② 钱婉约:《内藤湖南研究》,北京:中华书局,2004 年,第 5 页。

③ 内藤湖南一生曾 10 次游历中国,其中三次为私人考察,其余的则是受到日本外务省、京都帝国大学、新闻社等委派,进行有特定目的的调查。详见钱婉约《内藤湖南研究》,北京:中华书局,2004 年,第 69 - 71 页。

间,内藤湖南曾多次来中国,搜集未刊的原始资料,进行学术调查。内藤除了被聘为京都帝国大学教授之外,又先后被任命为帝国学士院会员、朝鲜史编修会顾问、古社寺保存会委员、国宝保存会委员、东方文化学院京都研究所评议员等重要职务。在上述学术实践中,他最终完成了"内藤史学"的建设,他本人也成为近代日本中国学/"东洋史学"中"实证主义"的奠基人之一。①

1926 年,内藤湖南荣休。但他实际上是退而不休,名义上隐居于京都府相乐郡瓶原村的恭仁山庄,但是,他还时而发表社会演讲,甚至还在此期间向天皇讲授杜佑的《通典》。1933 年,为了筹备"日满文化协会",配合伪满洲国的成立,内藤湖南还以抱病之躯,赶赴中国的东北地区出任"日满文化协会"理事一职。晚年的内藤,积极支持"满蒙的文化事业",并参与"满蒙"史料摘编工作,着实让人体味到他"客观学术"背后燃烧着超乎寻常的"热情之火"。

1934 年,内藤湖南因胃癌病故。

第二节　内藤湖南史学的出发点

如上文所述,内藤湖南的成长带有深刻的时代烙印,有着特定的文化生成语境。而这一特定的历史和文化语境在一定程度上规定了内藤湖南的趣味及思考方向,虽然不能完全用决定论去理解一个历史人物的全部思想和行动,更无法据此推论其行为的最终结果之动机——因为历史人物往往有超越历史时代的倾向——但至少我们可以从他的生长环境和文化语境去理解他的存在方式与特色,去理解他人生和学问的出发点,去理解他观察历史和时代的角度和立场。正如历史学者爱德华·霍列特·卡尔(Edward Hallett Carr, 1892—1982)曾说道:"历史学家是历史的一部分,他在游行队伍中的位置,决定了他观察往昔的视角。"②

众所周知,"内藤史学"主要包括"中国史三分法"(即"内藤假说")、"中国文

---

① 严绍璗:《日本中国学史》,南昌:江西人民出版社,1991 年,第 387 - 388 页。
② (英)迈克尔·斯坦福:《历史研究导论》,刘世安译,北京:世界图书出版公司,2012 年,第 75 页。马克斯·韦伯(Max Weber, 1864—1920)也曾说过,历史与我们的价值观相关。我们去研究历史,只是因为我们能在其中的某一部分找到这些价值观。

化中心移动说"与"中国史料的整理研究"三个方面，①可以说，涵括了内藤湖南一生从事东洋史研究/中国史研究的主要内容，成为实证主义学派的又一支柱。在本书中，笔者不执着于内藤湖南史学的内容与特色，不侧重于内藤湖南史学的影响，而着重讨论内藤史学的出发点，即关注内藤湖南史学观念的生成语境。

换言之，本书想要追问内藤湖南研究中国历史文化的出发点在哪里，或曰内藤湖南的史学观念养成的关键因素是什么。

1891 年，25 岁的内藤湖南主笔，以三宅雪岭为署名，刊发了《真善美日本人》，书中除了强调日本自己拥有的独特而不属于欧美文化的文化历史之外，还提到了日本人的任务就是发扬"真善美"之理念，以达成圆满幸福之地。且内藤在书中还提出了"中日文化同一论"。如在该书的第三章，他写道："我国与中国为相同人种，并假借其文字使用千余年，以至于视其为我国之文字亦无不可，况德川氏之文化皆汉学之流读解中国书，作中国辞章，几不在其土著之下。"②

1894 年，中日之间发生了改变彼此，也改变了东亚乃至世界的甲午战争。内藤湖南在此前一年，即 1893 年转职来到大阪朝日新闻社。战争爆发不久，内藤湖南便发表了《所谓日本国的天职》一文：

> 日本的天职……不在于中介西洋文明，使之传之于中国……也不在于保全中国之旧物，售之于西洋，而在使日本文明……风靡天下。我国为东洋之国……不得不以中国为主。③

对于文献的解读，需要结合时代的背景。而那个时代，对于日本而言，面临最重要的课题之一就是如何在"西力东渐"的现实中，处理日本自身和"东洋"即中国为代表的亚洲之关系。在那时，传统的汉学所具有的"一元论中国观"开始被质疑、最终破产，虽然时有"兴亚论"之声不绝于耳，但是"脱亚论"业已成为日本思想文化界的主流。

---

① 据严绍璗所言，"中国文化中心移动说"是"内藤史学"的基本理论，"中国史三分法"是它的表现形态，这一学说包含了"文化在同一社会的阶层中移动的理论""文化在不同区域间移动的理论""新文化中心形成的理论"三大部分。详见严绍璗《日本中国学史》中"内藤湖南与内藤史学"章节。

② 钱婉约：《内藤湖南研究》，北京：中华书局，2004 年，第 32 - 35 页。

③ 内藤湖南『燕山楚水』，『内藤湖南全集』第二卷、東京：筑摩書房、1971 年、第 135 页。

1894 年的中日甲午战争,在福泽谕吉为首的"脱亚论者"看来,这是"文明"对"野蛮"的战争,"光明"战胜"黑暗"的事件。日本的"脱亚论"者已经将文化上对中国蔑视和否定的观念推至国权主义的高度。因此,福泽谕吉竟然说,使中国屈服乃是世界赋予日本的天职,虽然日本为此要付出痛苦和代价,但唯有痛苦才是幸福的种子。①

简言之,"脱亚入欧"的观念成为日本思想文化的主导声音,中国作为"落后的东洋"而被日本所厌恶、舍弃。日本从"落后的、停滞的东洋"抽身而出之时,内藤湖南虽然还把日本和中国文化看作一个整体的文化体系,主张两者有着不可分割、休戚相关的命运。但是这种紧密相关的命运之说,却隐藏着内藤湖南根据东亚和世界之现实而选择的政治和民族立场。

内藤湖南在《所谓日本国的天职》一文中,阐述了当时他对中日甲午战争的看法以及日本人的"任务"。在文中,内藤湖南并不认可日本的武力行径,还驳斥了当时日本叫嚣吞并中国的狂热观点。内藤指出,日本国内狂热轻蔑中国的思想和行为不利于东亚局势的和平,也不利于防卫真正的敌人,即西方的入侵。更值得关注的是,内藤湖南还批判了"中国守旧停滞之说"。内藤湖南尖锐地指出,自从福泽谕吉等人提出"脱亚入欧"之说以来,中国及中国人在日本人心目中的位置和形象,便沿袭了黑格尔等人所持的"东洋停滞论"的立场,被看作亚洲落后的象征和代表,是日本的"恶邻"和"恶友",而日本则是亚洲唯一一个代表西洋文明的新兴国家。

此外,内藤湖南还驳斥了欧化主义者的"媒介说"。这一学说的代表人物是基督教思想家内村鉴三(1861—1930)。内村鉴三在 1892 年撰写《日本国的天职》一书,他认为日本处于远东而在东西之间,是亚洲唯一具有西洋思想的国家,也是唯一可以向西方传播东洋思想的亚洲国家,因此,日本的天职就是介于东西之间,做东西的文化媒介,促进东西方的沟通和和解。对此,钱婉约曾指出:"内藤湖南在此文(即《所谓日本国的天职》)中更多地体现一种文化史的观念和视角,即在文化的纵向的视角上看,日本和中国同属于一个文化系统——中国文化体系。另一方面,从横向来看,世界上存在着不同的文化体系,而欧洲

---

① 中日甲午战争之后,日本国内开始普遍出现蔑视中国的观念。日本人把对中国的称呼从"唐"改称为"支那",侮辱中国人为"Chankoro"(清国奴)、"Chanchan"(猪尾巴)、"bozu"(秃子)等。详见严绍璗《日本中国学史》,南昌:江西人民出版社,1991 年。

文化和中国文化体系就是其中之一,而且以中国为中心的东洋文化是可以抗衡西洋文化的。因此,日本应该尽自己的天职就是,帮助、替代中国实现文化的复兴。"①

综上所述,在中日甲午战争时期,日本上下民族主义情绪高涨之际,"脱亚论"沸腾、中国被视为"落后、愚昧和野蛮"之"东洋"之时,内藤湖南从文化视角上依然主张中日文化同为东洋文化体系,肯定中国文化的历史位置和价值,反对武力之战,的确让人为之侧目。

只是,没有一个人能够脱离时代去思考问题,如内藤湖南这般积极入世的学者必然会以自身的方式参与其中,无论是以悲剧还是以喜剧的方式。日本在甲午战争中取得胜利,这也深刻地刺激了内藤湖南的民族主义情绪。他在1894年先后发表名篇《地势臆说》《日本的天职与学者》。前者在文化论视角的基础上,进一步论说了内藤的代表性理论"文化中心移动说",以图说明中国文化在历史上的几次转移的现象及其背后原因;而后者,更是在前文的基础上,进一步推论出同属于东洋文化的日本和中国在近代的兴衰更迭:虽然在古代代表文明、推动历史进步的是中国文化,并由此影响和推动了包括日本在内的东亚地区的发展,但是进入近代以来,东洋世界的文明中心已经转移到日本,由此,得出明确之结论:日本已经超越并替代中国在东洋的位置,必然肩负起东洋文化、文明的历史使命。

如果说内藤湖南在《地势臆说》中的说辞尚且还有些隐晦之意,着重于说明中国历史上政治、文化中心"地气"的变迁,以及由此形成了宋代之后中国"政治中心在北,经济文化中心在南"的局面之事实。而内藤湖南此时以"文化中心转移"之说,将当时所谓"满洲"之东北和燕京之华北相提并论,暗寓中国北方"满洲"取代燕京而崛起之意。若联想到甲午战争时期日本对朝鲜半岛和中国东北的觊觎之事实,也就更容易理解和把握内藤湖南提出"文化移动学说"之本意了。

在甲午战争的刺激之下,一周内就促使内藤湖南写下了《日本的天职与学者》一文,文中内藤湖南难以遮掩其内在的激动心情,迫不及待地开始为日本肩负引领东洋之历史使命和职责而呐喊助威了。

---

① 钱婉约:《内藤湖南研究》,北京:中华书局,2004 年,第 37 - 38 页。

正如钱婉约所指出的那样,"在日本走向帝国主义的道路上,28 岁的激情青年内藤湖南的'天职说'反映了甲午战争后日本国内举国上下普遍存在的对外扩张的思想倾向,是一个时代的情绪化表征"。①

此时,28 岁的青年,距离 1907 年内藤湖南在 44 岁之际转职京都帝国大学教授中国史和东洋史尚有 16 年的一段时间。但是内藤湖南的学术研究、他的世界观和史学观念已经具有了较为鲜明的倾向性,被后世推崇的"内藤史学"中的"文化中心移动说""中国历史时代划分说"等都在这一时段具有了观念层面的雏形,并为后来他从事"东洋史学"提供了坚实的观念前提和精神动力。要之,此时期业已成熟的内藤湖南,其个人的世界观念和认知也已呈现出早熟的状态。

综上,我们可以看到内藤湖南在青年时代对中国历史文化的分析,主要呈现出两个最为重要的因素——文化史观和民族主义立场。换言之,我们也可认为青年时代内藤史学观念的关键词是"文化民族主义",这也是内藤湖南史学整体的出发点,甚至我们可以说这也是内藤湖南史学的目的和立场,他一生的追求,无论从事学术还是作为记者,无论研究中国古代历史还是关注中国东北地区,都与他对日本近代的命运之关注,与他对日本的热爱有关。

只是需要特别注意的是,内藤湖南的"文化民族主义"虽然带有传统汉学的痕迹,但整体而言它们已经是带有近代性的产物,具有鲜明的近代世界文化观念的特征。

众所周知,内藤湖南出生在一个汉学传承的家族,他的祖父内藤天爵、父亲内藤十湾都是学有所成的汉学家,属于山本北、龟田鹏斋等为代表的折中学派。因此,内藤在青少年时代便受到了良好的中国传统汉文学、文化的教养,且养成了他对于中国典籍的特别嗜好。加之后来他将精力主要集中于中国历史文化的研究,并且开创了京都帝国大学的中国学实证主义学派,研究过程中周折、依附于诸多汉文典籍和材料,且京都学派的中国史研究在研究方法上受到(章学诚等)清代考据学和史学研究的影响,因此具有十分明显的"汉学"脉络,也是学术史将以内藤为代表的京都大学中国史研究之特色标记为"把中国当作中国来理解"之原因。但是,与其说内藤湖南在接受汉学影响的同时还直接或间接受

---

① 钱婉约:《内藤湖南研究》,北京:中华书局,2004 年,第 43 页。

到了西方近代文化思潮的影响，莫如说比之于"汉学"，内藤湖南更多地受到了西方近代学术、文化的熏陶和影响。①

以下，我们将结合内藤史学的"文化民族主义"，探讨一下与"文化民族主义"史学观念互为缠绕的近代性的"发展史观"，进而尝试说明内藤史学的核心观念以及内藤史学的出发点是东西方文化、传统汉学和现代学术冲突交汇处生长出的新的观念形态这一事实。

第三节　内藤湖南史学的发展史观及其现实关怀

内藤湖南在青年时代尚未成为一名真正的学者之际，就开始强调通过观察中原地区的汉族与周边民族之间的相互作用来考察和研究中国历史文化的发生、发展过程。而且他还认为，在这一过程当中，中国的历史文化是相对自足的状态，总体上没有过多地受到外部世界的干扰和冲击。因此，他曾将中国历史文化比作一棵树，主张中国文化的发生、发展自成一个相对完整的系统，即中国史自身就是一部世界的历史。总之，内藤湖南所主张的"中国历史是自然形成、自然发展的历史"这一史学命题是其独特发展史观的重要观念和组成部分，我们可称之为独特的"内藤发展史观"。

内藤的上述系列观念其实早已形成。早在《中国上古史》②的"绪言"之中，他就明确地表述过类似的想法和观念，即中国文化由内向外发展，影响和作用于周边不同的民族与地区，在此过程中，形成了一个有系统且有继承关系的历史系统，这就是东洋的历史。换言之，东洋世界发展的历史亦是中国文化的发展史。③

由此，在内藤史学那里，所谓的东洋史即可置换成一部广义上的中国史。中国文化向外发展，不仅促进了外部民族的觉醒，其后又从外部逐渐产生一股向内、向里运动的反作用和影响，并在此过程中，中国文化于这样的内外交互作

① 严绍璗：《日本中国学史》，南昌：江西人民出版社，1991年，第 388 - 389 页。
② 此书据 20 世纪 20 年代内藤湖南的上课笔记整理而成，收入《内藤湖南全集》第 10 卷。
③ 在内藤湖南看来，所谓"历史"，主要就是文化发展的历史。他在《中国上古史》的"绪言"中说："所谓的东洋史，就是中国文化发展的历史。"

用和影响中形成了各个时代的特色。所以,中国历史阶段的划分,若据此特色划分时代应是最为合理和自然。总的来说,内藤湖南的时代划分的史学观念前提,其实就是广义的中国历史观念,即中国文化与周边民族之间的相互作用和影响促成了自足的中国文化的形成和发展。

内藤湖南还认为中国文化和文明几乎是靠着自身的力量发展起来的,在漫长的历史进程中,中国文明虽然也受到外来文化、文明的影响和刺激,但总体而言是比较微弱的,而且,外来的文化因子也并没有改变中国文化、文明自身发展原有的历史轨道。而在内藤眼中,欧洲文明和日本文明的情况就有着比较大的差异,其中,欧洲文明不断受到西亚文明的冲击和影响,而与之近似的日本文明,则自古就不间断地受到来自中国文化的影响和刺激而成长。因此,如中国文明这样自足样态的历史本体才是标准的历史发展形态而非欧洲历史抑或日本历史。

将中国历史文化作为一个独特和自足的文明形态这样的观念,其产生有着特定的历史语境,即我们可将之视为内藤湖南对 20 世纪初就开始在日本出现并盛行于世的"中国国民性批判"所持的一种怀疑和批判立场。对于这个问题,内藤曾明确指出,不应该将"时代相"与"国民性"相互混同,时下中国文化所表现出的衰弱之情形并非中国所特有,更非所谓的"国民性"所能解释。中国之所以出现衰老之态,那是因为中国历史文化自身遵循着历史发展的一般规律,恰好发展到了一个迥异于欧洲和日本的相对成熟阶段。如同每个文化都有自己的发展轨迹一样,中国历史文化也有着属于自己的发展情形。也就是说,中国之衰老并非历史的全貌,也非历史的未来,而只是一个阶段性的特征和表现。

中国历史又是如何展开属于自己的发展轨迹和特点的呢?这就涉及内藤湖南的独特历史发展观的另外一个重要组成部分,即"时势论",抑或称为"大势论"。按照何培齐先生的观点,"时势论"或"大势论"包括了"天运螺旋形循环说"和"文化中心移动说"两个基本方面的内容。[①] 也有的学者着眼于两者的内在关联,将两者合称为"文化中心移动说"。然而限于篇幅,此处重点讨论"文化中心移动说",而省略"天运螺旋形循环说",不再赘述。

---

① "天运螺旋形循环说"是内藤湖南针对当时流行的以西方文明和社会为唯一标准的"欧洲中心观"立场上的"中国文明停滞论"而提出的,如同"文化中心移动说"一样,其论战的对象亦是当时的欧洲学者和以此为榜样的东京帝国大学的部分学者。

　　根据三田村泰助所言,内藤湖南的"文化中心移动说"是有具体所指的,具体而言其论说主要是对那珂通世所持"旧中国社会停滞说"的直接反驳。① 这一论说的观念和表述主要呈现在 1894 年 11 月内藤湖南发表的《地势臆说》和《日本的天职与学者》这两篇文章之中。

　　所谓"文化中心移动说",内藤有如下阐述:

> 　　"文化中心"是指中国文化在特定的时代、特定的地域内形成的"文化集合"。每个时代都会因为"地势"和"时势"的原因,形成一个文化发达的集中地区即"(文化)中心"。而这个文化中心并非一成不变,而是有一个发展变迁、向前推移的过程。此外,发展的轨迹也并非直线前进,而是"一条由一个中心点出发的主线,向三维之空间伸展,并衍生出无数缠绕着、螺旋形地向前推移的支流"。②

　　在《地势臆说》中,内藤湖南则不仅探讨了"地势"与"人文"的关系,还特别阐述了日本的"地势"与"人文"特点,并解释了清代学者赵翼的"地气学说"等诸多内容,最后他还提及"满洲"的现实并对"满洲"的将来和中国的情形做了预测。

　　1924 年,内藤湖南又在其著作《新中国论》中,再次对上述理论进行了较为详细的阐发和说明。如上文所说,此时内藤湖南的学说已经开始显露出一种强烈而明确的现实指向,尤其是他著名的中国文化"中毒—返青学说",更是暴露出他由严谨的历史学家向热情的政治评论家的"反向过渡"。③

　　内藤湖南认为,"文化中心"的移动,若从"地势"的角度来观察,将会出现超

---

① 实际上,内藤湖南和那珂通世交往十分密切。在学术上,学术早期的内藤湖南受到"东洋史学"之先驱的那珂通世的影响和刺激,之外他们在实际生活中的关系也非同一般。那珂通世的养父江帾通高(即那珂通高)曾是内藤调一(内藤湖南的父亲)的老师,他们年少时受到的精神熏陶皆源于通高热心传授至交吉田松荫思想的影响。转引自甘文杰《东洋史学与"东京文献学派"初探——兼论黄现璠与这一学派的学术关系》,http://kbs.cnki.net/forums/81308/showThread.aspx,2011/6/5。详见三宅米吉「文学博士那珂通世君伝」,『那珂通世遗书』,东京:大日本图书,1915 年,第 36 - 39 页。

② 内藤湖南『学变臆说』,『内藤湖南全集』第一卷、东京:筑摩書房、1970 年、第 351 页。亦可参考钱婉约《内藤湖南研究》,北京:中华书局,2004 年,第 136 页。

③ 内藤湖南一生兼具自由主义学者和政治评论家两方面的特质,前半生社会活动家的身份在后来的学者生涯中并未丧失,而是以学术的方式和样态延续了他内在的政治情怀和关注,我们称之为"反向过渡"。

越单一民族和国家界限的可能。因此,中国文化中心的移动并不仅仅局限于汉民族居住和活动的区域范围,在历史上,中国文化中心的变迁背后往往有着南北民族互动的原因。这种南北民族相互作用的关系,在文化上可以表现为"作用"与"反作用",此即中国文化史上出现的"中毒"与"返青"。①

换言之,内藤湖南认为中国历史上以中原地区为代表的汉族文明、文化,在一定时期内会向四周扩散,并由此影响和作用周边的少数民族和地区。而周边的少数民族和地区必然受到中原文化的影响和刺激,从而出现一种近似于近代意义上的民族觉醒的过程,由此也产生了"民族"的自觉意识,这样一来,少数民族或由部落而形成真正的新的民族,或促使已经形成的民族产生新的文字和文化意识,并进而孕育、产生新的文化,最终也会以政治、军事或文化交流的方式"反作用"于中原地区的文化和文明。

接下来,内藤湖南还指出中原地区的文化和文明,由于过分的聚集,也会出现文明的弊端而殃及自身的生存和发展,这就是所谓的文化"中毒"现象。为了解决中国文化在发展过程中出现的"中毒"现象,就需要借助四周的异质文化"反作用"于中国文化,从而给中国文化"解毒",以使中国文化再次焕发活力,此即为内藤湖南所说的文化"返青"现象。

从这一"中毒—返青"学说出发,内藤湖南在《新中国论》中明确指出,现时的中国已经出现了新的"中毒"症状,亟须一种外来文化作为"浸润剂",以外来的力量拯救自身的命运。而历史已经证明:"日本作为吸收中国文化最成功的一个民族,它若以年轻的文化施加于中国,给予中国以'反作用',对于中国民族维持将来的生命,实在具有莫大的效果。"②

也就是说,在内藤湖南看来,年轻的日本民族帮助年老中国文化的"解毒",可以使得"中毒"的中国文化得以"恢复青春",使中国免于灭亡的悲运:"其实,中国之所以能维持这么长久的民族历史,全靠了这屡次袭来的外来民族的侵入。这对于中国人民不能不说是非常幸福的事。"③

---

① 东洋史学,作为一种近代性的学术和学问,有着深刻的西方近代学术的背景和现实背景,因此,具有一种共通性的法则和规律。比如在研究中国历史层面,就有白鸟库吉的南北双调论,着眼于南北民族间的互动和联系;桑原骘藏"南北历史中国的开发",侧重经济重心的转移。后来者如宫崎市定等在政府部门的委托下,在"二战"前撰写的《东洋的朴素主义民族与文明主义社会》等论著。

② 严绍璗:《日本中国学史》,南昌:江西人民出版社,1991年,第399-400页。

③ 转引自钱婉约《内藤湖南研究》,北京:中华书局,2004年,第139页。

有意思的是,内藤湖南认为,日本不仅曾经是深受中国文化影响的一个国家,从文化上讲,日本甚至可以和江苏省、山东省一样,成为中国的 18 个省份之一,甚而可以称之为"日本省"。但是,在中国文化中心本身出现中毒枯竭之症状时,日本文化对中心区域(中国)文化施加影响、发挥浸润作用,在吸收古老的中国文化和新鲜的西洋文化的基础上,将成长为东方世界的新的中心。

内藤氏还曾指出:"今日中国和日本的分别,来自两者所处国家民族生命不同的阶段,假若日本经过中国的生命历程. 日本将会变成另一个中国,而中国重生之后将是另一个日本,互相倒转,情况也一样。"①

从史学的具体观点来看,上述内藤湖南的历史发展观(又称"螺旋形的发展观"),与内藤湖南对中国历史的分期(中国历史文化在与周边种族的相互作用为指标的分期方法)互为表里,有着内在的一致性。因为,按照内藤湖南的"宋代近世学说"之表述,中国历史上的贵族政治鼎盛时期同时也是周边民族在中国活跃的时期。不过,这两个现象之间有无必然的历史性联系呢? 内藤湖南并没有给予明确的说明。但对此问题,京都大学文学部的教授谷川道雄(1925—2013)提醒大家需注意的是,"在中国历史文化的发展过程中,当国内统一、对外统一的动力日渐停顿的同时,中国的国内分裂与外部民族的向内发展势头则日渐显现。前者说明贵族阶级从皇帝权力那里获得相对独立的地位,而后者预示着周边民族从汉族政权取得了相对独立发展的位置"②。

不过,在笔者看来,上述中国历史内部产生的统一与分裂的相互作用之论说,其实还有着更为深刻的一个层面,即"文化中心移动说"代表的发展观和"中国历史是自然形成、自然发展的历史"之观念的背后都跳动着类似于丸山真男(1914—1996)在描述日本近代思想史之"执拗的低音"——内藤湖南强烈的现实政治情怀和民族主义立场。

正如钱婉约等诸多学者早已指出的那样,内藤湖南精彩学说背后有着极为浓烈的现实诉求。尤其是在日本筹建伪满洲国、加紧入侵中国步伐的现实情状之下,内藤湖南在阐发此理论时,特别强调外来异民族的"入侵"是维系中国历史文化发展的原因等,在当时的特殊时代形势下,这些话语所包含的特殊意味,

---

① 转引自严绍璗《日本中国学史》,南昌:江西人民出版社,1991 年,第 400 - 401 页。
② 谷川道雄:《日本京都学派的中国史论——以内藤湖南和宫崎市定为中心》,李济沧译,瞿林东主编:《史学理论与史学史刊》(2003 年卷),北京:社会科学文献出版社,2004 年,第 300 - 312 页。

是每个人基于历史的常识都能感受到的。

故，在我们肯定、赞赏其对中国历史文化的深刻解读和理解力，感叹其不同于欧洲中心主义史学者的同时，我们也要看到内藤湖南精彩纷呈的学说背后的与其他学者在本质上别无二致的现实情怀和民族立场。

第四节　内藤湖南史学的"近代悖论"

上文以内藤湖南的"文化中心移动说""中毒—返青学说"为中心，讨论了内藤史学的发展史观及其背后的现实关怀。实际上，内藤湖南史学中的"近代"之观念也是一个不可忽视的课题。内藤史学中的"近代"既包含了内藤湖南史学的近代性观念（如"近世"之概念），也包含了内藤湖南史学中近代性叙述方法和策略。而且，内藤湖南史学中的"近代"又与其自身的情感体认以及日本"近代"之进程互为表里、相互映照。

内藤湖南的史学研究[①]推动日本汉学向日本中国学的近代过渡，开创日本京都帝国大学中国研究的一代学风，引领风骚近百年，影响深远。就其史学本身而言，是世界近代文化运动的产物，也是日本明治时代思想文化的一部分，自然具有"近代史学"的属性。但若从内藤湖南自身的成长经历、作为汉学世家的成长背景以及其后的成长过程来看，内藤湖南独特的文化情感体认也使得他的史学之"近代"不同于东京帝国大学所倡议的"客观实证"——没有中国的中国研究——的近代史学。

若从内藤湖南史学发生的背景抑或其出现的文化语境中，我们可以看到福泽谕吉为代表的"脱亚论"——日本近代思潮的主要脉络之一——的直接影响。众所周知，明治维新之后，随着西方思潮观念的东渐，日本一直努力在寻求对欧洲的抗衡和摆脱，在近代民族主义的碰撞中，产生了日本作为独立国家的意识；近代学术分科的影响也使得日本逐渐以理性主义、实证主义的方法将中国文化视为外在的、客观的、可被研究的外国文化来研究，传统的东亚共享的意识形态

---

① 其实他的研究十分广泛，涉及中国历史文化的各个部分和领域，历史研究、史学史研究之外还有时事政治、版本目录、美术文学，出版有《中国文学史》《中国美术史》《中国史学史》《中国目录学》等。另外，他还是日本历史文化专家，并有诗存留世刊行。

如儒学的价值受到质疑和冲击。在此之际,日本的学术界出现了将中国外在化、客观化、空间化的新的学问体系,汉学日渐被具有地理意涵的"东洋学""中国学"所取代。其中,尤以福泽谕吉为代表的"脱亚论"为中心,影响着日本近代的世界观念,构成了内藤湖南史学发生的先天性文化语境。

　　整体而言,促使内藤湖南史学产生的因素多为近代性的思想观念形态,这一点毫无疑问。严绍璗曾言,内藤湖南的中国文化史观之基本核心,根植于他自己独出心裁构造出的"中国文化中心移动说"。内藤湖南虽然自称这一理论深受中国清代学者赵翼(1727—1814)和日本近代学者冈仓天心(1862—1913)的影响,但实际上内藤氏更多的是受到来自三宅雪岭、志贺重昂和黑格尔等人的影响。①

　　我们仅举德国思想家狄尔泰(Wilhelm Dilthey, 1833—1911)之例来说明。狄尔泰主张历史研究的主要特征是"理解"(verstehen),这种理解是作为研究者对于作为研究对象投射的一种深切的"理解"。这种"理解"要求研究者本人必须对历史材料和文物所呈现的历史事件,产生感同身受之"理解"。按照狄尔泰的说法,史家之所以能解释历史,就是因为他对史实本身有一种"心有灵犀一点通"的感觉。据此,在后来的史学研究中,史学家内在生命体验和情感认知也无疑成为史学重要的研究内容。因此,我们在注意到内藤湖南史学内在的西方近代性因素之外,还应该重视内藤湖南对中国文化本体的热情和体认。

　　在此,或可参照内藤后人的回忆录来说明这一问题。其子内藤更次郎曾撰文纪念父亲内藤湖南,文章中描写了内藤湖南的情趣:"厌恶的东西:愚钝的蠢物、迎合大众的进步文化人,信仰圣人的迂愚的道学家。细腻的日本画、岐阜提灯、静寂、古雅、茶汤、民间艺术。美国的机械文明。赶时髦、社交舞会。登山体育。恋爱至上主义者。喜欢的东西:只要是中国的东西,什么都喜欢。"②

① 黑格尔在《哲学史讲演录》中把思想史的发展比作一个圆圈,列宁在其哲学笔记中称之为"一个确切的比喻"。内藤湖南的史学观念受到黑格尔唯心主义辩证法的影响,是肯定的。明治时代,内藤氏还撰写介绍黑格尔哲学的文章,收在当时一本畅销的哲学普及著作《哲学涓滴》中。详见严绍璗《日本中国学史》,南昌:江西人民出版社,1991 年,第 396 页。
② 转引自钱婉约《内藤湖南研究》,北京:中华书局,2004 年,第 14 页。详见内藤更次郎「人间湖南断章」之三、『内藤湖南全集』第六卷『月报』、東京:筑摩書房、1970 年。

内藤湖南所厌恶的事物一个是近代日本创造的"传统文化"①,一个是以美国为代表的西方文明。而与此相反,内藤湖南对中国文化的情感和体认是十分明显的。这种文化和情感的体认耐人寻味,也必然影响着内藤湖南史学的建构与立场。正如钱婉约所言:

> 正是由于对中国文化这份独特而深厚的理解和喜爱,致使内藤中国学能够充分肯定中国历史发展的主体性和独特性,认为像中国这样自发的、独立发展起来的历史、文化体系才是世界史发展的自然样式,具有世界史上的"普遍性"意义;他的中国史研究和关于中国的评论,注重挖掘中国历史发展的内在脉络和规律,是在此基础上的对于中国历史文化的理解之论。从这一意义上说,内藤中国学是一种"把中国作为中国来理解"的中国学,是对于中国的"内在性的评判"。这使他有别于当时日本中国学界所普遍存在着的一种倾向:即以认同西方文化的价值观念、思想方法为前提,并将之视为一种普遍性的标准来指导一切学术活动,从而否定中国文化发展的主体性和特殊性。这方面尤以白鸟库吉、津田左右吉等东京学派的中国学家为代表,他们的中国学可以说是种心目中"无视中国的中国学"或者说是对于中国的"外在性的评判"。②

这也就是为什么同为近代性的文化语境和刺激,内藤湖南史学与白鸟库吉的"东洋史学"产生差异的不可忽视的原因。那么,内藤湖南史学内在的"近代"具体指向如何,与白鸟库吉史学中的"近代"有何差异?

如前所述,整体而言,日本的"东洋史学"本身就是西方近代学术(西方的近代史学特别是兰克史学)、西方"Sinolgy"(欧洲传统中国学/西方近代汉学)的刺激下产生的一种学问体系,还与萨义德所说西方学术界的"东方学"有着密切的关联。但是内藤湖南、狩野直喜等人倡导的京都学派的东洋史研究与白鸟库

---

① 在很多解构主义者眼中,所谓"日本文化",其本身就是在西方文化的参照下自我描绘的产物,如日本语、日本文学、日本绘画、歌舞伎等,都是近代日本的"发明"。详细可参阅柄谷行人、小森阳一等人的相关论述。
② 钱婉约:《内藤湖南研究》,北京:中华书局,2004年,第14-15页。

吉、井上哲次郎等为代表的东京学派的东洋史学有着不同的因子。两者虽然都主张实证研究,不过东京学派的东洋史研究,其思想源头主要是兰克史学,而内藤湖南、狩野直喜的实证学派则是更多地受到了清代考据学的影响和刺激,尤其是在和王国维、罗振玉等中国学人的直接切磋、交流之中产生出来的学术观念和方法。而且京都学派的中国史研究是一种内在的视野和角度,将中国当作中国来理解,因此在"近代"的立场上观之,狩野直喜、内藤湖南等开创的中国研究是一个整体的中国研究,是拥有独特历史脉络的文明体,有着不同于西方和日本的"近代",并非世界史上普遍的"近代"的一种表现形态,尤其在内藤湖南看来,中国的"近代"拥有与西方的"近代"同样的价值和位置。

山田伸吾(1908—1977)在《内藤湖南与辛亥革命——另一个"近代"》一文中指出,在当时的环境中,大家都主张辛亥革命是后进国家赶超欧美、日本等先进国家而经过的必然过程,但是,内藤湖南与此不同,他认为这不是西欧型的近代革命,而是中国自主发展至今的"近代"史的必然过程。这就意味着中国的"近代"是一种欧洲"近代"之外的另一个"近代",而且,西欧、中国的"近代"最终都将流入中国型的"近代"中。这就是内藤湖南所设定的"世界史"。[①]

内藤湖南史学中的"近代"之观念不仅体现在他的中国近代史研究上,实际上,为世人所瞩目的、更多地体现在对中国古代史的研究,集中体现在他的"宋代近世学说"之中。关于这一点,我们将在"宫崎市定史学方法论"的章节中,结合东京帝国大学"东洋史学"中的"近代"以及宫崎市定史学中的"近代"问题做详细论述,此处不再赘述。

另外,就内藤湖南史学的叙述方法和策略而言,站在"近代"的视角上,我们也会有新的发现。

众所周知,"东洋"这一概念在日本的流行,应该出现在日本受到西方文化和势力的挤压之际,与欧美文化圈相对应,多指向以中国文化为中心的汉字文化圈的东亚地区。甲午战争期间,那珂通世等人倡议在中学设置"东洋史"科目,随后又推动文部省将"东洋史"设置为高等学校的专业,使得"东洋史学"成为一种新的学术形态。这样在思想以及制度层面实现了传统的旧汉学向日本

---

① 内藤湖南研究会:《内藤湖南的世界——亚洲再生的思想》,马彪等译,西安:三秦出版社,2005 年,前言第 8 页。

近代国学的转换,即在方法论层面将中国视为外在的、客观研究的对象,而非原来近乎母体文化认知的汉字文化圈的核心存在之中国。这些视角和方法的转换和变化,内含日本在近代的自我认知途径:抵抗西洋文化压迫的同时,也摆脱中国历史性的影响和自身次文化圈的位置。这一点更显著地体现在东京帝国大学的"东洋史学"体系之内,而与此相对,内藤湖南和狩野直喜等人开创的另外一种"东洋史学"则与中国有着更为紧密的事实和情感层面的联系,在他们看来,对中国没有情感的研究是没有价值的研究,是"没有中国的中国研究"。

台湾学者李圭之也曾指出:"自'文化中心移动说'之中,我们还可以明显察觉西方知识论对内藤史学之影响。一方面,借用欧美的线性史观找到中国的历史逻辑;另一方面,也试图跳脱出江户汉学那种研究主体与研究对象混淆的情况,而将中国空间化,作为研究对象来看待。当然,这种区隔是以东洋为区块,相对于西洋的空间,而不是试图对中日之间做出区隔,日本仍被包含在以中国为中心的东洋文化里,儒教仍然作为日本文化的根源。而内藤也并未以西方史观为'普遍',以中国为'例外',进而对中国历史发展进行指指点点,可以说是同时接受了"欧洲性"与'中国性'。"①

不过,我们讨论内藤湖南的史学成就,讨论西方近代性和他对中国文化的情感体认建构起来的独特的"近代性"史学观念,讨论他对中国历史文化的深爱和洞察所蕴含的超越狭隘民族主义的多元文化论之伟大的同时,都不应该忘记以下这一点,即内藤湖南的中国史研究抑或"东洋史学"研究,他内在的动机与目的始终以他所热爱的国家和民族为皈依,学术研究的个人情怀、对社会和民族的责任感。他经世致用的远大抱负和理想、他学术的现实观照和政治热情等都融合在他的历史文化研究之中,成为一条隐藏却如通往心脏的血脉,决定了内藤学术研究的生命气息和特色。因此,"这样一个理解并喜爱中国文化的人,却终于在日本国权扩张主义的时代思潮中,与侵略中国的政治企图沆瀣一气,从而在本质上背叛了中国文化"。②

---

① 李圭之:《近代日本的东洋概念——以中国与欧美为经纬》,《中国学的知识社群研究丛书》系列 10,台北:台湾大学,2008 年,第 70 页。
② 钱婉约:《内藤湖南研究》,北京:中华书局,2004 年,第 15 页。

第三章

白鸟库吉与津田左右吉的东洋史研究

甲午海战后到"二战",日本坠入对外殖民入侵的深渊而难以自拔。此时期,随着日本对外殖民战争的扩张,日本民众和领导者迸发出前所未有的民族国家意识,乃至到了扭曲历史和现实的地步,甚至主张日本是"万世一系"的神之国度,自我意识前所未有地膨胀。在这样的背景下,日本的思想文化界开始将自己从东亚汉字文化圈脱身而去,并产生了与西方、西洋相区别、相抗衡的学术观念和体系,"东洋史学"就是那个时代制度化的结果。

在"东洋史学"领域内,与京都学派相对的是东京学派,而东京学派的开创者就是白鸟库吉。[①] 白鸟库吉是 19 世纪末、20 世纪初在西方近代文化观念下,尤其是在兰克史学学派的直接影响下成长起来的日本第一代"东洋史学"家。他论说广阔,横跨数个领域,在亚洲史的关照下完成了自己的学术体系的建构,成为日本"东洋史学"的先驱者之一。

作为白鸟库吉的助手和弟子,津田左右吉继承了白鸟库吉对中国文化的怀疑主义立场,将对"日本记纪神话"的批判引入中国历史文化的研究,且完全排除中国文化对日本的影响,并完全否定中国儒学的价值(与白鸟库吉表现出对儒学的双重态度不同),在"近代性"的指引下,致力于日本社会和国民的近代性

---

① 有的学者主张,白鸟库吉为代表的学者开创的是"东京文献学派"——与京都帝国大学教授内藤湖南为代表的"京都实证学派"相对应——并非"东京学派"。东京学派则是"二战"之后的一种说法。详见甘文杰《东洋史学与"东京文献学派"初探——兼论黄现璠与这一学派的学术关系》,http://kbs.cnki.net/forums/81308/showThread.aspx,2011/6/5。

创设，并在一定程度上挣脱了其自身固有的民族主义立场，参照西方的"近代"，寻求一种区隔中国文化，也不同于西方的独特的属于日本的"近代"。因此，津田左右吉在白鸟库吉的怀疑主义史学道路上继续推进，将批判的视角引向日本自身，也由此受到日本保守主义势力的打压和否定。

比之于白鸟史学，津田左右吉虽然同样生长于"脱亚入欧"的思潮之中，但以福泽谕吉为首的启蒙思潮随着日本内外形势的变化而影响日深，加之津田左右吉出身并非东京帝国大学而是早稻田这所著名的私立高校，与官方意识形态保持有一定的距离，因此，津田左右吉的"东洋史学"具有更多的"近代性"和"启蒙价值"，甚至可以说津田左右吉史学代表着一种"未来"的史学。[①] 也就是说，今天反顾日本"东洋史学"的学术史，津田左右吉的东洋史研究被认为不仅创造了一种"没有东洋的东洋史学"，也被认为是一种努力确立近代性的天皇制度和国民史观的"津田史学"。

第一节　白鸟库吉的研究经历

青年时代的白鸟库吉在与东京都一川（江户川）之隔的千叶县读书，在中学生时代就接受了时任中学校长、日本东洋史的倡议者和初创者那珂通世和担任英文老师的三宅米吉[②]的直接提携和帮助，这样的经历让他很早就关注欧洲东方学和汉学的研究成果。白鸟库吉对历史学以及中国和亚洲史的关注和兴趣也多半由此而来。

1887年，白鸟库吉考入东京帝国大学文科大学新设的"史学科"学习，在这里更加直接地接受了西方史学理论及史学方法的训练和培养。

1886年，兰克的弟子里斯被聘请到日本东京帝国大学，成为日本近代以来的第一位史学科教授，在当时也是日本唯一一位史学领域的教授。而白鸟库吉

---

① 渡部义通曾在《津田史学的特质及其现代意义》中指出，和现在的实证主义学派不同，津田博士不仅仅面向过去，更在预测未来而探究历史过去这一点上做得出色。

② 日本明治时期历史学家和教育专家，是日本近代史学的开创者之一，和那珂通世一起最早提倡东洋史学研究。代表作是《日本史学提要》（1886），主张历史研究主要是文明史的研究，而观察国家的文明与历史，需要以世界史的眼光去考察周边民族与国家的关系和影响。白鸟库吉深受其影响，并在其直接的帮助和影响下，选择了历史学研究。

有幸成为东京帝国大学第一批史学科目的学生,从而受教于兰克史学的代表性学者里斯,并逐渐接受了兰克史学的批判主义方法和观念。[①]

兰克学派是近代西方人文学术领域内一个重要的学术流派,在世界范围内的历史学、民俗学、考古学、社会学等诸多学科和领域内都产生了重要而深远的影响。该学派的创始人兰克(Leopold von Ranke, 1795—1886),曾经是柏林大学的教授,后出任普鲁士皇家史官,他基于自身对史学的理解和实践开创了被后人称为“兰克史学”的学术思潮和理念。

不过,值得注意的是,兰克史学的观念在后来接受者或反对者中有不同的理解和理解的侧重。大体而言,日本近代的史学接受了兰克史学的“实证主义”精神和方法,力求在历史的文献和材料之中寻找历史的内在发展动力,这是一种追求更高理念和更高精神的历史观。原本兰克就特别强调世界史上民族的衰败不是因为外来的侵入,而是一个民族内部“道义”与“生命力”的颓废,亦即“道义”和“生命力”二者的分离。这种对民族内在精神构建的关注和追求,铸就了兰克官方史学家的地位和位置,从中,我们也可以明显地感受到其史学观念在拥有近代性价值的同时,其内在与国家意志的密切关联性。

大学期间,白鸟库吉专攻史学,并热衷于里斯的授课。据白鸟库吉的孙子上智大学的教授白鸟芳郎所言:“里斯博士的讲义笔记,是祖父用英文记录的。这部小巧却很厚重的笔记,直到晚年仍被祖父珍存着。”[②]

1901 年,白鸟库吉在获得东京帝国大学的史学博士之后,又远赴欧洲留学,先后辗转于德国柏林大学、匈牙利布达佩斯大学,进修和学习欧洲数种语言和多个国家的历史,在此过程中,他接触到了当时欧洲多位一流的学者和观念,也由此积攒了自身丰富的学术体验和思考。例如,他自诩为名文的《乌孙考》和《朝鲜古代王号考》,便是在留学生涯中写成的,并发表于欧洲著名的东方学杂志《东方评论》(*Keleti Szemle*)上。

---

① 白鸟库吉对里斯十分仰重,据他的孙子白鸟芳郎教授回忆说:“祖父晚年在病床上,经常把里斯的讲座笔记置于枕边,这是一部精致的厚厚的制本,用英文书写,十分的贵重。这对祖父来说,大概是回忆起了许多深沉的东西。”详见严绍璗《日本中国学史》,南昌:江西人民出版社,1991 年,第 325 - 326 页。

② 白鸟芳郎:《与祖父白鸟库吉的对话》,《白鸟库吉全集》第十卷《月报 10》,东京:岩波书店,1970 年,第 8 页。

此外,他的现实生活和状态也刺激和培养了白鸟库吉的史学观念。他的姻亲就极具时代特色。白鸟库吉在 1894 年他 29 岁时与大村茂子成婚。我们知道,大村氏是当时日本有名的亲近西方文化的家族之一。如夫人大村茂子的长兄大村仁太郎,可以说是 19 世纪末日本最具影响力的德国语言和文化的研究家之一,时任日本贵族学院——学习院的教授,其撰写的《德语语法》曾经长期作为日本的教科书。大村茂子的另一位兄长大村安三郎被誉为近代日本第一位小提琴手,时任东京上野音乐学校教授。因此,可以断言,亲近西方文化的大村家族必然影响到白鸟库吉的精神世界和观念形态。

1903 年收获满满的白鸟库吉回到日本,第二年即 1904 年就开始担任学习院大学教授,并同时兼任东京帝国大学的史学教授。他先后在大学开设了"西域史""塞外民族文化史""满鲜上代史"等有关"东洋史学"的课程和讲座。

1908 年 1 月,白鸟与"满铁"①第一代总裁后藤新平协商,决定在"满铁"内部的东京支社设立"满洲及朝鲜历史地理调查部"。白鸟库吉亲自担任调查部部长,与此同时,他将弟子津田左右吉、箭内亘(1875—1926)、松井等(1877—1937)、池内宏(1878—1952)等东京帝国大学的年轻教师招入麾下,任命为调查部研究员,从事专门的"满洲历史地理"和"朝鲜历史地理"研究。其后不久,白鸟的年轻得意弟子、后来被誉为白鸟史学接班人的和田清(1890—1963)也加入了这一调查和研究工作,并负责"满洲历史地理"的研究。②

1909 年,白鸟库吉在一次公开会议上提出著名的"尧舜禹抹杀论",倡言"疑古思潮",极大地冲击了中日学术思想界。

1910 年,白鸟库吉与内藤湖南展开精彩的"邪马台国论战",波及整个日本"东洋史学"界,并影响深远。在其过程中,其弟子先后加入论战,客观促成日本

---

① 即南满洲铁道株式会社,简称"满铁"。是日本于 1906 年至 1945 年间在中国东北设立的一家特殊的日本公司,在极盛期里握有 80 多家关联企业的股权,为日本经营中国东北的核心、日本殖民中国东北地区的一个重要手段和步骤。日本经过 1905 年的日俄战争,夺得了俄国在中国东北的权益。1906 年,日本政府为管理以原俄国与清朝合营的东清铁路(中长铁路)为中心的东北经济,成立了"南满洲铁道株式会社",调任日本"台湾总督府"(日本殖民台湾的最高长官公署)总督儿玉源太郎陆军大将的助手后藤新平(台湾民政长官)任首期总裁。总部设在中国大连。
② 甘文杰:《东洋史学与"东京文献学派"初探——兼论黄现璠与这一学派的学术关系》,http://kbs.cnki.net/forums/81308/showThread.aspx,2011/6/5。

"东洋史学"的"东京学派"形成。①

1914—1920 年,白鸟库吉还曾担任日本昭和天皇的"西洋史"讲授教师。1924 年出任东洋文库②理事长和研究部部长,并创办《东洋文库论丛》《东洋文库研究部欧文纪要》等机关专业刊物。

1934 年(直至 1942 年去世)他还出任了日本"民族学会"第一任理事长,并主持创办《民族学研究》等专业杂志。

第二节　白鸟库吉的"儒学"③研究

白鸟库吉在史学界,尤其是中国史学界,最出名的莫过于"尧舜禹抹杀论"了,但如若整体考察白鸟库吉的史学研究,我们会发现白鸟库吉并非反对和否定"儒学"价值本身,更不是为了否定而否定。在白鸟库吉的晚年,他对日本的"儒学"实际上是持肯定态度的,甚至是拥抱的姿态。从方法论的立场观之,白鸟库吉终其一生都在借用西方的观念和方法为日本寻找一条既不同于中国,也可以和欧洲平起平坐的学术道路。因此,在史学的批判理性之外,在研究主体性的立场上,他的道德观念仍然具有传统儒学的部分因子,因此,白鸟库吉对中

---

① 1905 年后,东京帝国大学当时的"东洋史学"科,主讲教授主要有白鸟库吉和市村瓒次郎(1864—1947)。但由于市村的观念和方法相对传统,不怎么受年轻人的肯定和欢迎。之后东京帝国大学的"东洋史学"科基本上是白鸟库吉一个人的天下,加之白鸟库吉社会活动、组织能力等高人一筹,创办杂志、开设研究机构等影响和提拔了一大批优秀的年轻人。如加藤繁(1880—1946)、桥本增吉(1880—1956)、重松俊章(1883—1961)、原田淑人(1885—1974)、鸟山喜一(1887—1959)、清水泰次(1890—1960)、石田干之助(1891—1974)、桑田六郎(1894—1987)等。没有上过帝国大学,不属于帝国大学一脉,日后却名重一时的津田左右吉也是白鸟库吉一手提拔起来的。

② 东洋文库是日本最大(全球第五大)的亚洲研究图书馆,也是日本三大中国学(汉学)研究重镇之一,位于东京都文京区,在 1917 年由三菱集团出资收购"莫里逊文库"的基础上设置起来的,是一个专门把中国与中国文化作为主要研究对象的图书馆兼研究所,1948 年起成为日本国立国会图书馆的分馆,自 2008 年起开始逐步独立运营。"二战"后在石田干之助、榎一雄等人的经营下,东洋文库收藏各国有关东方研究的书籍相当全面,其中包括中国敦煌文书缩微胶卷和照片。文库设有研究部,聘任兼职或专职的研究员,编辑出版《东洋文库纪要》(*Memoirs of the Research Department of the Toyo Bunko*)等杂志、丛书。研究部下设中国敦煌文献、中国西藏、中亚、伊斯兰等研究委员会。"二战"后受到美国基金的巨额资助,其研究成为美国意识形态主导下区域研究的一个环节而被批判。

③ 请注意"儒学"和"儒教"之别,日本近代学者以"儒教"这个特定概念,用以对抗和区别过去的、传统的、落后的中国的"儒学"。详见严绍璗《日本中国学史》,南昌:江西人民出版社,1991 年,第 304 - 305 页。

国儒学的研究也就具有了"东洋史学"的方法论意义。

一、"尧舜禹抹杀论"的提出

1909 年 8 月,时年 44 岁的东京帝国大学文科大学史学科兼任教授白鸟库吉在东洋协会评议委员会上,发表了题为《中国古传说之研究》的著名讲座。在讲座中,白鸟库吉对儒学经典特别是"尧舜禹三代"之说,表达了强烈的怀疑态度,提出了否定的意见。

白鸟库吉率先陈述了研究中国古代传说的动机和目的。他说:"欲根本性地了解中国之哲学宗教,则必须考察其古传说,儒教于中国之传说中,有其理想之所,其中且包含有儒教崇拜之人物。今批判其人物之遗迹,检讨其所由来,试欲对作为历史之事实而不能不深怀疑团之传说作一解释。"①

白鸟库吉再以《尚书》为主要文献,对《尚书》记载的尧舜禹之事迹做了说明之后说:"尧舜禹三王之事迹眼目,概如上述。余辈以虚心平气,极冷静之头脑考察之,以为《尧典》《舜典》《大禹谟》等《尚书》之文,绝非其当时之记载。每篇必以'曰若稽古云云'之语起笔,此如同言'由今往昔'。又考上述三王之事迹,其大小轻重甚失权衡,就中舜之事业占多为显,而尧专关天文,禹以治水为主,而其他事业则一归于舜。此应为极大之疑问……三王之事业以不自然之截然区划,此亦系挟疑团之点。"②

由此可见,白鸟库吉认为中国古典文献中的"尧舜禹"其实并不存在,《尚书》的记载系后人所编造。他在演说中博引中国文献,对"尧""舜""禹"的含义做了考定——"尧",高也,饶也,至高的意思;"舜",准也,循也,行顺的意思;"禹",宇也,屋也,四垂也。这三王只是架空的人物,理想的表现。白鸟库吉说:"尧舜禹为古之圣王,孔子祖述之,孟子崇尊之,后世儒教汲其流,圣贤推服其言行,世无怀疑此等古圣人的历史之实在。虽然如此,今讨究覆核三王之传说,明察其应重大怀疑之理由。人若去尽偏执,而不事墨守旧来见地,则亦必当首肯余辈之论断无不当。然论者或谓,尧舜禹三王系儒教崇拜之宗处,其生命实系

---

① 白鸟库吉:《中国古传说之研究》,《白鸟库吉全集》第八卷,东京:岩波书店,1970 年,第 381 页。又见刘俊文主编《日本学者研究中国史论著选译》第一卷,黄约瑟译,北京:中华书局,1992 年,第 2 页。

② 白鸟库吉:《中国古传说之研究》,《白鸟库吉全集》第八卷,东京:岩波书店,1970 年,第 383 页。又见刘俊文主编《日本学者研究中国史论著选译》第一卷,黄约瑟译,北京:中华书局,1992 年,第 5 页。

于此,灭此生命将奈儒教何。余辈答之曰,三王之历史性之实在,系与儒教理想相关而构成,今彼等虽失其偶像之实存,然儒教归于彼等之理想,则俨然而存——尧之至公至明、舜之孝顺笃敬、禹之勤勉力行,此即古中国人希冀其王者之所能具备之品德,实儒教之理想也。余辈疑此历史之事实,儒教之生命因而得全矣。"①

此处,白鸟库吉所提出的命题便是日本东洋史(中国史)研究史上影响颇为巨大的"尧舜禹抹杀论"。这一观念极具冲击性与破坏性,直接动摇了当时日本传统的汉学家和传统思想者对儒学、对中国文化的信任与信仰,其余音至今不绝于耳。

白鸟库吉于1912年再次申述、阐明他的"尧舜禹抹杀论",并在同年2月的一次研究会与日本史学例会上,分别以《〈尚书〉的高等批评》和《儒教的源流》为题发表了讲演,对这一命题做了进一步的论证和阐述。②

他说:"首先见于《尧典》中的尧之事业,是命羲氏、和氏分历以使民,措其子而举以孝道闻名之舜于田野,并为之让位。尧之特异之处在于与天文历日相关之事,亦即关于天之部分。其次征于《舜典》,舜乃下层社会之人,以孝而得让帝位,其事迹则为人君治民的一切方面,诸如制度、政治、巡狩、祭祀等,且人道中至人之'孝'也作为舜之特性传于世。由此可知,舜之事迹当关乎人事而不可求其他。至于禹,刻苦勤勉励行,治洪水定禹域,此乃关于地之事迹。禹之特性便在于与地相关这一点。由此推知,这些传说的作者是以天、地、人三才的思想为背景创作了这样的传说。汉人特别是儒教寄希望于天子之处在于公明正大,故将这一理想托之于尧而创造出禅让,人道的理想则托之于舜,勤勉的理想则托之于禹。"③

"尧舜禹抹杀论"是白鸟库吉经过慎重考虑之后的学理表述,这个理论自1909年提出后,几经论驳和反思,更趋完整。1915年在题为《儒教在日本的顺应性》的论文中,白鸟库吉进一步指出:"我在各种的公开会议上叙述了一个结

---

① 白鸟库吉:《中国古传说之研究》,《白鸟库吉全集》第八卷,东京:岩波书店,1970年,第125页。
② 白鸟库吉:《〈尚书〉的高等批评》,《东亚研究》第2卷第4号,收录于《白鸟库吉全集》第八卷;《儒教的源流》,《东亚之光》第7卷第9号,收录于《白鸟库吉全集》第九卷。
③ 白鸟库吉:《〈尚书〉的高等批评》,《东亚研究》第2卷第4号,收录于《白鸟库吉全集》第八卷,第393-394页。

论,这便是中国人最崇敬的圣人——尧舜禹,他们绝不是实在的人物,他们作为理想的帝王从中国人的观念中产生出来,为此而受到儒者,或者尊敬儒教的各位对于我抹杀尧舜的这一结论的非难……根据我的观点,作为历史人物的尧舜禹是没有的,作为理想人物而创造出尧舜禹的思想实际存在于古代中国人之间,因而给了尧舜禹作为历史人物的愈发确实的基础。"①

据此,白鸟库吉从多个层面完整地表达了他著名的"尧舜禹抹杀论"之理念。简言之,就是说,中国上古史所谓的"尧舜禹"应该是传说中理想的人物,并非实际存在。这只是一种(低级的)偶像崇拜社会形态的文化样态之表征。

二、"儒学"的回归与方法论意义

"尧舜禹抹杀论"之论说作为白鸟库吉史学中的重要观念之一,属于对中国儒学的怀疑和批判,毋庸置疑。但是,我们应该在关注这一观念表述之外,进一步关注他批判中国儒学的方法和目的是什么。因为在事实上,将白鸟库吉史学做一个整体的观察,我们发现白鸟库吉虽然批判、怀疑中国儒学,却并不否定日本儒学,甚至也没有无视儒学自身的价值。

首先,我们看看白鸟库吉提出"尧舜禹抹杀论"的观点是基于怎样的史学观念,其目的又是怎样的。

前辈的学者们早已指出,白鸟库吉的"尧舜禹抹杀论"的史学观念前提就是近代欧洲实证主义、社会学之父孔德的人类社会发展三阶段理论。孔德主张,可以把人类历史看作是一部精神的历史,而社会发展的原动力即人类理智的进化。与人类理智状态所呈现出的三个发展阶段相应,人类社会的发展进化也经历了三个阶段:"人类第一阶段是物神崇拜(fetishism)阶段。这一阶段文化的特点是神学——虚构阶段。追问事物的终极,却又归结为超自然的能量。这个阶段创造偶像,人类对于外界事物的观察具有"知情意"的活动物性意识。第二阶段是神学理论(theologism)阶段。这一阶段以形而上——抽象为主要特征,人类开始创造出许多抽象概念。第三阶段是实证主义(pcstivism)阶段。在这一阶段是科学——实证的阶段,人类对于外界事物的观察,能使外界的经验与内心的经

---

① 白鸟库吉:《儒教在日本的顺应性》,《明治圣德纪念学会纪要》第 2 号,收录于《白鸟库吉全集》第 10 卷。

验达到统合一致,并出现高度和谐,以至于使外界与内心趋向于消除矛盾。"①

按照孔德的观念,人类社会发展所经历的第一个阶段,即神学的思想时代已经成为过去和历史,而人类社会的现在和未来是科学精神、实证的阶段,即西方所主导的工业文明的时代。白鸟库吉就以孔德的三阶段社会划分为基准,将中国文化(白鸟库吉所说的汉文化)设定为人类社会发展的初级阶段,这样的划分正与黑格尔为代表的西方中心主义论者所倡言的"停滞的东洋"论调一致。准确而言,孔德在这层意义上乃是继承了黑格尔之思想与论说。

因此,白鸟库吉说:"汉民族的文化,既然是基于物神崇拜而停止于名别的特殊的观察,因此之故,在中国国民的思维中,是无望有高尚深远的思想科学的发达。中国唯有道德独自发达……中国以政治为首的文学,乃至于技术,无不具有道德的着色,其原因盖在于此。"②

白鸟库吉史学中的中国文化观念以及史学中对中国儒学的批评所借助和使用的方法、手段无疑都是属于西方近代的思想和方法论,具有资产阶级近代文化所具有的批判性和理性主义立场(而且这一批判性还可以追溯到黑格尔、孟德斯鸠等人对于中国文化的否定和排斥)。

据此,我们可以看到这样的表述与观念已经不同于传统的汉学家,白鸟库吉已经将中国文化看作是一种外在于日本的、客观的研究对象物,但是他在阐述"尧舜禹抹杀论"的怀疑主义学说时,他在观念上也是认为其对中国文化的判断和认知正是自己的科学研究,"使儒教之生命因而得全矣",而且,愈是在批评儒学的理论关键时,他愈是宣称自己"我不是儒教的敌人,而是儒教的拥护者"。③

要之,白鸟库吉一方面抛出了震惊世界思想界和文化界(特别是史学思想界)的"尧舜禹抹杀论"之观念,以此开了对中国文化的怀疑主义和批判主义之先河。而有意味的是,在另外一方面,他又坚称自己是坚定的"儒教"拥护者。这两个看似完全相反的矛盾体竟然同时出现在白鸟库吉这个著名"东洋史学"者身上,颇有戏剧性和象征性的意义。

---

① 严绍璗:《日本中国学史》,南昌:江西人民出版社,1991年,第330页。已有学者指出孔德三阶段的社会学理论背后的政治欲望:只是为了预见,预见为了控制和权力。
② 白鸟库吉:《〈尚书〉的高等批评》,《东亚研究》第2卷第4号,《白鸟库吉全集》第八卷,第559页。
③ 严绍璗:《日本中国学史》,南昌:江西人民出版社,1991年,第333页。

而这一转换的关键就是白鸟库吉的民族主义立场。

1918 年，白鸟库吉在《汉文化的价值》一文中说，中国传统的文化如今已经被日本人全部掌握，如今，日本现在要学习的不再是中国文化而是西方文化。但是白鸟库吉也提醒说，西方的文化也并非多么先进的东西。因此，对于日本人而言，已经不同于中国儒学的"日本儒教"却是需要大家努力学习和掌握的。日本的儒教需要受到尊重，并且是需要全体日本人躬行实践的知识和信仰。

因此，我们看到，白鸟库吉的"尧舜禹抹杀论"也好，回归日本的儒教也好，对西方文化保持距离也好，上述这些复杂而矛盾的论述，充斥着对中国文化的整体蔑视和否定，充满了那个时代的"脱亚论"，也弥漫着盛行于世的"国体论"[①]。

三、白鸟库吉史学的方法论

目前中日学界对白鸟库吉的学术都比较关注，相关研究也十分丰富。从中国的历史学界和海外中国学研究领域观之，目前的研究依然侧重于对其"尧舜禹抹杀论"为中心的批判史学的具体观念和观点上的考察和辨析。由于他参与并领导了"满洲及朝鲜历史地理调查部"及"满洲学"的创建等，国内的学者也会就此展开批评他的学术和帝国主义之间的勾连，此外，也有很多的学者根据白鸟库吉的史学方法和研究特色，主张他创建了不同于京都帝国大学学风的、"东洋史"研究领域内的"东京文献学派"。

作为接受兰克史学直接影响并在日本"二战"前成长起来的第一代东洋史学家，白鸟库吉的地位和影响力十分凸显和重要，被视为"二战"前日本"东洋史学"领域内的巨大存在。也正是基于他的才智和努力，使得日本"东洋史学"开始获得世界性的声誉和意义。在 1910 年前后，他的存在和努力就对东京帝国大学将"支那史"学科改为"东洋史学"这一划时代的事件起了决定性作用，客观来讲，白鸟库吉及其史学成为日本"东洋史学"发生、发展的引导者和基石。

只是白鸟库吉的这个引领与基石所具有的学科史意义之外，还具有负面的

---

① 近代日本的"国体论"主要包括神国思想、尊皇思想和伦理道德等各种有形无形的意识形态和思想状态，是以天皇制为核心的专制统治的一种特定样态。

价值和遗产。得出这样的结论，主要源于两个方面的考虑。一方面是他的学术与日本对外殖民和扩张之间互为表里、亦步亦趋的紧密关系；另一方面是他的史学方法论内含一种基本而偏颇的观念：经过对中国文化的批判，以期与欧洲（学术）取得平等对话之可能，并据此在史学和思想层面确立近代日本在现代世界史中的地位。

关于第一点，学界早已多有关注，且业已定论。如在日俄战争结束后不久，白鸟库吉便表示："为了扩大战争胜利的实际效果，在战后经营亚洲的各项任务之中，增加我国国民对于将来发展舞台的亚洲的知识，让他们对此产生兴趣，是最为紧迫的事情。"①随后，他便热情而积极地推进朝鲜历史研究、"满学"等，促成一系列殖民主义历史知识的生产和传播。

但对第二点，即对其史学方法论的讨论，目前学界还未能予以相应的关注和分析。中国台湾学者李圭之慧眼独具，从思想史和历史哲学（叙述方法）的角度，指出白鸟库吉史学的方法：

> "东洋"一词既然来自与"西洋"的相对应，白鸟首先处理亚洲与欧洲的关系；其次，面对亚洲时，白鸟一方面找到日本在亚洲历史的位置，另一方面为了避免身处亚洲会模糊自身的特殊性，他又从历史中寻找得以与研究对象——亚洲相区隔的论述。从他的理论开展，不难发现他为了替日本找到根源，进而找到叙述亚洲的方式，在情感上向欧美靠拢：他以文化人类学作为知识论的起点，替日本找到得以平等面对欧洲、面对亚洲又能表现差异的亚洲论述——那个隐而未现的东洋是不抗拒西方且排除中国的。②

在李圭之看来，以白鸟库吉为代表的"东洋史学"的展开和实践，无疑也是以脱离中国传统/中国文化作为日本文化根源的一种方法论层面的尝试。

早在1993年，美国的日本史学者史蒂芬·田中就在《日本的东方：把过去

---

① 白永瑞：《思想东亚：朝鲜半岛视角的历史与实践》，《"东洋史学"的诞生与衰退——东亚学术制度的传播与变形》，北京：生活·读书·新知三联书店，2011年，第303-304页。

② 李圭之：《近代日本的东洋概念——以中国与欧美为经纬》，《中国学的知识社群研究》第10，台北：台湾大学，2008年，第30页。

变成历史》一书中,借助西方后现代主义理论资源,特别是萨义德的"东方主义"学说对日本的东洋史学进行了系统的分析和批判。其中,他也指出白鸟库吉的史学内在理路与方法,即"白鸟库吉否定中国儒学信仰的三大圣者'尧舜禹',进而否定儒教为代表的中国上古史的合法性,并声称中国的文明始于周朝……'儒教'并非起源于中国,因而日本的思想文化就具有了有别于中国的独特性和独立性"①。

具体而言,白鸟库吉以西方近代史学观念与方法——兰克史学的实证主义、孔德社会学说和语言学考证等②——展开了他的以"尧舜禹抹杀论""南北民族二元论"③等为典型的东洋史研究,并在研究中呈现出一个既区别于中国,又可以融入世界、和欧洲平等相处的现代日本。

如上所述,白鸟库吉的"儒学"研究就充分体现出了白鸟库吉史学的特色与内在方法论。在日本"东洋史学"的学科史上,如果说白鸟库吉在早年更多以"儒学"的"抹杀"者和怀疑论者的形象出现,那么,在其晚年,则更多地体现在他对"儒教"回归现代日本的努力和坚持。而且,随着日本日益走向专制与扩张,白鸟库吉对于日本儒教的态度也就愈加肯定,甚而鼓动性地倡议民众去实践、去信仰。

1930年,他发表了《日本建国之精神》的公开讲演。在讲演中,他明确指出,现代日本人的精神世界,其构成源自印度的佛教文化和中国的"儒教"思想,以及两种具有代表性的古代文化的统一。把中国的"儒学"发展为"儒教",又把"儒教"推崇为现代日本国家的基本精神——这是自明治末年至昭和前期日本国家意识形态层面的主要基调之一。这个时期,日本"新儒学"与国粹主义、日

---

① Stefan Tanaka, *Japan's Orient: rendering pasts into history*, (Berkeley: University of California Press, 1993), p.121.

② 有别于以内藤湖南史学为代表的京都帝国大学的"东洋史学"的实证研究和文献批判。内藤湖南、狩野直喜等人确立的实证是在清代学人的影响下确立起来的考据学,并在与罗振玉、王国维的交往中接受了王国维提出的"二重证据法"的影响。而白鸟库吉的实证与文献批判更多地依赖于西方语言学的成果和方法。

③ Stefan Tanaka, *Japan's Orient: rendering pasts into history*, (Berkeley: University of California Press, 1993), p.19.所谓"南北双元论"是史蒂芬·田中对白鸟库吉史学研究特色的一种总结。田中认为白鸟库吉由"南北双元论"构成其独特的历史叙述与方法,其主要观念是将欧亚大陆的民族划分为北方半开化游牧民族与南方文明农耕民族,并据此分析和说明所有社会的动态过程与不同民族之间的兴衰荣辱。更为重要的是,白鸟库吉的这一历史学框架和视野打通了欧洲历史和亚洲历史的区隔,也找到了日本在亚洲史乃至世界史中独特的位置。

本主义结合,建构为国家主义、超国家主义的意识形态的主要特征之一。诚如严绍璗所言,白鸟库吉是一个十分矛盾的存在:一方面他受欧洲近代思想文化至深,表现出极为鲜明的批判精神;另一方面,他也未能超脱日本"国体论"之影响,学术成为服务政治的工具。这一微妙的矛盾统一的状态,"非常真实地构成了白鸟库吉中国史观(包括文化观)的主体内容,不仅使其成为近代日本中国史学的奠基,而且事实上它已经显示了在未来 40 年内,日本学者在中国历史研究方面的基本方向和主要特征"①。

如同内藤湖南、宫崎市定等学者的史学方法论所呈现出的复杂状态一样,白鸟库吉在面对中国历史文化研究时,充分展现了近代文化中的理念和精神品格,表现出强烈而具有冲击性的批判精神。这种批判性,抑或说是对中国历史和文化的怀疑主义,在东京帝国大学的东洋史研究脉络内被广泛接受,影响颇为深远。在某种意义上,白鸟库吉史学的成就和努力,促使日本的传统汉学最终转变成近代学术意义上的"东洋史学",影响巨大,无愧于日本"东洋史学"嚆矢之誉,为近代日本东洋史学术体系的完成,为日本中国学的近代转变提供了强有力的观念形态和知识论。②

后来,其弟子和后学如桥本增吉、加藤繁、饭岛忠夫等的加入,使其批判的范围有所扩大。他们从《尚书》的不可靠与"三代"的虚构说,扩展为对中国先秦文献如《诗经》《春秋》《左传》等古典的普遍的疑惑,并进而对记载的上古制度如井田制等进行质疑。桥本增吉的《论〈虞书〉》《〈书经〉的研究》,加藤繁的《中国古代的土地制度》,饭岛忠夫的《从汉代的历法看〈左传〉的伪作》等,都是这一学派的重要论著。

但是,白鸟库吉史学中的这种批判性或者怀疑主义立场,主要是以中国历史文化为对象的,其立论的目的是指出现实的中国历史文化位于一种低级的、原始的文化,这无疑是一种基于所谓科学的傲慢态度,这样的态度导致对包括中国、朝鲜在内的亚洲其他地区和国家的轻蔑,乃是自然之事。这也是日本"脱亚"观念的核心精神。其间,无不体现了白鸟库吉史学内在侵略性、狭隘性的民族主义立场和目的,也极具蛊惑性和破坏性。

---

① 严绍璗:《日本中国学史》,南昌:江西人民出版社,1991 年,第 333 - 334 页。
② 刘萍:《津田左右吉研究》,北京:中华书局,2004 年,第 87 页。

换言之,站在史学方法论的立场观之,白鸟库吉的"儒学"研究是基于日本"国体论"的"脱亚"而非"入欧"之思想。这种对"儒学"的奇怪态度——否定中国儒学、肯定日本儒教——表面以西方的近代思想为显现和手段,实际上是他基于自身的民族主义立场的选择,这也是白鸟库吉史学的目的。

第三节　津田左右吉史学研究

在白鸟库吉之后,东京地区的东洋史学研究最具影响力也最具争议的学者无疑就是津田左右吉了。不过,津田左右吉的学术创作大多在 20 世纪上半期,但其影响力在"二战"后才得以真正展开。因此,作为"东洋史学"东京学派在白鸟库吉之后的代表性学者,津田左右吉的"东洋史学"在日本的接受状态也显示出日本思想界的变化和状况,这也是本书选择津田左右吉作为研究对象的原因之一。

讨论津田左右吉的东洋史学思想,我们也无法回避白鸟库吉对津田左右吉的"东洋史学"产生的巨大而直接的影响。我们不得不在面对津田左右吉史学与白鸟库吉史学联系的同时,也要面对两者在史学思想和方法上的区别。

下文我们就津田左右吉的人生成长历程以及其"东洋史学"思想形成的文化语境进行探讨,以图揭示其史学思想的发生过程和契机,聚焦于津田左右吉对中国历史文化的研究及其在他的整体史学研究中的位置和意义,并尝试在分析其中国史研究与日本史研究的联系与区别中,厘清津田左右吉东洋史学的构成与特色。此外,我们还将深入津田左右吉在"二战"前后对于"天皇制"看似差异性表述背后的观念立场,并通过研讨津田左右吉的"东洋史学"研究在"二战"前后的变化及拓展,进而探讨日本"东洋史学"作为一个整体在"二战"前后的断裂与延续之问题。

一、成长经历

津田左右吉生于明治六年即 1873 年岐阜县加茂郡(今美浓加茂市)的一个村落,其父为下级武士。1879 年入读文明小学,1886 年进入名古屋的英语、数学私塾。1890 年,17 岁的津田左右吉考入东京专门学校政治科二年级。1893

年入职富山县东本愿寺别院附属学校。1895 结识白鸟库吉,从此师从白鸟库吉,也在生活中受恩于此。1896 年赴任群马县普通中学任职教书,讲授地理和中国史。1897 年赴千叶县普通中学(白鸟库吉的母校)任职。1900 年,27 岁的津田左右吉结婚,辞去千叶县教职,转任私立德意志协会中学教师。1901 年撰写《新撰东洋史》,由宝永馆刊行。1902 年刊行《国史教科书》。1908 年,在白鸟库吉的直接提携和指导下,与东京帝国大学东洋史学的池内宏等人共同组建满鲜地理历史调查室,任研究员。

1916 年刊行《文学中所表现的我国国民思想之研究》(『文学に现はれたる我が国民思想の研究』),1918 年被聘为早稻田大学讲师,1919 年刊行《〈古事记〉与〈日本书纪〉的研究》(「古事记及び日本書紀の研究」)。1920 年任早稻田大学文学部教授。1923 年,49 岁的津田左右吉以《古代中国人之宗教思想》一文获得东京帝国大学文学部博士学位。1924 年刊行《神代史的研究》(『神代史の研究』)由岩波书店刊行,此书是《〈古事记〉与〈日本书纪〉的研究》的修订版。1927 年《道家思想及其展开》刊行(《东洋文库》)。

1940 年,67 岁的津田左右吉被迫辞去早稻田大学教授职位。其著作《〈古事记〉及〈日本书纪〉的研究》《神代史的研究》《日本上代史的研究》《上代日本的社会及思想》等因触犯了天皇神权之观念被禁止销售,出版社岩波书店和他本人被起诉。

1941 年,日本突袭珍珠港,美国对日宣战,太平洋战争爆发。同年,东京刑事地方裁判所判决津田左右吉和岩波书店有罪,津田左右吉上诉并提交资料,但后来因为超过时效期,最后该案件不了了之。

1946 年,其在《晓钟》杂志发表《论日本文化之现状》一文,在天皇制存留争论中主张拥护天皇制。1947 年当选日本帝国学术院(同年改称日本学士院)会员。1949 年获得国家文化勋章。

1961 年 12 月,88 岁的津田左右吉因病在家中去世。

1963—1966 年,28 卷本《津田左右吉全集》由岩波书店出版刊行。1986—1988 年,全集再版,增补两卷《补卷》。

二、津田史学的观念前提

一般而言,人类的自我意识是指认识主体自身的认识与思考。自我意识的完成,需要审视者对被审视对象的观察和想象,并确立作为区别自我的"他者形象"来完成。此外,"他者形象"的确立,也可认为是自我意识抑或"自我形象"确立和完成塑造的过程。也就是说,津田左右吉所塑造的"日本记纪文化形象""中国文化形象"实则反映了津田左右吉的"自我审视"和"自我反思"等一系列自我意识。如北京大学刘萍教授所言,这种自我意识的产生,在事实上,又被日本社会对"他者"的"集体(无)意识"所支配,因此,我们阐明津田左右吉生存环境中的"此种集体(无)意识"的内容及其演变,便成为理解津田左右吉学术的起点。

参照严绍璗、刘萍和池田知久等学者的研究,津田左右吉的成长过程中,需要特别关注以下几方面的社会文化语境的形成和影响:

第一,"明治精神"①的社会共享。

与白鸟库吉相比,津田左右吉在年轻时代更多地享受到了所谓的"明治精神"——积极向西方学习、民主化进程有所推进的文化氛围,其中就个体而言,作用比较大的有如福泽谕吉和内村鉴三的著述及影响。换言之,年轻的津田左右吉基本上生活在明治初期的文明开化与思想启蒙的文化氛围之中,并由此塑造了其内在对于"近代性"的认同和追求。

不得不说福泽谕吉的影响尤为凸显,具体而言,包括福泽谕吉的近代化路径和思想,尤其是福泽谕吉的"脱亚入欧"立场、以其文明论对儒学展开的激烈而彻底的否定等事实。不过,这一点已经由多位前辈指出并论述。此处,本书想要强调的是以福泽谕吉为代表的近代思想者,其内在近代启蒙和文明观念的局限性抑或说其思想的内在矛盾性,也对津田左右吉的史学观念产生了重大而深远的影响。

众所周知,福泽谕吉1876年刊行著名的《文明论概略》,文中以文明史观为指导,以欧美的近代文明为参照,为日本塑造了一个近代化的路径和方向。为了近代文明这一目的,福泽谕吉认为传统的汉学思想是导致日本落后的最大顽

---

① 关于"明治精神"的讨论发生在明治维新以降的每一个日本变动的时期,其实质是重新思考"明治维新"与当下日本的联系,并由此思考日本的未来之路。史学、文学以及政治和思想界都有相关的争论,因此,所谓"明治精神"的内涵众说纷纭,尚无定论,且随着时代和论述者的立场而变动不居。整体而言,犹如司马辽太郎在《坂上之云》等书中所寻找的一种作为日本人自觉而积极的历史态度,而"明治精神"丧失之后的日本则走向了保守和封闭。详细可参考《明治精神的构造》(『明治精神の構造』、松本三之介著、岩波書店、2012)等书。

疾,而主张否定儒学的价值,剔除汉学的影响。

津田左右吉曾对福泽谕吉的《文明论概略》有过详细的解读。在津田左右吉的解析中,福泽谕吉不仅倡议文明史观,并将之放在最为重要的位置,努力推动国民近代性观念的确立。福泽谕吉还主张"一人之独立与一国之独立视作同样的精神"①,将国家之独立和个人对"独立"的追求相关联。如若联系津田左右吉在《学究生活五十年》中所说,即"在与西洋诸国对抗之中,每个国民需要为保全国家独立而协作合力"②——从"个人之独立"服从于"国家之独立"这样的国家主义思想,我们便可意识到,自福泽谕吉以降的日本近代知识分子内在普遍的、不可调和的矛盾性:对外要求日本追求作为国家之独立,创造日本独立的文明,对内则要求国民对于国家之服从——丧失独立。因此,这也涉及对于"明治精神"的整体判断。正如"二战"后的思想者丸山真男③、子安宣邦等学者所指出的那样,所谓"明治精神"导致最大的历史因果是国家近代性的"确立"和个人近代性的"失败"。

第二,明治时代民族主义、批判主义思想的影响。

我们必须理解如下的事实,即明治初期日本精神的代言人福泽谕吉无论以何种面貌出现,提出怎样的文明论、"日朝合并论"、"脱亚论"等,其精彩纷呈的观点背后始终有一颗关注日本文化和民族自身命运的"民族之心"。这一点也为津田左右吉所领受,他在解读福泽谕吉的"脱亚入欧"观念时,就将之概括为文明的"吸收"和"创造":"不仅是学习西方的文明,更重要的是对文明的再创

---

① 津田左右吉:《〈文明概论〉解题》,《津田左右吉全集》第 24 卷,东京:岩波书店,1965 年,第 222 页。

② 津田左右吉:《学究生活五十年》,《津田左右吉全集》第 24 卷,东京:岩波书店,1965 年,第 91 页。

③ 丸山真男(1914—1996),日本著名的政治思想史学者,东京大学法学部教授。1939 年,津田左右吉在东京大学法学部讲演,右翼学生在军国主义者蓑田胸喜(与服部宇之吉关系甚密)指使下,对津田氏讲演内容进行政治性攻击,责问津田左右吉:"你全面否定儒教与日本文化的联系,否定日本与中国共同的'东洋文化'的存在。当今正在通过'圣战',使中国从多年来毒化亚洲的欧美自由主义、民主思想和共产主义的迷梦中清醒起来,经过日华提携,恢复东洋的文化与传统,为创造'东亚新秩序'而战。当我同胞日日流血之时,先生的这些讲演不是从根本上否认'圣战'的文化性意义吗?"津田左右吉被当时的情形所震惊,近乎无言以对。此刻,为其解围的就是正在东大就读的学生丸山真男。详见池田知久《津田左右吉与中国、亚洲》,曹峰译,《文史哲》2011 年第 3 期,第 75 - 92 页。丸山真男的重要著作有《日本政治思想史研究》(1952)、《现代政治的思想与行动》(1956—1957)、《日本的思想》(1961)、《战中与"二战"后之间》(1976)、《从后卫的位置出发》(1982)、《读〈文明论概略〉》(1986)、《忠诚与叛逆——转型期日本的精神状态》(1992)、《丸山真男集》(全 16 卷、别卷 1,1995—1997)、《丸山真男座谈》(全 9 卷,1956 年起出版)以及《丸山真男讲义录》(7 卷,1998)。

造——创造属于日本自己的文明。"①

日本当代历史学家池田知久认为："津田左右吉把日本文化经过明治维新后的现代形象,看作已获得、达到了世界文化亦即西洋文化的普遍性。对中国的蔑视正是从这一居高临下的立场产生出来的'脱亚入欧'思想的必然产物。"②

实际上,这不仅是福泽谕吉等学者接受西方近代观念(黑格尔的"停滞的东洋"等)并提出的"脱亚论"在思想层面对津田左右吉的影响,亦有其内在的日本民族主义立场和观念对于津田左右吉的作用(站在津田左右吉的立场上看,或许上述作用和影响实际上是一个积极的回应和回响)。

此外,就津田左右吉所受到的影响而言,德富苏峰③早期倡议的"平民主义"、政教社④的民族主义主张、山路爱山的批判主义等也都对津田左右吉思想观念的形成,有着不可忽视的影响。

1886 年德富苏峰出版了《将来之日本》,主张 19 世纪是一个文明以不文明的方式吞噬消灭野蛮的时代,武力是时代的主题,但是在武力背后还有和平主义和贸易主义为代表的"生产社会"的较量,而且"武备社会"在不远的将来终会凋零,"生产社会"终会取得胜利。基于这样的判断和观察,德富苏峰提出了"平民主义"的口号,让日本为此做好准备,抢占未来世界史中的高地。换言之,我们也可认为受到斯宾塞和曼彻斯特学派影响的德富苏峰的"平民主义"是大量引进西方近代思想的基础上形成的,在这个意义上,德富苏峰所言的日本的未来就是近代西欧。⑤

---

① 刘萍:《津田左右吉研究》,北京:中华书局,2004 年,第 53 - 54 页。

② 池田知久:《津田左右吉与中国、亚洲》,曹峰译,《文史哲》2011 年第 3 期,第 75 - 92 页。

③ 德富苏峰(1863—1957),明治、大正、昭和时代的政论家、历史学家,是继福泽谕吉之后日本最重要的思想家之一。早年高举"平民主义"旗帜,引领日本青年的民主热潮,特别是他创办的《国民之友》一度成为日本社会主义思想的宣传阵地。自中日甲午战争之后,其思想迅速转向国家主义和以皇室为中心的"国体论",编撰《大日本论》(1892)、《皇道日本的世界化》(1938)、《兴亚之大义》(1942)等著作。1945 年曾被认定为甲级战犯而被拘禁于自宅,但后来美国为了冷战的对抗,放弃追究而使其重新获得自由。

④ 日本战前国粹主义者的文化团体。1888 年由三宅雪岭、志贺重昂、杉浦重刚、井上圆了等人发起组成。从批判政府的欧化主义及内外政策的立场出发提倡国粹主义,出版《日本人》杂志和同人著作,屡遭禁止发行。一度出版《亚细亚》杂志,后以三宅雪岭为核心,内藤湖南、长泽别天等参加编辑,田冈岭云、幸德秋水等为之写稿。1907 年改名为《日本及日本人》。1923 年关东大地震后,三宅雪岭退出,另办《我观》。政教社与杂志即成为五百木良三等右翼日本主义者的活动舞台。1945 年 2 月解散。

⑤ 刘萍:《津田左右吉研究》,北京:中华书局,2004 年,第 56 - 57 页。

不过，德富苏峰的"平民主义"虽然来源于西欧近代思潮，但他对日本明治初年的欧化主义也有着批评的态度。在其创设的民友社①出版的《苏峰文选》中，他言道："西洋社会乃平民化之社会，其文明亦来源于平民之所需。此文明引入我邦，不幸为贵族所独享，无端沾染了贵族的气味。西洋文化的恩泽仅止于一种阶级，与其他大多数人毫无关系，丝毫无关乎其痛痒。"②

德富苏峰早期带有革命性的"平民主义"论说给津田左右吉带来了新的社会观念，与津田左右吉在其后追求的近代性国民史观有着很大的联系。

1888年，三宅雪岭、志贺重昂、杉浦重刚、井上圆了(1858—1977)等学者和评论家对当时日本政府推行的欧化主义政策不满，于是共同创设政教社；1889年又创办《日本人》杂志，提出"保存国粹"的国粹主义主张。

1890年，陆羯南(1857—1907)创办报纸《日本》，随之提出"国民主义"的立场。陆羯南和政教社同仁倡议重视国粹，针对欧洲近代的文明而强调日本的民族主义传统。他们的呐喊和立场主要是针对当时肤浅的、表面化的欧化风潮而发出的论调，认为日本应该坚持"日本的开化"而非"西洋的开化"。其中，陆羯南提出了"国民主义"，即以"国民政治"为目标，谋求国民之统一，争取国家之独立。其所谓的"国民主义"包含有多重内容，各个内容之间相互交涉和补充：平等主义、贵族主义和平民主义以及专制与共和在内的认知体系。这看似杂乱毫无章法和原则的思想，实质是一种对待西方近代文明的"拿来主义"为我所用的民族主义立场。对于这样的观点，津田左右吉曾直言其赞赏之意。③

此外，山路爱山、大西祝等日本近代学者的批判主义和怀疑主义思潮也都为津田左右吉史学观念的形成提供了丰富的营养和参考。而1896年内村鉴三刊行的《求安录》、1904年高木敏雄刊出的《比较神话学》之方法与观念(基督教平等观念和比较神话学方法与观念)，更是直接被津田左右吉所吸收。这些思想和方法的来源都是近代日本欧化思想发展的一个部分，共同滋养和培育着津田左右吉史学中具有近代性的欧化思潮。

---

① 民友社于1887年(明治20年)由德富苏峰创办，出版杂志《国民之友》。1890年刊行《国民新闻》。创办之初，反对国粹主义、欧化主义，主张平民主义，中日甲午战争后思想倾向发生改变。社员有山路爱山、竹越与三郎、德富芦花等。1933年停办。
② 德富苏峰：《嗟乎！国民之友诞生》，《苏峰文选》，东京：民友社，1916年，第11页。
③ 刘萍：《津田左右吉研究》，北京：中华书局，2004年，第62-63页。

当然,明治之后的大正时代(1912—1926),短暂却有着民主思潮的流行,这样相对稳定而宽松的社会环境,也构成了津田左右吉的史学思想及其发表的文化语境,这也是我们不得不考虑的因素之一。

第三,最重要也是最直接的影响,无疑还是白鸟库吉及其史学的引领和指导。

津田左右吉于1891年毕业于东京专门学校(早稻田大学的前身)而非东京帝国大学,并非白鸟库吉的入室弟子。大学毕业后,津田左右吉又长期在京都、富山等地的中学任教。据津田左右吉回忆,大约在1897年,他常常听闻白鸟库吉关于史学的许多见解,其议题远自从西域经蒙古、中国东北而至朝鲜半岛,也常常包含日本在内,还有亚洲北方诸民族之间相互的交涉与关联等诸多问题,其观念精辟新颖,让他仰慕日久。

1897年白鸟库吉出版《西洋历史》,津田左右吉深受刺激,经朋友的介绍,认识并多次拜访白鸟库吉,终于和白鸟库吉成为亦生亦友的莫逆之交,白鸟库吉也十分热心指导和提拔津田左右吉的学术及事业。1908年,"南满洲株式会社"(简称"满铁")在东京分社内组建"满洲及朝鲜历史地理调查部",白鸟库吉被委任为主任一职。他随后推荐津田左右吉作为研究员入职,其他成员基本上都是白鸟库吉在东京帝国大学东洋史学科目的学生,如箭内互、池内宏、稻叶岩吉、松井与和田清等。

津田左右吉原本的研究重心是日本古代史,尤其是日本的"纪记神话"研究。但在他入职"满洲及朝鲜历史地理调查部"之后,改变了研究重心和方向,在研究朝鲜历史之后,开始由日本古代文化转向了对中国文化的审思和批判。其中的原因,在津田左右吉自己撰写的《学究生活五十年》中说,那时候,他在"满洲及朝鲜历史地理调查部"已经完成了十年计划的"满鲜史研究",作为内在的要求,彼时的津田氏十分希望把自己的文化观念和方法论转向与日本文化关系很深的中国文化方面,从而可以更深刻地认识和理解日本文化。[①]

1920年,津田左右吉发表了第一篇关于中国研究的论文——《上代中国人的宗教思想》。这虽是津田左右吉研究中国历史文化的尝试之作,但它所显示的精神正是"白鸟史学"的观念形态,与白鸟库吉所阐述的"尧舜禹抹杀论"一脉

① 严绍璗:《日本中国学史》,南昌:江西人民出版社,1991年,第432页。

相承。白鸟库吉所提出的"尧舜禹抹杀论"是批判主义学派先驱的理论支柱,津田左右吉承此学说,认为关于上古三代以汤武革命为中心的传说故事,应该是产生于战国初期抑或战国时代,而"尧舜禅让说"的起源则更晚一些。

在日本中国学领域内,津田左右吉接受了白鸟库吉的疑古立场和观念,并加以推广、发展。他由日本历史转向中国古代史的研究,既是对影响了他所批判的日本纪记神话的中国历史文化的研究,也是对白鸟库吉中国上古史研究的继承。

而无论是津田左右吉的批判主义抑或学术内在的政治理念,也都有着白鸟库吉的影子,甚至直接作用和影响。

如白鸟库吉在给后藤的一封信中,提出关于"地理历史调查部"的宗旨,白鸟库吉说:"从学术上看,对'满韩'地方的根本性研究,可以说有两方面的必要性。一方面是从纯粹的学术见地出发;另一方面,则从'满韩经营'的实际必要出发。现代的诸般事业,不用说它们是应该站立于学术性的基础之上的。"①

所谓"满韩经营"无非是日本对外殖民扩张的一种欺世盗名的称呼罢了。以日本的国家利益为考虑的出发点,并将自己的学问与主流意识形态紧密结合在一起,这样的学术观念和人生价值也必定深刻影响和构建着津田左右吉的学术方向和特色。只是津田左右吉的学术并未完全如其导师白鸟库吉那般与政权保持紧密的合作关系,而是在另外一个方向上与时代共舞,合拍共进。

换言之,白鸟库吉和津田左右吉的学术都有深刻的民族主义立场,但白鸟的学术呈现出一种国权主义的倾向,而津田左右吉的学术相较其师而言,更多地是一种超越当时政权意识形态的国民民族主义。

第四节　津田左右吉的东洋史叙述方法

近年来,中日学界对津田左右吉的学问展开了较为深入的研究,池田知久更是总结了学界之中三种主要流行的津田左右吉史学观:

第一,津田左右吉认为"亚洲并非一体"。

---

① 转引自严绍璗《日本中国学史》,南昌:江西人民出版社,1991年,第567页。

　　池田知久在《津田左右吉与中国、亚洲》一文中说道："津田提倡,对印度、中国、日本这些不同的民族研究和观察,需要把握各自内在的、特殊的生活样态中产生的各自的、特殊的思想,并且否认把中国定义为跟西洋或欧洲相对、具有普遍意义的东洋、亚洲之一环的中国,有趣的是,这些观点也被战前倡导'大东亚共荣圈'及'亚洲主义立场'的人所嫌恶。"①

　　第二,津田把中国思想特别是儒学界定为"压抑正常人性的中国思想或儒教之思想"。

　　池田知久表述如下："津田左右吉主张不能让以下(中国落后的)这些东西对日本产生否定的影响,以统治者为中心的政治思想、表面的形式的规范性、因为繁琐而不可能实行的空洞理论、对权力的从属与利己主义、逻辑思维能力的薄弱、强大的专制权力和社会的停滞性等近代以前的道德观,并为此展开了一系列批判性的研究。支持大正民主主义及'二战'后民主化立场的人对他表示赞赏和敬意。"②

　　第三,津田左右吉基本上是将现代文化的普遍性和西洋文化相等同。

　　津田认为："不用说,今天的日本在许多方面,已领略了以所谓西洋为源头的现代世界文化,从其主要特色而言可称之为科学文化的东西,各方面的民族生活就是由此展开的。今天我们的生活,已和作为基础的经济组织、社会机构一起,在许多方面被现代化了。"③

　　基于这一基本的立场,津田左右吉又开始以西方的"现代化"为外在的坐标和参照,去印证中国文化思想的停滞性和落后性。对此,"二战"以后许多对日本"东洋史学"内在的西方价值唯一论不满的学者(历史研究者)普遍地指出津田史学中存在着的"近代主义"的局限。

　　池田知久在文中提到对上述三种认识的看法时,说道："就笔者自身的情况看,1963 年我作为一名学生开始阅读津田著作时,让我打动心灵、深有感触者来自第二种评价。到了 20 世纪 60 年代后半期,成为一名刚出道的学者后,第三种评价也为自己所认同。然而,对什么事都暧昧不明,总是落后于时代潮流的日本的中国思想史研究者,至今仍未对以上三种评价的某一种作出深入思

---

①　池田知久：《津田左右吉与中国、亚洲》,曹峰译,《文史哲》2011 年第 3 期,第 76 页。
②　池田知久：《津田左右吉与中国、亚洲》,曹峰译,《文史哲》2011 年第 3 期,第 76 页。
③　池田知久：《津田左右吉与中国、亚洲》,曹峰译,《文史哲》2011 年第 3 期,第 76 页。

考、讨论,因此,可以说虽然模糊不清,但现在任何一种评价都还依然存在。"①

实际上,我们知道,正是源自观察视角和立场的不同,才导致形成了上述三种不同的"津田左右吉史学形象",但也如我们所知,看似差异很大的"津田史学形象"有着内在的统一性和整体性,而这一整体性和内在统一性的获得,就必须以整体性的思维去理解。换言之,若是站在史学方法论的立场上,我们就会看到一个包含了上述三种形象又将之统合的、整体而不分裂的"津田史学形象"。

一、津田史学的特色与方法论

概言之,津田左右吉继承其师白鸟库吉对中国文化批判主义的立场,以西方的近代性(国民主义)的学术观念为基本的手段和途径,为了完成对日本古代文化(以"日本记纪神话"为代表)的批判,引入对中国历史文化的批判性研究,从而否定中国历史文化对日本产生影响的事实,并否认东洋文化的统一性的历史基础,进而否定中国儒学和文化的全面价值,其目的就是积极推动日本社会和国民的近代化之进程,最终在学术上寻找和确立近代日本在未来世界中的位置,并确立一条通往现代世界的独特的日本之路。这样的学术思想路径,在一定程度上也挣脱了白鸟库吉的国家民族主义(或曰国权主义)的立场,更倾向于一种参照西方"近代",寻求的一种区隔中国文化,也不同于西方的独特的、属于日本的"近代"之国民民族主义。

因此,就有当代的学者在考察 20 世纪日本的东洋史学时,从津田左右吉的学术历程中受到了诸多启发。当代著名思想史专家子安宣邦就曾指出,津田左右吉无疑是一个"本土主义者"(nativism)。津田左右吉的本土意识相较于白鸟库吉积极投入政府的对外殖民决策之热情丝毫不弱,只是其强烈的"日本意识"更多地呈现于学术层面的批判——以塑造其热爱的日本文化为出发点而批判"纪记神话",为彻底批判以"纪记神话"为代表的落后于西方近代的文化而选择批判和否定中国的儒学文化。②

因此,如上述白鸟库吉和内藤湖南、宫崎市定东洋史研究那般,如若我们从津田左右吉的史学方法论出发,亦可以抓住其史学相互支撑的两大支柱,即"近

---

① 池田知久:《津田左右吉与中国、亚洲》,曹峰译,《文史哲》2011 年第 3 期,第 75 - 92 页。
② 刘萍:《津田左右吉研究》,北京:中华书局,2004 年,第 23 页。

代性"和"民族主义",这是日本"东洋史学"的共通的史学精神,这也是那个时代日本的知识分子积极参与社会的必然途径之一。也正是在这一点上,我们也会较为清晰地看到日本"东洋史学"在 20 世纪的飞速发展和整体性变异——转向与堕落。这一点,我们会在下一章展开对日本"东洋史学"的整体观察和讨论,此不赘述。只是,在此需要指出的是津田左右吉史学方法论中的"近代性"和"民族主义"与白鸟库吉和内藤湖南等人的"近代性"和"民族主义"有所不同,其中,既有时代的变动导致文化语境的差异(即便是宫崎市定和津田左右吉同样经历日本的"二战"之痛,其"二战"后的民族主义立场还是有着不同),也有学者个人的自觉和个性使然。

"二战"后,日本的历史学界开始反思日本战前的史学思想与遗产,尤其是对于日本的"东洋史学"内在的"帝国学知"和"东方主义"色彩的剖析与清算。增渊龙夫[1]以极具个性的思想风格对以内藤湖南和津田左右吉为代表的日本"东洋史学"传统提出了质疑和反思。津田左右吉史学在增渊隆夫眼里,其最大的特色就是"国民史观",即把西方的"近代性"当作世界史的普遍性,而将中国历史和文化当作一种"个别"来理解和否定。同时,这一以西方文明为先导的近代主义主张,还热切地强调要充分关注根植于日本风土之中的、独特的、作为日本人自身的生存形态和情感体验,以此深深扎根于明治以来的日本社会文化语境之中。[2] 这样的思路根植于明治以来日本近代性的冲击和确立,使得日本成为借助西方的"近代"而超越"落后"的中国的现代化国家,内在的是一种日本独特文化论的骄傲意识。

在增渊龙夫眼中,津田左右吉的东洋史研究实际上是一个轻视和抗拒中国思想的研究,中国历史文化仅仅是作为津田左右吉确立日本文化独特近代性的途径和手段,其"东洋史学"是一个没有"东洋"的东洋史研究。而且,在增渊龙夫看来,津田左右吉史学的内在精神中,国民主义和近代主义毫无矛盾、毫无抵触地纠结在一起,而这也正是津田左右吉史学乃至日本近代文化史中"近代性"的局限所在。

---

① 增渊龙夫(1916—1983),日本"二战"后历史学者。原专攻德国中世纪经济史,毕业于东京商科大学,后来执教于福岛高等商业学校,辗转多个高校与科研机构,曾任一桥大学社会学部主任,日本图书馆协会大学图书馆部会长等。详见吕静《"二战"后日本史家的古代中国认识》,《史林》2011 年第 4 期。
② 刘萍:《津田左右吉研究》,北京:中华书局,2004 年,第 23 页。

结合增渊龙夫的视角和观点,我们发现津田左右吉的东洋史研究,其史学方法论视角下的两大支柱——"民族主义"和"近代性",与津田左右吉史学中的"国民史观"互为表里,实则一体。津田左右吉史学的"国民史观"是以西方的"近代"为参照,以确立日本的近代国民史观和精神世界为目的的,这正是津田左右吉在"二战"前提出"纪记神话"批判,对抗当时的"天皇神权"史观,但在"二战"后又提出支持保留日本"天皇制"的根本原因。而中国历史文化在津田左右吉的史学中,仅仅是一种自我肯定和确立的、否定的参照物和途径,这是津田左右吉自身的自我意识的产物,也是那个时代日本自我意识过剩的产物。

刘萍先生在《津田左右吉研究》一书中就明确指出:

> 津田学术思想的形成是以日本近代以来的种种思潮为依托的。诸如"脱亚入欧"理论所表现出的对中国儒学文化以及以其为中心的东方文化传统的排斥、否定和抛弃,对于津田左右吉的中国文化观念的形成,给予过重大启示,并启迪了津田关于建设日本文化的构想。明治二十年代高涨起来的民族主义浪潮对于津田左右吉自我意识的形成,特别是对其"国民"观的确立都产生过重大影响,并直接渗透于他的日本文化与中国文化研究中。津田左右吉基于理性主义的批判构筑全新的津田式的日本文化,而这一方法论上的努力又是直接根植于明治时代"文化批判主义"思想基盘之上的。[①]

二、史学方法论视角下的津田史学

如本书的导言中所述,史学方法论是一种内在的思想史的路径,更是一种总体的整体性的思考方法,它是将历史学研究的主体的史学观念、情感体验和史学研究的具体方法和手段,以及研究的结论和目的都纳入一个系统的思考方法和模式。也正是在史学方法论的视野下,众多读者之前面对津田左右吉史学看似复杂而磅礴的论说所产生的各种疑惑与困惑,或才会有提纲挈领的理解和把握。

---

① 刘萍:《津田左右吉研究》,北京:中华书局,2004 年,第 69 页。

如津田左右吉在其论述中对中国以儒学为代表的文化予以极为冷静的否定和分析,并极力否定中国文化的价值。具体而言,津田史学中"中国文化观念"的批判主义主要呈现于以下几个方面:①

第一,津田左右吉坚持认为中国古代的思想文化基本上属于一种非宗教性的"人本位"的思想文化:"中国文化具有非宗教性倾向,它始终把人放在本位,确切地说,始终把帝王放在文化的中心。"②

第二,津田左右吉主张中国思想文化基本上是一种"利己主义"文化:"中国思想文化的政治性和道德性的内容,都是以充实人的肉体性和物质性的欲求,作为其基本的考虑倾向的。正是在事实上肯定(表面上未必肯定)肉体性、物质性的欲求方面,社会承认名利欲和权势欲。"③

津田左右吉还说"中国文化中一再表现的道德要求,是人的道德,而不是神的道德。此种文化认为,世界的道德性秩序,完全存在于人生之中。(中国人)对于政治的尊重,则主要集中于尊重作为政治象征的帝王,服从他们制定的道德性的律法,承认他们对宇宙的统治。中国思想文化中的帝王,占有其他许多思想文化中的神的位置。"④

第三,中国思想文化,属于一种以"儒家孝道"观念为核心的权力阶级的文化。

津田左右吉认为:"统观中国思想文化,那么,作为这种文化的最主要的基础与道德的根本,在于从中国特异的家族制度和社会组织中产生的儒家的'孝'的学说。中国的家族生活,几乎是生活的全体,从而,规定家族间人伦关系的道德,便也成为道德的全体。"⑤

第四,中国思想文化是一种"尚古主义"文化。

津田左右吉说,"中国思想文化,常常呈现出一种'尚古非今'的气质。而其目的则欲求保守现状"。他说这种特点是"相伴着权力者为欲求保持权力而产生的,它与礼的观念、秩序的观念相一致。此种'尚古主义'具有保守主义的

---

① 严绍璗:《日本中国学史》,南昌:江西人民出版社,1991 年,第 435 - 436 页。
② 严绍璗:《日本中国学史》,南昌:江西人民出版社,1991 年,第 435 页。
③ 严绍璗:《日本中国学史》,南昌:江西人民出版社,1991 年,第 435 - 436 页。
④ 严绍璗:《日本中国学史》,南昌:江西人民出版社,1991 年,第 436 页。
⑤ 严绍璗:《日本中国学史》,南昌:江西人民出版社,1991 年,第 436 页。

倾向"。①

综上,津田左右吉对于中国文化的理解无疑是极为冷静而近乎刻薄的,若比照于同时代鲁迅等人对于中国文化的批判性改造,两者之间也有很多可以比较的地方,比如他们所使用的共同的近代性思想资源等,从中也可看到津田左右吉对于中国文化的一种极为深刻的批判认知。但是鲁迅等人的批判和否定,是出于对中国文化中腐朽和落后部分的一种批判性改造,是一种爱之深恨之切,是基于民族衰弱的自我反思和自我解剖,是一种否定之否定的肯定,是为了中国文化和民族的未来,其否定正是为了肯定和希望。津田左右吉对于日本纪记神话的批判,也是出于近似的目的,也是为了完成日本精神世界的近代性改造,为了日本能够适应世界文化史发展的近代性潮流和要求,从而立足于世界文化之林。

因此,津田左右吉对日本古代文化的批判,是致力于把日本国民对天皇的信仰从原有的"神话体系"中解放出来,剔除日本古代文化中不符合近代文化的"君权神授""天孙降临"等皇权主义的观念形态,从而使日本的天皇制度经得起近代"理性阐释"的考验,从而构建起符合世界文化发展的近代的国民精神。故,津田左右吉史学中的中国文化批判和否定也是服从于这样的精神和目的的。津田左右吉为了完成"国民精神的近代性构建"这一终极目的,必须将日本古代文化中不符合近代性"科学阐释"的部分剔除干净,为了完成这一目的,津田左右吉才会在完成初步的"纪记神话"批判的基础上,展开对"纪记神话"思想来源的《老子》《淮南子》等中国古代文献及其思想的批判和研究。而这一切的完成,其背后也必定是津田左右吉内心对日本命运的关注,对日本文化的热爱。

综上,我们得到一种启发,那就是不应该只看到津田左右吉对于日本和中国古代文化批判性的观点和立场,还需要看到他批判方式的文化属性是西方的科学主义理性,还需要看到他批判的目的不是否定中国文化,而是为了下一步的推论而进行的必要的步骤,而看到上述津田左右吉整体性的具有内在连续性和统一性的史学思想,则是在史学方法论的视角下完成的。

在史学方法论的视角下,我们不仅看到津田左右吉在"二战"前表现出对天皇制度的批判与其"二战"后却又出现诸多拥护天皇制的言论之内在统一,认识

---

① 严绍璗:《日本中国学史》,南昌:江西人民出版社,1991年,第435-436页。

到津田左右吉始终是一个天皇制的拥护者和支持者之事实,我们还可以看到:津田左右吉并不一味地否认中国文化对日本文化曾经的影响,只是他认为日本文化并没有被包含在中国文化为代表的东洋文化之中,日本人始终是以发展自己独特的历史为历史使命和责任,因此,所谓的"东洋"是不存在的,这也反映了津田左右吉对于西方文化中心主义所给予的"停滞的东洋"形象的摆脱和否定。

此外,在史学方法论的视角下,我们看到津田左右吉为了完成其史学的最终目的,在其国民民族主义的立场下,对于近代史学观念和方法的借鉴和使用。如津田史学中经常使用、借鉴比较神话学的方法。津田左右吉在世界史文化圈与其他神话的比较中,指出日本神话与现实生活的隔离,与日本人的疏离;而与之相对,希腊神话和印度神话体系中的神则是"人格神",即具有人性缺点和优点的神,而且神的世界与人的世界相互并存,并影响和支配着人间的一切(西方神话更具"人间化"即更现代化)。

有意思的是,若追问日本神话和西方神话差异的原因,津田左右吉指出,一方面是由于日本上古先民先天性地匮乏"人格神"的观念;而另一方面,也是最重要的一点是日本古代受到了中国思想的压抑,才导致最终也未能发展出"人格神"的观念意识。因此,我们可知津田左右吉这样的神话研究方法和结论并无特别之处,但从一个侧面揭示了津田左右吉学问的出发点和目的地。对于津田左右吉这样的学术方法和路径以及背后的观念和思路,我们需要综合判断:不仅考虑到其具体的结论和观点,还要看到其论述的步骤和目的,并从其史学的目的出发去理解和分析。

又如津田左右吉对于孔子形象的塑造和重构。

津田左右吉一贯坚持其立足于文本的原典批判和研究,并主张排除个人主观和偏见,将儒家文化作为客观的学问对象来看待。将儒家文化客观化、相对化,这样的做法无疑是一种近代性的学术思维,是一种学术意义的进步。不过,通过这一近代性的、科学的手段和方式,津田左右吉得到的结论是"孔子既不是一个超人,也不是一个生来就不同于常人的人"[1]。这样的结论相比较之前孔子被神化、被放在神坛和圣坛的高大形象具有一定的时代进步,让孔子的形象有了现代生存的土壤与可能,但是从另外一个方面看,这样的操作只是一种必

---

[1] 津田左右吉:《津田左右吉全集》第 14 卷,东京:岩波书店,1964 年,第 149 页。

要的铺垫和衬托,只是为了津田左右吉下一步的推论,即论述(否定)中国,论述日本文化历史的独立性发展。

因此,在史学方法论的逻辑上,津田左右吉也必然会以否定孔子为代表的儒学抑或否定其后的儒学思想为观念前提。我们也看到津田左右吉在还原孔子作为"常人"之后,他认为作为普通人的孔子的思想无疑是缺乏逻辑性的,中国之后的儒学思想在逻辑上也没有什么发展和进步。这样的论调又让我们回到了黑格尔等人在"欧洲中心主义"的立场下,根据近代理性的法则,指出东洋社会理性的欠发达状态,之论断。在黑格尔主义者看来,理性思想的发展,尤其是自由理性的发达是一个民族能否进入"近代",能否成为"先进"和"文明"的逻辑前提。

要之,无论津田左右吉的史学为我们展示出多少近代性的史学方法和思想;无论他据近代性的理性法则得出怎样的结论;无论津田左右吉根据日本不属于"东洋",而中国文化也不能代表一个统一的"东洋",进而导致其对日本"大东亚共荣圈"的否定和抵抗,以及无论津田左右吉怎样无情地揭露了明治时代日本某些御用学者所宣传的"家族国家论"的丑陋与虚伪,津田左右吉史学的终极目的是确定的、唯一的,那就是"要建立起一个相对于世界其他国家而存在的日本国家,就必须使其内部的精神联系牢不可破"。[①]

---

① 津田左右吉:《上代日本的社会与思想》,东京:岩波书店,1933 年,第 416 页。

第四章

宫崎市定的史学思想

宫崎市定是继内藤湖南、白鸟库吉、桑原骘藏之后,日本东洋史学领域内最具代表性的学者之一,享有极高的声誉和地位。

本章在日本中国学研究的视域下,基于史学方法论的立场和视角,尝试梳理和分析宫崎市定史学的世界史观以及与此相关联的史学思想的构成:既有观察、处理和解决问题的内容和过程,也有作为贯穿其间的史学观念和理论前提;既有具体的方法和手段,亦有手段和方法背后的价值和立场。在辨析宫崎史学思想,特别是其史学方法论体系内部构成的同时,本章还将在内藤湖南中国史研究的整体比照下,集中考察宫崎市定的史学思想在其中国史研究中的具体表现和特色,并尝试从其学术思想的渊源与谱系即外部的视野出发,在日本中国学尤其是"东洋史学"研究的整体参照中,把握宫崎史学体系的个性与共性,从而呈现日本"东洋史学"不同的学者、学派之间某些共通的、时代性的品格。

第一节 宫崎市定学术分期新论

宫崎市定的高足、京都大学"东洋史学"教授砺波护(1937—)曾以 1945年日本战败和 1965 年宫崎市定自京都大学退休等为重要节点,将宫崎市定的学术生涯划分为四个阶段:松本高校到京大东洋史、战败前的 20 年、退休前的

20 年以及悠然自得的 30 年。① 这一划分简洁明了、极易辨识,尤其是以退休为界的做法,注意到了宫崎在退休后学术生涯的转型与发展,顾及了宫崎市定学术的部分事实。由此,这一划分也成为目前学界最为流行的一种说法,被大多数学者所认可,近乎成了一个常识性的学术事实。

不过,在笔者看来,宫崎市定学术生涯的划分并非如此明澈单纯,仅依靠外在的事件(战争和退休)即可对内在的学术思脉进行切分和观照。纵观宫崎市定波澜壮阔的学术生涯,其学术具有早熟性、稳定性和系统性的特点。作为一名渊博的学者,他的史学具有理论性框架,其世界史的视野和东西方联系、比较的方法成为其寻求日本历史的普遍性的绝佳路径。这一点又深深根植于近代史学内在的双重性(科学性和人文性)之中。科学性与其狭隘的民族主义立场形成一种学术的悖论,使得宫崎市定史学在具有巨大能动性的同时,也具有消极性的动能。这一点是研究者和读者必须注意到的事实。而这一判断必须有踏实的材料分析和整体视野作为基础,可惜的是,通观中日学界,尤其是中国学界,对宫崎市定学术的考察尚未有较为理论性的把握和整体性的理解,甚至还缺乏对其学术生涯的独立分析和梳理。

具体来说,笔者同意砺波护关于第一个阶段(松本高校到京大东洋史)和第四个阶段(悠然自得的 30 年)的划分,但对以 1945 年日本战败作为宫崎学术生涯一个重要分节点的做法持保留意见。因为若以砺波护的划分为准,我们将至少面临以下三个难题和疑问:

第一,宫崎市定的学术具有早熟的风格和稳定性的特点。很显然,依据上述划分,这一风格和特点被忽略了。

在国内外史学思想和战时因素的刺激下,宫崎市定的学术思想在 20 世纪 30 年代急速成形并成熟,又在"二战"后保持了与"二战"前的一致性,显示出早熟性和稳定性的特点。也就是说,所谓日本的战败与宫崎市定史学并没有形成对应的关系。其弟子砺波护以 1945 年日本战败为节点的划分方法,显然不利于我们对上述宫崎学术特点的把握。

第二,这一做法虽考虑到了"二战"前和"二战"后(战败前的 20 年),可是,

---

① 礪波護・間野英二『宮崎市定の生涯』、礪波護・藤井讓治『京大東洋学の百年』、京都:京都大学学術出版会、2002 年。

"二战"期间宫崎市定的学术活动该如何定位呢?

实际上,第二次世界大战期间(对考察宫崎市定的学术而言,对应为日本对外侵略扩张期间更为合适),宫崎市定以学者身份出版了第一部学术专著《东洋的朴素主义民族与文明主义社会》,标志着其学术思想和风格的初步确立。其后他又参与《异民族统治中国史》《大东亚史概说》(因日本战败未公开出版)的撰写等国策行动,其学术的科学性受到外在的政治干扰和内在的狭隘民族主义立场的刺激而发生变异,并最终确立了一种包含世界文明一元论和"日本终端文明论"(也称"远端文明论")在内的世界史学术体系。而他在此期间形成的史学方法论,甚至具体的史学观点等也并未因日本战败而偃旗息鼓,反而在"二战"后得以延续和沉潜,成为其晚年学术思想底层的一个有力的支点。

第三,上述划分,很显然没有顾及宫崎市定学术的影响力及其在学界的位置。而这一点也应是考察其学术的题中之义。

综上,笔者聚焦于宫崎市定学术生涯整体的特点和内在思脉的发生、发展,考虑宫崎市定学术在"东洋史学"界的地位与影响,在参照已有划分观点的基础上,尝试提出一个新的四期划分法,即将宫崎市定整个学术生涯划分为以下几个时期:

第一期,少年求学(1901—1926)。

1926 年之前,宫崎市定基本上处于求学的状态:1925 年 3 月,从京都帝国大学毕业;5 月进入该校研究生院,指导教官是桑原骘藏(实际上是共同导师制,其他导师还有内藤湖南、狩野直喜等)。1925 年 12 月应征志愿兵入伍,1926 年 11 月兵役期满返回京都帝国大学研究生院学习。1927 年 4 月入职成为冈山第六高等学校教师。从此,宫崎市定由"学生"转变为"教师",开始独立从事专门的教学与科研。

这一阶段的划分与砺波护的意见一致,他同样主张"少年求学"是宫崎市定学术生涯的一个必要的准备期。

宫崎市定在高中时代曾立志要成为政治家。这一理想虽未能实现,但他的政治情结却贯穿了其后的整个人生,使其史学带有了明显的学以致用、关注现实、评论型的叙述等风格,后来被称为"20 世纪日本社会评论界的巨人之一"①。

在就读松本高校期间,宫崎市定还和少数友人一起去教堂跟随神父学习法语,这也为其后来了解欧美汉学研究,并在此之上展开中国学的研究打下了基础。

此外,少年时代的宫崎曾一度热衷诗歌的创作,还有作品发表。这一段文学的青春岁月并未完全隐没。日后,宫崎市定的史学写作文笔流畅、生动活泼,为司马辽太郎等作家所推崇,被称作"达意的文章家"等,都很容易令人联想到那个曾经的文学少年。

总之,宫崎市定年少时代学习法语的经历、成为文学青年的热望以及对现实政治的关心等都对其日后的学术思想和风格产生了影响,留下了不可磨灭的印记。

第二期,青年教授(1927—1949)。

新的划分将1927—1949年视为一个相对独立而完整的学术期,命名为青年教授阶段。在我看来,唯有将这一阶段独立,才能突显出宫崎市定学术思想早熟的特点,才能从发生学的意义上理解宫崎市定史学思想方法形成过程中的国策政治、狭隘民族主义等现实因素的刺激和作用。

关于这一阶段,需要特别提及两个事件。其一是宫崎为期两年的赴法国留学。在留学过程中,宫崎直接进入欧洲东洋学产生的现场并自费考察西亚地区,在开阔其学术思想和视野的同时,也坚定了关于世界文明起源于西亚的观点,促成其基于"交通"(历史事实)和"比较"(历史逻辑)的世界史框架的形成。关于这一点,可参考宫崎市定的《西亚游记》(1986年)一书。间野英二在《宫崎市定对西亚的亲近感》(出自《京大东洋学百年》)一文中也有较为详细的说明。

此处更想论及第二件事,即宫崎市定与日本殖民国策势力合作,多次参与相关文化侵略活动,最终完成了包含"日本远端文化论"在内的世界史体系构想之事实。

1934年12月,宫崎市定由三高教授专任京都大学助教授。次年,宫崎便作为日本外务省在外研究员,开始参与日本政府带有文化殖民性质的相关文化

---

① 坪内祐三「戦後論壇の巨人たち第十八回宫崎市定:現実を眺める歴史家の眼差し」、『諸君!』、1997年、第272-273頁。

活动。1939—1944 年,受东亚研究所委托(与东方文化学院合作),他研究了清代的法律和官吏录用法,并完成《异民族统治中国史》之部分章节。1940 年宫崎市定出版《东洋的朴素主义民族与文明主义社会》,提出中国史研究的"南北民族二元论",明显受到日本入侵中国之时势和内藤湖南"文化解毒说"的直接影响,带有明显的国策研究风格。1941 年受东亚研究所委托,他研究了第二次鸦片战争英法联军侵入北京的历史及原因。

1942 年,宫崎市定又受文部省教学局委托,参与文部省主持下的东亚历史教科书编写项目。这一项目具有显著的构建"大东亚共荣圈"的意图,后因战败而未能成稿。据宫崎市定本人在"二战"后的回忆,文部省起初要求写一部以日本为中心、天皇恩泽四方的"大东亚光荣史"。在历史学的科学性(客观性)和人文性(民族主义、政治立场等)之间摇摆的宫崎市定等历史学者们,迎合了政府官员意图将日本描述成"天皇史观"之下的"世界文化的起源并泽被四方之国"的思路,在商议后,决定合作写出一部"以西亚为扇轴,文化发源于西亚,逐渐东延,最后在日本结晶"的《大东亚史概说》这样一部让日本殖民地民众阅读的、宣扬日本文化作为"终端文化"而优越于诸国的观念和世界史观的著作。这一项目虽然因日本战败而流产,未能成稿刊行,但对宫崎市定而言,意义极为重大,宫崎市定的世界史体系的最终确立也于此完成,其间的基本观念和方法也被宫崎市定付诸此后的史学研究,并坚守一生。

从上述事件中,我们可以明显地看到宫崎市定学术发展、学术地位升迁的过程中受到日本军国主义意志的强烈干扰和推动,同时也看到了宫崎市定的世界史观念中现实政治和狭隘民族主义所处的重要位置。

1943 年,宫崎市定出版了用于申请学位的论文《五代宋初的通货问题》,1944 年就被京都帝国大学破例特聘为文学部教授,时年 43 岁。

1945 年,日本战败。战前活跃地服务于文化殖民的包括宫崎市定在内的诸多学者并未受到应有的追责。宫崎市定很快复职回到京都大学(按照"二战"后日本新的教育法,京都帝国大学被要求削去大学中的"帝国"二字,并增设了教育学部等机构;几年后,宫崎市定参与筹备并出任该机构的负责人)。即便在"历研派"等对"二战"前史学进行质疑和批评之际,宫崎市定依然坚持战前的史学观念和立场。如 1947 年他出版了以"二战"前参与编写《大东亚史概说》的稿本为底本的《亚洲史概说(正编)》。在这本书的序言中,宫崎本人提到下面一个不容忽略的事实:"二战"后出版时未对"二战"前的具体观点做出任何修订。

1948年,宫崎又出版了《亚洲史概说》的续编,并在序言中写道:"在战败后的今天,人们总是喜欢把战争说成一切都是日本不对;但是至少把亚洲归还给亚洲人这一口号是没有错误的。"①"亚洲归还亚洲"即"亚洲解放论",究其实质乃日本殖民主义思想的一部分。可见,宫崎市定在"二战"后并未积极地反省,他的史学立场依然停留在狭隘而错误的民族立场之上。而这也是我将1945年日本战败这一节点从原有的划分中剔除的理由之一,也便于我们发现宫崎市定史学的一些基本观念延续至"二战"后之确证。

第三期,学界领袖(1950—1965)。

经过25年左右的学术磨砺和世界各地的文化体验,加之京都大学这一学术重镇的影响力,具有极高领悟能力同时异常勤奋的宫崎市定在1950年这个节点开始走向人生和学术的高峰。

1946年,宫崎市定就开始担任京都大学评议员,兼职负责大学行政事务,1950年,他出任京都大学文学部部长,并兼任教育学部部长,致力于教育学部的创建工作。在如此事务繁忙期间,宫崎市定于1950年出版了《雍正帝——中国的独裁君主》。同年刊发《东洋的近世》《论中国近世产业资本的借贷》以及《五代宋初通货问题梗概》等著作。其中《东洋的近世》在"二战"后日本史学界有关中国史的时代划分的争论中具有标志性意义。在该文中,宫崎市定站在世界史的视野和框架下,基于世界和东洋之间的"交通史观",将社会经济、政治、文化乃至东洋近世的"国民主义"的勃兴纳入视野,拓展了内藤史学,从仅适用于中国史的范围,扩展到世界史的范围,得出了近世所具有的世界史范围内的意义。为了使得其学说更具说服力,宫崎市定又将内藤湖南关注范围之外的社会经济史领域的五代至明清时期纳入研究视野,发表了数篇实证性的考察论文,进一步强化了"宋代近世学说"的位置和影响,同时也在客观上强化了"二战"后日本"东洋史学"领域内京都学派在学界的影响以及宫崎本人在学术界的领袖地位。

---

① 宫崎市定:《亚洲史概说·序言》,宫崎市定:《宫崎市定论文选集》(下),中国科学院历史研究所翻译组编译,北京:商务印书馆,内部刊行,1963年,第321页。

1955 年,由于羽田亨去世,宫崎市定自该年度开始出任东洋史学会第二任会长。同年,他出版了《中国古代史概论》,系统地论述了其中国古代史的研究成果。该年度宫崎还着手创办《东洋史研究》季刊之外的以单行本发行的《东洋史研究丛刊》,该丛刊的第一册即 1956 年的《九品官人法研究·科举前史》,凭借此书,宫崎市定于第二年荣获"日本学士院奖",达到了其学术荣誉的一个高峰。

1957—1964 年,宫崎市定以《东洋史研究丛刊》的名义连续出版了《亚洲史研究》第 1～5 卷,在系统总结自己的"东洋史学"的基础上,开始有意识地倡导"二战"后日本的亚洲史研究。

1959 年,宫崎兼任人文科学研究所的教授;10 月,出任京都大学分校教养部部长(主事)。1960 年 8 月,他出席莫斯科国际东洋学者会议;10 月赴法国任巴黎大学客座教授(为期 1 年);回国后不久又赴美国,任哈佛大学客座教授,1962 年 7 月回国;1965 年于京都大学退休并任京大名誉教授。

第四期,老而弥坚(1966—1995)。

这一阶段在时间上的划分表面上延续了砺波护的观点,但理由不尽相同。砺波护将这一阶段命名为"悠然自得的 30 年",但在我们看来,这一阶段以"老而弥坚"命名似乎更加准确。原因如下:

其一,1965 年宫崎市定从京都大学讲坛退休,但笔耕不辍,文笔更加活泼生动,展现了其学术和人生的深度和多样性。这个阶段亦是其学术的全面总结和深化时期。

其二,晚年的宫崎市定生命力依然旺盛,在人生和学术两个层面都有着惊人的精力和创造精神。1967 年他被英国伦敦大学选为外籍会员,去英国访问;1969 年出席在意大利举行的中国法制史学会会议;1971 年前往德国出席第二届国际宋代史研究会;1978 年 5 月 30 日,获法兰西学术院颁发的"儒莲奖";1983 年 12 月,在 82 岁时,获得日本京都府颁发的特别功劳奖;1989 年 10 月,获日本政府颁发的"文化功劳者"表彰以及日本从三位勋二等旭日重光章;1990 年以 90 岁的高龄,用一年时间横贯欧亚大陆旅行,回国后,于 1992 年出版旅行记《深夜特快列车》。

其三,最后 30 年,既是宫崎市定学术生涯的总结期,更是他学术的丰收期。宫崎市定在最后的 30 年出版了广受好评的《论语的新研究》、通史性著作

《中国史》。受在欧美旅行和交流时所受有关经济史学的周期性规律的影响，在1968 年出版的《世界史 7·大唐帝国》中，他提出了"中国历史上的景气循环概念图"。

综上，我们相对独立地来观察宫崎市定这段学术和人生岁月，可视之为"老而弥坚"的最后 30 年的学术和人生。

第二节 宫崎市定史学的世界史观

作为日本中国学研究的"京都学派"的第三代旗帜性人物谷川道雄，曾撰文《日本京都学派的中国史论——以内藤湖南和宫崎市定为中心》[1]，在日本的中国史研究视角上，概述了宫崎市定的"东洋史学"的发展与整体特色，强调了宫崎市定的世界史观之价值。认为宫崎市定的中国史研究是在内藤湖南、桑原骘藏等第一代京都学派的基础上的新发展，即在世界史的视野下进行中国史的研究和把握。

那么，宫崎市定的世界史观是什么？在宫崎市定的东洋史研究体系中处于怎样的位置呢？以下，分为三个部分进行讨论：第一，宫崎市定的世界文化起源论；第二，宫崎市定的世界史观念；第三，宫崎市定的世界史体系。

一、宫崎市定的世界文化起源论

一切学说皆有其立论的假说或立论的前提。[2] 这一前提或假说，在方法论中主要表现为方法论的理论前提、核心观念抑或世界观的本质。在这一点上，

---

[1] 谷川道雄著：《日本京都学派的中国史论——以内藤湖南和宫崎市定为中心》，李济沧译，瞿林东主编：《史学理论与史学史刊》（2003 年卷），北京：社会科学文献出版社，第 300—312 页。

[2] 按照劳思光先生的说法，即是一切理论之建立，皆必受一定之限制。无论思考中之解析，或知觉中之综合，皆为永不完成者。故任何一项知识，皆可有补充者，可修正者，亦即无绝对性者。他在解释《庄子》的"齐物"观念时还指出：一切理论系统相依相映而生，又互为消长，永远循环；如此，则理论系统之追求，永是"形与影竞走"，自溺于概念之游戏中。倘心灵超越此种执着而一体平看，则一切理论系统皆为一概念下之封闭系统，彼此实无价值之分别。故曰："是亦彼也，彼亦是也。彼亦一是非，此亦一是非。"前二语表一切封闭性理论系统皆无上下之别；后二语补释之，谓其所以无上下之别者，因 A 概念下系统有一套系统内之肯定与否定；非 A 概念之系统亦复如是。详见劳思光《中国哲学史》上册，台北：三民书局，1981 年，第 216 页。

苏联学者将历史学的方法论等同于历史学的认识论,确为真知灼见。

宫崎市定史学方法论的理论前提即"世界文化的起源一元论",而其核心的史学观念抑或世界观的本质则主要指向其独特的世界史观,即所谓的"世界史(体系)"的认知和立场。

首先,我们来看宫崎市定的世界文明抑或文化起源之说,因为它直接关系着宫崎对于世界史以及东洋史(尤其是东洋史中心位置的中国史)的论述框架和方式,其叙述的背后则又与方法论的价值与立场紧密关联。

世界文化的起源问题上,一直有着一元论和多元论的争议,且在一元论抑或多元论内部也有着基于不同立场和时代理念的具象陈述。这一问题直接关乎中国文化的起源问题,并往往又和中华民族的起源问题纠缠在一起,成为同一问题的多个侧面。

江晓原曾对中国文明的起源在一元论与多元论之间的中西论述做过历史性的概括,并认为:"对于中国文明的起源,西人曾提出过许多理论。这些理论通常不是假定华夏区域的土著接受某种西方文明,而是作釜底抽薪之论——论证中华民族系从西方迁来。"①

论及西方的中国文化西来说,首先进入我们视野的是以埃及的象形文字与汉字之间比较为重要出发点,引出古代埃及和两河流域地区的民族曾移民中原地区之说。在此之后,法国阿夫郎什主教尤埃(又译为胡爱、于埃,Pierre-Daniel Huet)则更进一步点明了其迁移的具体路径。他在 1716 年出版的《古代商业与航海史》(*History du Commercect de la Navigation des Anciens*)一书中指出,迁移的路线是经过印度而入中国腹地。而持有该学说并最具影响力的则是法国汉学家德经(即小德金,又译为德金,Joseph de Guignes),他在 1758 年 11 月 14 日发表题为《中国人为埃及殖民说》的演讲,亦从文字之相似出发,推测中国古代史是古埃及影响下的没有主体性的历史文化,不可思议的是,他甚至还考证出了古代埃及人具体是在哪一年迁徙至中国内陆的。

几乎同时代的 Warburton(1744)、S. de. Mairan(1759)、Needham(1761)等学者也持有近似的观点,其论证方法和方式虽有差异,但基本结论和观点较为接近。不过,这样的学说在当时就出现了强烈的反对意见,从今日的学术立场

① 江晓原:《中国天学之起源:西来还是自生?》,《自然辩证法通讯》1992 年第 2 期,第 49 - 56 页。

上看,这些无疑显得有些臆断的论证和武断的观点到了 20 世纪基本上就越来越受到学界的冷落。

当埃及起源之说逐渐销声匿迹的同时,西方汉学界又开始了提出巴比伦之说,其主旨即力图证明中华民族源于两河流域的巴比伦地区。该学说初起也颇受西方学界欢迎,随之波及日本学界。由白河次郎、国府种德合著,于 1899 年出版的影响颇大的《中国文明史》一书,就秉信该说,但其操作过程只是在涉及神话、宗教、文学、艺术、文字等方面的 70 余条,将古代的中国与巴比伦地区进行对比和参照。[①]

在这些学说之中,自产生之日起就影响巨大并为后人所不断论及的首推瑞典人安特生(Johan Gunnar Anderson, 1874—1960)所持中国文化西来之说。1921 年,安特生通过当时的考古例证,指出存在一条从由西方(确切而言是东南欧的特里波里、中亚安诺等遗址)至黄河流域仰韶文化(具体而言是河南省渑池县仰韶村)的彩陶传播路线,而且彩陶的工艺和技术风格的近似以及它们之间在时间和空间上错落有序。因此,他认为这应该是西方的彩陶文化向东不断传播而出现的结果。时至今日,这种"传播论"抑或"中国文明西来说"的观点和看法,在中国和日本学术界还有一定的位置和影响。

此外,当时的日本学术界亦受到法裔东方学者拉克伯里(Lacouperie Terriende)、英国汉学家兼传教士理雅各(Legge James)以及艾约瑟(Edkins Joseph)等人所主张的汉族西方起源论之影响。其中,拉克伯里的学说传播和影响尤为突出。[②] 值得注意的是,对于拉克伯里之说,当时的日本学术界就有很多人批判该学说是西方优越论的变种而已。宫崎市定在其出版的《中国古代史概说》(哈佛燕京同志社东方文化讲座委员会,1955)一书中,也讲到该学说在假设上的牵强,其关于文字和传说的比较也不是建立在充分理解中国文化的基础上之确凿解读,因此其说法也就很快成为过去式了。[③]

以上这些观念和观点受到质疑和批判的同时,亦开始在日本学术界流行和

---

① 与埃及说问世之后的情况不同,巴比伦来源说,在日本学者接受和引介的影响下,也曾经一度受到当时中国学者们的普遍关注和认同,而且很多都是旗帜性的人物和学者。如章炳麟《种姓编》、刘师培《国土原始论》等都沿用此说。这一观念甚至到了 1949 年之后也曾时现。

② 吉开将人:《民族起源学说在 20 世纪中国》,《复旦学报(社会科学版)》2012 年第 5 期,第 30-40 页。

③ 宫崎市定:《宫崎市定论文选集》(上),中国科学院历史研究所翻译组编译,北京:商务印书馆,内部刊行,1963 年,第 8 页。

传播,成为在 20 世纪二三十年代成长起来的京都帝国大学"东洋史学"学者宫崎市定等一批学者成长的"文化语境"之一,也与其之后主张世界文明起源于西亚的一元论有着必然的关联。①

宫崎市定受到上述诸说(包括桑原骘藏主张中国文明中亚来源等)的影响,②首先将西亚论证(假定)为一个独立、源发性文明地区,并以青铜和铁器的传播历史线路的考察为主要切入点,论证中国文化非独立自生而是来源于西亚。③

在宫崎市定史学内部,世界文明起源假说抑或一元论,其设定的前提是:西亚文明和文化在世界史的范围内是一个独立的而且是源发性的。由此可知,宫崎市定在论述世界文明起源之始,首先设定了西亚文化文明在古代世界的先进性。

如此一来,在宫崎市定的世界史观念中,世界文明起源假说抑或一元论、西亚文化古代的先进性以及中国文化的起源这三个不同问题,其实就成为同一个问题的不同侧面而已。

在《西亚文化的悠久》一文中,宫崎市定开篇就讲道:

> 世界各地的古代文化之中,以西亚为最古老的起源地,这一说法似乎都已接受,没有异议了。……而且,哪一个更为悠久的问题,又同时与文化的一元论抑或多元论的问题相关联。例如言及西亚文化的起源问题时,与中国文化相比较即便没有具体的证据证明,但是中国文化在西亚文化的影响下发生这一事实,却可完全推测判断。④

---

① 如宫崎市定的指导老师桑原骘藏却十分赞同德国地理学者李希霍芬(Ferdinand von Richthofen)倡议的中亚起源之说。

② 为了语言说说的顺畅,此处省略之前已经涉及的其他方面的原因,如宫崎在西亚旅行考察对于西亚在古代先进性的确认等。

③ 对于学科中的假设或假说,宫崎市定有着充分的学科自觉。在 1943 年由日本京都星野书店出版的《五代宋初的通货问题》之序言中,宫崎市定便明确地讲到历史学中假说的必然性和重要性,认为历史学面对零星的文献记载想要还原历史是完全不可能的,必须采取科学家的态度,建立某种假说和假设,运用合理的想象与推理。而且他还主张可以更加大胆地扩大推理的范围,在假设之上建立假设,甚至建立二层三层的假定,也应该是容许的。参见宫崎市定《宫崎市定论文选集》(下),中国科学院历史研究所翻译组编译,北京:商务印书馆,内部刊行,1965 年,第 233 - 234 页。

④ 宫崎市定「西アジア文化の古さについて」,宫崎市定著、砺波護編『東西交渉史論』,東京:中公文庫、1998 年、第 38 頁。原文:世界各地の古代文化の中で、西アジアの文化が最も古い起原をも(轉下頁)

　　宫崎市定在《东洋史学上的日本》一书中认为,世界文化究竟是一元的还是多元的,是一个辩论了很久的题目。① 当研究人类古代社会和历史之时,我们会面临一个问题,即埃及、美索不达米亚、印度、中国这些古代文明和文化之间有无相互的联系呢,是各自独立生成还是在影响的作用下诞生了其中一个或几个文明? 只是因为这是几千年远古的事情,固然很难举出确凿的证据加以论断。但宫崎市定本人依然坚持认为一元论传播说似乎更加接近事实。他认为世界各地古代史上能够追溯到的年代,并非像向来传说那样远古,而是比较晚近的事情。而且宫崎还认为印度的古代史虽然与殷周相比较似乎久远些,但原始雅利安人(Aryans)从北方侵入的时期是在公元前 2000 年左右,北部印度的历史可以说是从该民族侵入时期前后开始的。在宫崎市定看来,据此,美索不达米亚和埃及的文化长时间而逐渐传播到东方来的这种假设即可成立。② 换言之,对于这种观点是否成立,宫崎市定从文化难以模仿的假定推论出发,在思维逻辑而非历史事实层面上肯定了自己的主张。③

　　宫崎市定曾撰文在讲述其世界史的体系按照时代划分和地域划分之后,专门讲到世界文化一元还是多元的问题,并主张一元论更为合理:"觉得世界文明一元论即在一个地方诞生并向其他地区扩散影响,如同植物的种子散落在四周而发芽成长一样。这样的思路似乎更为合理吧。"④

(接上页)つことは、現今一般に信ぜられていて異論がないようである。ところでそれが果してどれだけ古いかという問題になると一概に言えない。またメソポタミアと埃及とで、何方が古いかということになると議論が分れる。そして、どれだけ古いかという問題は、同時に文化一元論か、多元論かという問題にも関連してくる。例えば西アジアの文化の起原が、中国文化のそれに比して著しく古いとなれば、具体的な証拠の裏付けがなくても、西アジア文化の影響によって中国文化が発生したであろうことが、十分に推測せしめられるからである。

① 宮崎市定「東洋史の上の日本」,『日本文化研究』東京:新潮社、1958 年。
② 宮崎市定「東洋史の上の日本」,『日本文化研究 I』、東京:新潮社、1958 年、第 8 頁。
③ 宮崎市定「東洋史の上の日本」,『日本文化研究 I』、東京:新潮社、1958 年、第 8 頁。宫崎市定以思维的逻辑推演替换历史事实的风格与特点,是一个很值得关注的事情。就其结果而言,一方面造成了他大胆的论断与评论之叙述风格,一方面也造成了很多研究与事实的脱离,由此也引起了很多人基于不同立场的批评性意见或赞赏认同。
④ 宮崎市定『東風西雅』、東京:岩波書店,1978 年,第 391 - 392 頁。原文:次に一つお話ししたい事は先程の地域区分と関連した問題ですが、文化の一元か多元かという議論でございます。大体古い教科書等は主として多元論の立場がら書かれています。世界の文化は各地に独立的に発生したか、あるいはある所がもとでそれが伝わっていったのか、そういう問題ですが、多元の立場ですと文化が西アジアでいえばエジプト(エジプトは地域区分では西アジアに入りますが)、それからメソポタミア、それからインドにおいてはインダス河の流域、中国においては黄河の流域、(转下页)

为此,宫崎市定还曾对世界文明起源的历史和路径有过如下的具体描述,即公元前 3000 年左右,生活在美索不达米亚地区的人类发明了金属特别是青铜器,基于这一地区(即西亚)在古代世界史中极为重要的交通地位(即世界交通的十字路必定是在美索不达米亚的周围。该地区一方面接近欧洲,一方面靠近非洲,后面还有亚洲大陆),便开始向四面传播其文化的种子。由此,世界史范围内的人类生活就越来越相互紧密地联系起来了。从此以后,所谓早期的国家形态即城市国家这个事实也就渐渐明朗起来了。

对于与此相关的中国文化的渊源问题,宫崎市定在接下来的文字中,主要依据青铜文化诞生于美索不达米亚地区之判断,并依其传播路径之推测,认为:"印度和中国的青铜文化也是西亚传播过去的结果,即伴随着原发于美索不达米亚地区的青铜器相关文化传播到中国北部黄河流域之后,催生了殷周的文化,继而形成了中国文化的源流。"①

早在 1955 年出版的《中国古代史概说》一书中,宫崎就专门讲到青铜和铁器在西亚首先出现,并向东传播到中国和日本等地的主张和判断。他还讲到青铜和铁器传播过程中随之而来的就是文化的传播和扩散,且受制于文化传播的空间顺序和时间因素,也造成了接受传播的不同地区的不同时代特点。可以说,其世界文化起源一元论抑或中国文明西来说的主要历史依据也就是青铜器、铁器的传播历史。为此他还制作了一幅青铜器、铁器的传播史图(见图 3 - 1):②

(接上页)そういう所々に独立して文化が発生した。こういう風にまず大体古い時代には考えられていったようですが、現代は次第にこれに反対の一元論に傾いてきつつあるようです。これは、ある一力所で文化というものが発生したものが、あちらこちらに伝わってそれが夫々の地域の文化のもとになったという説です。ですからこれを文化伝播説ともいう。どうも世界の歴史をたどっていきますと、、やはり文化はある一力所で発達してそれが四方に広がって、丁度植物の種がこぼれて芽が生えたようなものである。こういう風に考えるのがいいようであります。

① 宫崎市定『東洋史の上の日本』、『日本文化研究 I』、東京:新潮社、1958 年、第 7 頁。又见宫崎市定《宫崎市定论文选集》(下),中国科学院历史研究所翻译组编译,北京:商务印书馆,内部刊行,1965 年,第 136 - 137 页。

② 宫崎市定『宫崎市定全集 3 古代』、東京:岩波書店、1991 年、第 8 頁。该图又见宫崎市定《宫崎市定论文选集》(上),中国科学院历史研究所翻译组编译,北京:商务印书馆,内部刊行,1963 年,第6页。

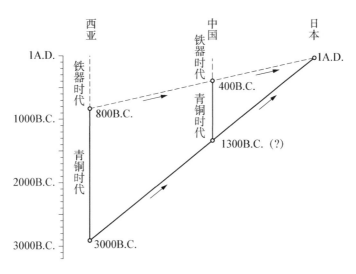

图 3 - 1 铁器、青铜器传播史

　　由此可知,宫崎市定所主张的世界文化起源一元论也与中国文化的起源是关联在一起的,亦可说两者是同一问题的两个方面。① 在《宫崎市定全集》第一卷《中国史》的自跋中,宫崎市定讲述他自己中国史研究的重大着眼点,就是中国文化的发生、成长与外部世界的关系问题,或者简单地说就是中国文化的发生到底是本土的还是借助外部力量的思考。②

　　如上所述,宫崎主要基于上述世界文明(起源)一元论的假说,引入文明之起源地的西亚,并将之看成一个独立的文化圈,进而将世界古代文化划分为西欧(欧罗巴)、西亚和东洋。西亚,在古代保持着世界文化的领先位置,主要以物质的青铜器和社会组织的都市国家为主要标志,并通过历史上的交通和交流,一方面向西影响着西洋的社会进程,另一方面向东影响着东洋社会。并且,西亚地区在世界史的范围内,最先由中世纪进入近世,促成东洋和西欧的近世社会之形成;而进入近世的东洋的文化达到世界先进水平,反过来影响西亚和西欧,并促成西欧近世的形成;直至最近世,世界史的形势发生巨变:西欧吸取西

---

① 引用图 3 - 1 也暗示宫崎市定的史学关心抑或方法论是"以世界史为方法,以中国史研究为指向,最终目的还是日本自身"。

② 宫崎市定『東洋史学七十年自跋集』,东京:岩波书店、1996 年,第 3 页。原文:それよりも重大な着眼むしろ中国以外の外方の異りたる文明社会との相互関係如何に注がれる。即ち中国文明社会の発生は果たして自力で行うことが可能であったか、或いは外部の力を借りる必要があったか、等の問題が解決されなければならぬのである。

亚和东洋的文化崛起而最先进入最近世,完成产业革命,推行殖民,进而形成以欧美为中心的世界体系。[1]

以上论述亦可参照其制定的如下历史时间对照表(见表3-1,表3-2):

表3-1 宫崎市定世界史年表[2]

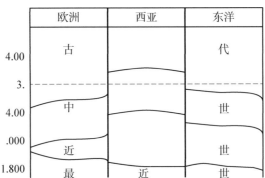

表3-2 宫崎市定的世界史年表二[3]

2000	1500	1000	500	1	-500	-1000	
最		近		中		石	东亚
近世		世		世		代	西亚
史	史			史		史	欧洲

土耳其共和国的建立　明治维新　产业革命开始　文艺复兴的曙光　宋的建立　伊斯兰教纪元　日耳曼民族大迁徒　三国分立　亚历山大帝国的分裂　　历史年表

---

① 宫崎市定『東風西雅』,東京:岩波書店,1978年、第399—400頁。原文:それは今迄でおわかりのように大体西アジアの文化が他よりもずっと進んでおる。東アジアがその後をついて居るというのがその実情でありましたが、今度は宋の時代になりますと、宋の方が文化が進んで居る。そこで東アジアの文化がどんどん西の方へ流れ出す。そういう風に変るのであります。唐の時代迄はまだ大体西の方からの影響が強かった。

② 宫崎市定『宮崎市定全集1 中国史』,東京:岩波書店、1991年、第18頁。

③ 宫崎市定:《宫崎市定论文选集》(下),中国科学院历史研究所翻译组编译,北京:商务印书馆,内部刊行,1965年,第10页。

而宫崎市定的世界文化起源一元论假说和构想，很早就已形成。他曾讲到自己在 1942 年作为日本文部省的研究员参与编写《大东亚史概说》的过程中就已经形成有关世界文明起源的认知："亚洲的文化自西亚生发，沿着丝绸之路向东传播，并在东传过程中逐渐被当地文化净化，最终在日本形成了冠绝世界的文化……"①

那么，宫崎市定所持上述论说的原因何在？据笔者分析，主要有以下五条：

（1）19 世纪二三十年代盛行的"中国文明西来学说"等为代表的"西力东渐"的背景以及之后国际中国学界持续的研究和影响。

（2）桑原骘藏对于世界文明起源于西亚论说的赞同以及其对于西亚先进性的东西交通史的研究与关注——知识与观念的准备。

（3）国家意志的直接渗入与推动。

（4）滨田耕作等日本早期考古学的影响。

（5）西亚的实地旅行和考察。

上述的前三条前文均已涉及，且受制于篇幅和论述重心，本章仅仅就后两条简单加以说明：

滨田耕作与宫崎市定的交往可参见《百年京大东洋学》（京都大学学术出版会，砺波护，2002）一书。

滨田耕作在《东亚文明的黎明》一书中指出，中国彩陶时期的文化是怎样产生的，是否受到西方的影响，最为重要的无疑是安特生早就主张的文化西来说，即原中国人（Proto-Chinese）携带彩陶文化从土耳其来到中国新疆一带，再入甘肃以及内陆，留下了彩陶遗址。不过滨田耕作接着又指出，同样是瑞典人的高本汉（Klas Bernhard Johannes Karlgren, 1889—1978）却有着与安特生有所差别的观点，即高本汉认为"中国人在彩陶文化之前就已入住中原内陆，创造出了鬲式三代陶器，而彩陶文化和其民族则是后来从西方流入的"②。滨田耕作在比较上述两种说法后，明确支持了后者即高本汉之说。

---

① 宫崎市定『東洋史学七十年自跋集』、東京：岩波書店、1996 年、第 297 頁。原文：アジアの文化は西アジアの文化に発生し、それがシルクロードにより、東に向かって伝播するが、東へ進む毎に立派なものに浄化され、最後に日本に於いて世界に冠絶する立派な文化が成立し、それが今度は西に向かって逆流前進するのだ、という、これほどの構想を裏返しにしたような代案を作成した。

② 滨田耕作著：《东亚文明之黎明》，张我军译，《辅仁学志》1930 年第 2 号，第 34 - 35 页。『东亚文化の黎明』、東京：刀江書院，1930 年。

另,在该书中,滨田还在论及殷墟时代发达极盛的青铜文化时,也主张是由西方输入的。①

也就是说,最能代表中国早期文明的两种文化符号——彩陶与青铜——都不是本地自发、独立发生的文化结果,而是外来文化影响和刺激下而出现的结果。而滨田耕作便是基于这样的逻辑和意义层面展开对中国文化起源的研究的。

宫崎市定于《中国史》一书中却主要依据瑞典学者安特生有关彩陶分布的观点,推论中国文明起源于西亚。②

宫崎市定选择了滨田耕作所依凭的安特生的立论而没有选择滨田耕作更为看重的高本汉的折中观点,也没有提及安特生在后来对于自己观点的修正和补充,更没有注意到20世纪50年代以来,中国考古学家相继对西安半坡村的彩陶文化遗址以及中原仰韶文化叠压在甘肃仰韶文化之下等的发掘和发现对安特生"中国文化西来说"修正的事实。③ 其做法,或许正如宫崎自己在《中国史》前言中所说,历史学的关键在于史料的选择一样,其选择的立论与材料皆为中国文明西来学说的材料。其背后的思想渊源问题,此处暂不涉及,笔者想要指出的是,宫崎市定所持的世界文化起源一元论的假说并无确凿的历史材料和考古学的证据支撑。

宫崎市定坚持西亚在古代的先进性的原因第五个方面,即是西亚之旅对于宫崎的直接体验与刺激,这也是其一元论假说得以确立的不可忽略的因素。对于这一点,粕谷一希在《宫崎市定的位置——〈亚洲史论〉的方法与磁场》一文中论及其一元论的假说时,就明确地指出西亚的旅行给历史学家宫崎市定以根本

---

① 铜或青铜的使用……至少在旧大陆,是发生于西方亚细亚的一个中心,传播到各地的。……关于铜和青铜的知识,就说是从西方传到中国,也是大可以有的事。见滨田耕作著《东亚文明之黎明》,张我军译,《辅仁学志》1930年第2号,第39页。

② 『中国史』上下卷、岩波书店『岩波全书』、1978年;又见《中国古代史概论》(哈佛燕京同志社东方文化讲座委员会,1955年,后收录于《宫崎市定全集》第3卷《古代》,中文译本见《宫崎市定论文选集》上,商务印书馆,1963年)。

③ 安特生对于自己有关"中国文明西来说"的修正,参见陈星灿,马思中《李济与安特生——从高本汉给李济的三封信谈起》,《考古》2007年第1期,第75-87页。安特生考古活动的相关研究资料又见陈星灿、马思中《胡适与安特生——兼谈胡适对20世纪前半叶中国考古学的看法》,《考古》2005年第1期,第76-87页;陈星灿《安特生与中国史前考古学的早期研究——为纪念仰韶文化发现七十周年而作》,《华夏考古》1992年第1期,第83-95页;庄会秀《安特生与中国彩陶研究》,《陕西教育(高教版)》2012年第10期,第9-10页。

性的灵感和刺激，尤其是史学观念层面，确立了人类史上西亚的先进性——埃及和美索不达米亚作为人类文化的发祥地，向世界各地传播文化的人类历史——这样的一元论立场。①

综上所述，宫崎市定在接受以京都大学文化史学的诸位前辈的观点和欧洲学者的中国文化西来说等诸多因素的影响之下，在自身实地的文化考察和经验之上，首先设定了西亚地区在古代世界史中的先进性和独立性，并主要通过青铜和铁器的路线传播之考察，做出了中国文明/文化起源来自西亚之判断，并由此也确立了其世界史的观念和体系，并进而在"东洋史学"领域内展开具体的历史研究。

对于中国文明起源之考问，我们必须站在今日之立场加以审察和反思。如黄仁宇曾在《中国大历史》一书中，讲述中国文化多源还是一元的问题时主张的那样，虽然目前对于中国文明是否源发性的问题，至今尚未有斩钉截铁之说（因为还没有绝对的证据说中国文化是本土萌生还是外来，抑或至少一部分受到西方的影响），不过至少中国文字被认为独创一格，即数目字与众不同，而陶器上的颜色之相似抵不过基本的差异，中国冶金术在原始阶段亦有独到特色，而无模仿迹象。②

陈星灿亦曾在《中国史前考古学史研究（1895—1949）》一文中，对 20 世纪流行的西来学说有过如下的看法，即以今日的立场来看，无论是中国文化本土说还是西来说，都没有可靠的考古学证据。在当时，除了极少数的种族论者，主要还是在学术层面的探讨，而每一种西来学说都会受到与此相对观点的有力反驳和证伪，因为有的学说是为帝国主义的侵略服务的。不过需要注意的是，以上的观点都是在中国考古学尚未发达的历史前提下进行的。③

---

① 粕谷一希「《内藤湖南への旅(8)　宫崎市定の位置——『アジア史論』の方法と磁場」,『東北学』第 2期、2005 年 3 月：第 182 - 191 頁。原文：この西アジア旅行は歷史家宫崎市定の歷史観に根本的なインスピレーションを与えたようである。それは人類史における西アジアの先進性であり、エジプトと共にメソポタミアが人類文化を發祥させ、その文明が世界各地に伝承したのが人類史だという、一元論の立場を確立させたのである。

② 参见黄仁宇：《中国大历史》，北京：生活·读书·新知三联书店，2007 年，第 2 页。

③ 张光直和国内学者对此的研究也受到阶段性考古材料不足及自身民族主义因素的影响，《考古学对于认识中国早期历史的贡献——中外考古学家的互动及中国文明起源范式的演变》（南方文物 2011年第 2 期）、《从一元到多元：中国文明起源研究的心路历程》（《张光直教授的考古学贡献笔谈》，《中原文物》2002 年第 2 期）等多篇文章中提及张光直先生对于中国文明起源的认知以及自我反思。

二、宫崎市定的世界观念

参照德国历史学者斯特凡·约尔丹(Stefan Jordan, 1967—   )主编的《历史科学基本概念词典》(《历史的观念译丛》之一,北京大学出版社,2012 年)所给出的解释,"世界史"(Weltgeschichte)与"普世史"(Universalgeschichte)之概念的区别界定尚有困难。两者都指称一种历史编纂方式。这样的方式超越了生活世界可以感知的任何一种关联形式,而被描述成最大限度的空间范畴。但是直至 20 世纪,"世界史"的描述仍然以自我为中心,而不是从一个行星的角度出发。它曾经是某个文明周边与另一种形态的"野蛮"相互联系的一段历史。

有趣的是,宫崎市定也有类似的话:"对于地球上人类的斗争完全没有利害关系的火星上的人,从无限大的距离来观察地球史,也许才是最公平的。而这正是我对历史学的努力目标。"①

在西方的学术思想界,伏尔泰(Voltaire, 1694—1778)与赫尔德(Herder, 1784—1791)很早就根据传教士的游记等有关外来世界的记录开始思考欧洲之外的文明。施勒策尔(Schlozer, 1785—1789)有关世界史的视野和思路进一步得到深化和拓展。而吉本(Gibbon, 1776—1788)已经开始描绘公元 2—15 世纪欧亚两大地区的民族与文化相互交往的宏大历史图景。出版于 1795 年的孔多塞(Antoine Marquis de Condorcet, 1743—1784)的《人类精神进步史表纲要》,更是较为全面和系统地反映出了 18 世纪以来西方世界有关世界史研究的阶段和水平。

但由于早期的"世界史"的构思基本来源于欧美的进化主义人种学说,带有先天的种族歧视和西方中心主义偏见,随即受到时代的冷落。与此相应,其后出现的"世界史"大多对于欧美的崛起之叙述乐此不疲,而对于世界的其他地区要么忽略,要么证明其停滞或落后。其框架还是徘徊于野蛮—文明、先进—落后的模式之中。②

---

① 宫崎市定『宫崎市定全集 1 古代日本』、東京:岩波書店、1991 年、第 370 頁。原文:地球人類の争いに全く利害関係のない火星人が、無限大の距離から眺める地球史こそ最も公平なものであろう。そしてそれが私の歴史学の狙いなのである。

② 宫崎市定曾在《世界史中的中国和日本》(宫崎市定『東風西雅』、東京:岩波書店、1978 年、第 377 頁)一文中,站在所谓"非欧洲"的立场,讲到西方中心主义下的世界史撰写问题:"近来,'世界史'成了一个问题,对于其原本应该是怎样的议题,大家争论不休、各执一词。'世界史'这样一种思考方式,毕竟起源于欧洲,世界、历史这类命名的书籍很早曾在西洋流行,这样的世界史书籍在我们东(转下页)

对于这一倾向的反思，直到 20 世纪初，才出现在马克斯·韦伯（Max webber，1864—1920）关于统治、社会化与宗教的研究中，虽然这一反思并不彻底。

就历史事实来看，第一次世界大战的爆发引发了西方学界对于自身文明的反思，也对历史领域内所描述的以欧洲为中心的世界史产生了疑惑。其中，年鉴学派的开拓者马克·布洛赫（Marc Bloch，1886—1944）就曾主张一种面向全世界范围的而非只有欧洲的世界史研究。这样的自我反思与实践，直至费迪南·布罗代尔（Fernand Braudel，1902—1985）终于迈出了关键的一步。与此相近，汤因比的《历史研究》首次尝试了较为激进的去欧洲中心化的尝试，描述出世界史本来就应该有的丰富与多彩。

1963 年，威廉·麦克尼尔（William Hardy Mcneill，1917—2016）①出版了自己的代表作《西方的兴起：人类共同体史》（*The Rise of the West: A History of the Human Community*）。在该书中他就主张：世界历史发展的主要动力源于各个文明之间的相互交流与相互作用。而且他还发现，在文明交流之时，往往表现为较高的文明地区向较低的文明地区的传播和影响。②

（接上页）洋人读来，一点也不像世界史。这类世界史大多是西洋的历史之外至多加了一些西亚或是东亚的一部分之外的历史书籍。因此，这类的世界史没有相应的价值和意义，真正的世界史，必须是将地球上的人类都包括在内思考的历史。所以，想要撰写真正的世界史，对于我们非西洋人的东洋人来说就有着特别重要的意义。"原文：近頃、世界史という事が問題になりまして、そもそも世界史というものは「どういうものであるべきか」という事についていろいろ議論が起っておりますが、世界史というような考えは、やはりヨーロッパから起った考え方でありまして、ワールド・ヒストリーというような本は古くから西洋で盛んに発行されましたが、そのいわゆる、世界史というものを我々東洋人が読んでみますと、少しも世界史になっていない。それは、ヨーロッパの歴史にせいぜい西アジアあるいは東アジアの一部を、少々加えたものに他ならない。それでは、世界史というものには値しないので、本当の世界史というものは、この地球上の人類すべてをひっくるめて考えたものでなければならない。そこで本当の世界史というものを造ることが、特に我々ヨーロッパ人でないものにとって重要な意味を持ってきたのである。

① 麦克尼尔与宫崎市定几乎处于同一时代，两者对于世界史研究的观念形态有着极为相似的地方，都主张世界文明一元论，都注重以整体互动联系的观念去构建和研究世界史，都主张反对西方中心主义等，其背后有无近似和相同的思想渊源和脉络，乃至史学界对于两人成果和地位的认知差异，都是极为有趣和有意义的方向和课题，这将成为笔者日后深入研究的方向之一。

② 自此以后，"世界史"不再被仅仅视作"普遍的"历史。不过，在美国，这种观念被更多地用于表现"世界史"向"全球史"（global history）变动的新方向。这一研究的动向，着力于分析区域和某种特定观念之下的国际关系与跨文化关联，而非重视世界史的整体性描述。顺便说一句，滨下武志的东亚"朝贡体系"和西嶋定生的"东亚共同体"的研究就有这样的意味。

1967年，牛津大学出版了威廉·麦克尼尔另一部广为流传的世界史书写范本——《世界史》(A World History)，其第四版的英文影印本和中文译本已经分别由北京大学出版社和中信出版社出版。该著作被英国历史学家巴勒克拉夫(Geoffrey Barrac bugh, 1968—1984)称赞为最有影响力的两本世界史著作之一。[①] 被认为是在反对"西方中心史观"的观念下，将人类的世界史划分为四个阶段的前提下，以整体互动的眼光和观念去考察四个主要文明之间的互动联系。他所描述的世界整体历史的演化图景亦是从一个文明点(即两河流域)出发，变成四个文明，在西方崛起之前处于势均力敌的状态，直到西方凭借法国的"市民革命"和英国的"工业革命"取得优势之后，其他三大文明地区开始学习西方，整个世界历史开始进入了所谓的"全球一体"时代。[②]

而被英国历史学家巴勒克拉夫称赞为最有影响力的两本世界史著作之一的另一本，即美国著名历史学家斯塔夫里阿诺斯(Leften Stavros Stavrianos, 1913—2004)的名著《全球通史：从史前史到21世纪》(A Global History: from Perhistory to the 21ST Gentury)，该书初版于1970年。

作为全球史观的代表作，斯塔夫里阿诺斯的《全球通史：从史前史到21世纪》有意识地回避西方学术界常用的时代区分的方法，而主张以"1500年"为界，将世界史整体发展的历史划分为两个基本的阶段，即之前各地区相互孤立的世界以及之后西方世界兴起并主导的世界。从视觉意义上，这样的划分方式就带有极大的冲击力和陌生化效果。[③]

在西方历史学界，英国历史学家巴勒克拉夫被认为是当代"全球史观"的先驱者。在1955年刊行的论文集《处于变动世界中的史学》中，他较早阐发了关于"全球史观"的概念，对以西欧为中心的世界史解释进行质疑和批评。之后，其《当代史导论》(1967)、《当代史学主要趋势》(1978)和《泰晤士历史地图集》(1978)等文章对该问题和观念进一步做了说明。如他在《当代史学主要趋势》中明确提道："近年来在用全球观点或包含全球内容重新进行世界史写作的尝

---

① (英)杰弗里·巴勒克拉夫：《当代史学主要趋势》，杨豫译，上海：上海译文出版社，1987年，第245-246页。
② 钱乘旦：《评麦克尼尔〈世界史〉》，《世界历史》2008年第2期，第130-138页。
③ 畅销史学著作抑或说畅销的学术著述有着共通的优点，那就是文学性的重视、强烈的现实情怀等，陌生化手法、文笔的流畅与性情流露等都可归结为文学性的充盈，宫崎市定的中国史学著述畅销书都带有散文笔法和小说构架的特点，也带有其个人与时代赋予的现实感。

试中,最有推动作用的那些著作恰恰是由历史学家个人单独完成的,其中恐怕要以斯塔夫里阿诺斯和麦克尼尔的著作最为著名。"[1]

斯塔夫里阿诺斯本人也把 20 世纪 60 年代世界历史学会(World History ASsociation)的成立、《世界历史杂志》(*Jolareal of World History*)的出版、1970 与 1971 年他的《全球通史》第 1 版的出版,看成是西方学术界从西方中心论向"全球史观"转变的证据。

巴勒克拉夫、斯塔夫里阿诺斯等人所倡导的"全球史观",主要以突破西方学术界根深蒂固的"欧洲中心论"(或称"西欧中心论""欧美中心论"和"西方中心论")的限制为特征,强调世界上的所有民族和地区在文明的角度上都是平等的,都有属于自己的主张和思考。

不过,这只是在理论层面的部分先进学者的主张,虽得到了广泛的认同与支持,并随着当今全球化进程的加速而日益得到历史学家的重视与理解,但在实际操作与实践层面,在西方历史学界,"全球史"(世界史)的写作虽然早已不被理解为启蒙意义上"西方中心观念"之下的历史,但"世界史"的撰写也绝不可以说是已经摆脱了西方中心主义,这样的结论还为时过早。斯塔夫里阿诺斯在《全球通史:从史前史到 21 世纪》中也十分强调西方是 1500 年以来世界的动力源泉,仅此一点,就很难说其在真正意义上摆脱了西方中心主义的窠臼。

我们再看一下另外一本被称为殿堂级的、美国最畅销的世界史的书写,即《现代世界史——至 1870 年》的架构即可明了。[2] 罗荣渠先生在该书的中译本的序言中指出:"用'现代化'概念取代'西化'概念,这绝不仅是一个修辞上的问题,而是对观察现代世界的'西方中心论'观点的修正和突破。这在 20 世纪 70 年代以来西方出版的近现代世界史著作中,有明显的转向。"[3]

不过,何兆武先生则在本书的序二,即《现代世界史的标准著作》中,如实地说:"本书和历来许多西方(尤其是美国)的历史书籍一样,本书的书名虽为世界史,内容基本上却以西方(西欧和北美)为主,非洲、中东伊斯兰世界、印度、中

---

① (英)杰弗里·巴勒克拉夫:《当代史学主要趋势》,杨豫译,上海:上海译文出版社,1987 年,第 17 页。

② 据刘北成在该书的序言三中介绍,该书是美国 20 世纪后半期享有盛誉的一部大学教科书,1987 年被《纽约时报》评选为"所有时代的 19 部经典教科书之一"。该书作者帕尔默(R. R. Palmer)曾任美国历史学会主席。

③ (美)R. R. 帕尔默:《现代世界史——至 1870 年》(上),董正华、孙福生、陈少衡译,北京:世界图书出版公司,2009 年,序一。

国、东南亚以至拉丁美洲基本上均被排除在核心叙事框架之外。西方中心主义乃是西方史学界所挥之不去的一种偏见,是读者不可不察的。"①

该书为代表的世界史虽已不再是纵横数千年、由远古至今日时代的所有历史时期,但世界史抑或是现代世界史的基点依然定位在"西方欧洲的崛起之事实"。

其中,值得关注并在学界引起巨大影响的还有德国学者贡德·弗兰克(Andre Gunder Frank, 1929—2005)撰写的世界史《白银资本——重视经济全球化中的东方》(刘北成译,北京:中央编译出版社,2001 年第 2 版)。

该书虽然被有的学者批评为另一种西方中心主义,但正如有的学者所指出的那样,《白银资本》对世界史体系的贡献主要表现在三个方面。第一,《白银资本》重构了 1400—1800 年的世界体系;第二,《白银资本》对走出欧洲中心史观又迈出一大步;第三,《白银资本》为解释欧洲崛起提供了新视角。②

另外,目前而言,值得我们关注的还有后现代史学和微观史学对于"宏大叙事"的批判,这样的实践也直接影响了当下的"世界史"较少根据其观察对象的范畴以及所涉及对象的普遍化程度,更多的是由其研究的联系之广度所决定的。

概言之,当前人们关注的重点不在于"世界史"在科学上有无必要与客观上有无可能,而是在于策略性的选择和把握。

这与本章所研究的宫崎市定的世界史书写有何关联呢? 在清华大学的汪晖教授看来,尤其值得关注的是,弗兰克这样的世界史书写与宫崎市定的世界史书写的视野交会在了一起。③

"世界史观"不仅是宫崎市定史学方法论的观念前提,也是宫崎市定整个史学体系的重要组成,是宫崎史学之所以成为一个完整体系的核心之一。石川忠司曾明确地指出了宫崎市定的史学特色,即宫崎市定在中国史以及亚洲史学界留下

---

① (美)R. R. 帕尔默:《现代世界史——至 1870 年》(上),董正华、孙福生、陈少衡译,北京:世界图书出版公司,2009 年,序二。
② 参见江华《〈白银资本——重视经济全球化中的东方〉——世界体系学派的一部新力作》,《国外社会科学》2001 年第 3 期,第 93 - 96 页。
③ 汪晖:《亚洲想象的历史条件》,http://www.unirule.org.cn/symposium/c207.htm。该文是 2001 年 12 月 28 日汪晖在北京天则经济研究所第 207 次天则双周学术讨论会上的主题演讲,由高飞整理成文。

的巨大足迹,若不假思索地用一句话来说,就是"宏大的世界史的建构"。^① 安冈章太郎也曾在《朝日日刊》以《作为世界史的亚洲史——〈宫崎市定　亚洲史论考〉(上中下)》为题,指出了其世界史观念在宫崎市定历史学中的重要性。^②

以下,笔者将从学术史的角度考察宫崎市定世界史观的形成与发展,并就其世界史观的典型表述及其他相关问题,尤其是其世界史观与国家意识形态的关联做出较为详细的解释和说明。

其世界史观念的养成,直接的影响首推桑原骘藏。早在 1926 年宫崎市定就在桑原骘藏的直接叮嘱下,发表了学术的处女作品《东方对西方的影响——中古时期》三期连载发表在《史林》第 11 卷 1—3 期),显示出对于东西方交流的关注和兴趣,其世界史的视野也已初露端倪。当然,也有如韩昇教授指出的那样,1925 年,其毕业论文设定为研究北方民族与汉民族关系的《南宋末的宰相贾似道》,就已经说明宫崎市定从世界史的宏观视野考察历史和具体过程的倾向。

《东洋的朴素主义民族与文明主义社会》^③的第三章即"近世朴素主义社会的理想"中曾有这样的文字:

> 经过五代到了宋代,中原社会愈益文明化起来。宋继五代之后建都于黄河与大运河的交叉点开封。但在五代时期,中原的文明是保存于华南,并受到来自南海方面的西方文明的刺激,因而获得了进一步的发展。宋平定南方诸国后,具有南方色彩的文明便逆流而上传向北方,从而形成了宋的近世文明。^④

---

① 石川忠司「宫崎市定(1901~1995)"世界史"そのものと化す——無敵の歴史学(特集　読み継がれよ 20 世紀日本)」,『文学界』総第 55 期、2011 年第 1 期、第 234 - 237 頁。原文:宫崎市定は中国史およびアジア史の研究において巨大な足跡を残したが、それを無謀にも一言でくくってしまえば「大文字の世界史の構築」、ということになる。

② 安岡章太郎「世界史としてのアジア史—「宫崎市定アジア史論考」上・中・下(思想と潮流)」,『朝日ジャーナル』第 18 期総第 41 期、1976 年、第 57 - 59 頁。

③ 「東洋における素朴主義の民族と文明主義の社会」,『シナ歴史地埋叢書 4』、冨山房、1940 年。后又同名多次刊印:「東洋における素朴主義の民族と文明主義の社会」,『東洋文庫』五〇八、東京:平凡社、1989 年;「アジア史論考」上、朝日新聞社、1976 年 1 月 22 日、『宫崎市定全集 2　東洋史』、1991 年。

④ 宫崎市定「東洋における素朴主義の民族と文明主義の社会」,『シナ歴史地埋叢書 4』、東京:冨山房、1940 年、第 93 頁。原文:五代を経て宋代に至り、中原社会は益々文明化した。宋は五代の後を受けて、黄河と大運河の交叉点開封に都したが、五代の間中原の文明はむしろ南中国に保存せられ、更に南海方面より西方文明の刺戟を受けて一段の発達を遂げた観があり、宋が南方諸国を平定すると、南方的な色彩を持つ文明が北方へ逆流し来って、宋の近世的文明を形成した。

由此可清晰地看到宫崎市定考察宋代的文化之时,就已经注意到"宋的近世文明社会的形成,事实上是由于东西交通而受到了西亚伊斯兰世界的文明的若干影响"①,这样的视野已经具备了明确的世界史的思考倾向。

在宫崎市定的史学著述中,"世界史"抑或与此相关的"世界史体系"等词汇,在笔者的印象之中,除却本身无意义而仅具有语法功能的黏着词汇和结语词,应是出现频率最高的词汇之一。而他对于"世界史"相关理解的表述也由此显得十分丰富。且在宫崎市定史学中,"世界史"和"世界史的体系""世界史体系"等交互出现,依据不同的语境,词义略有不同,此处的"世界史"可视为一种泛指与总括的概念。如此操作,必定有些微的问题存在,如"世界史的体系"则包括了有关"世界史"的观念、方法等层面的内容,而"世界史"有时在文中仅仅指称研究的对象。但无论是前者还是后者,在本书中遵循宫崎市定的"世界史观",即历史本来就是世界史,一切具体研究都是世界史和作为世界史的东洋史等相关表述,皆可相互指代,旨趣相通。

其关于"世界史"的表述,有"世界史"是否可能、"世界史如何成为可能"、"世界史"面临的困难、非欧洲人的"世界史"之意义以及作为方法的"世界史"等内容,相关主张和讨论分散在其著作各处。② 此处主要依据其在《世界史上的中国和日本》(『東風西雅』、岩波书店、1978 年)、《世界史叙说》(《亚洲史研究》第 2 卷、东洋史研究会、1959 年;中译本《宫崎市定论文选集》(下),商务印书馆,1965 年)以及《自跋集——东洋史学七十年》中相对较为集中的表述:

(一)世界史的成立

关于世界史能否成立的问题,以今日的观念来看,能够把地球上一切国家、民族的历史全部纳入描述和考察的"世界史"从来没有出现过,也不会出现。因为在客观上不可能,在科学上则没有必要,从认识论的角度讲,也必会受到当下史学研究者的严肃批判。基于各自史学观念(对于历史学本体认知)的差异,什

---

① 宫崎市定「東洋における素朴主義の民族と文明主義の社会」、『シナ歴史地理叢書 4』、東京:富山房、1940 年、第 93 頁。原文:そして宋の近世的文明社会の成立には、東西交通による西アジア、イスラム世界の文明が若干の影響を与えていることは事実であり。

② 这与他被日本人称作"おやじ"(直译为"大叔",有唠叨和亲切之意)风格有关,在 1963 年内部出版的《宫崎市定论文选集 上》的序言中曾讲到宫崎市定的著作有一个特色:不管是专著也好,论文也好,绝大部分只是政论性的"史论",而不是像某些东洋史家们那样、多少还根据些史料对史实进行考证或阐述的文章。

么是史学、什么能够成为史学研究的对象都不曾统一也不会统一,即便所谓的"世界公民"和"全球村"真正实现的那一天最终到来。

而宫崎市定对于这个问题则有如下看法,即人们往往是从晚近的历史学的分工出发,忘却了作为学科的历史学原本就来自人们武断的分工,例如文化多元论或文化一元论的问题。其实文化的起源,如果脱离人类的起源,是不可想象的。既然称之为人类,如果不设想在那里有某种文化存在,那是不可能的。说人类是以亚当和夏娃二人为始祖而繁殖出来的那种神话,现在已经说不通了。人类像其他动物一样,是成群结队地发生、成群地发展。既然是群,那么就各个群来说,在各地区之间,他们自然是隔着若干距离而生活栖息的。由于人类分布非常广,这一极端和那一极端之间的距离很大,但充其量不过是地球表面。他们之间本来就没有任何绝对不可逾越的障碍。故人类最初就是一个群,由相互交通往来、相互影响而发展起来的。

归根结底,概括地观察起来,人类实际上是一个群体,因而历史自始至终实际是一部世界的历史。世界史能否成立这样的问题并不成为问题,历史应该有的面貌,只能是世界史。问题在于如何综合、如何简化那种由于历史年代的悠久和相隔距离的遥远而自然产生的无数小群的特殊形象,以便正确地掌握其全貌。[①]

(二) 非欧洲的"世界史"

宫崎市定参与撰写《大东亚史概说》,就其过程和意图而言,又十分明显地有对欧美的"超克"之意。其实,即便在"二战"后,宫崎市定依然坚持非欧洲人的"世界史"的重要意义和价值。如他在1978年出版的《东风西雅》收录的《世界史上的中国和日本》一文中讲道:"想要撰写真正的世界史,对于我们非西洋人的东洋人来说就有着特别重要的意义。"[②]

(三) 作为方法的"世界史"

在1947年出版的《亚细亚史研究》序言中,宫崎市定特别讲到作为"方法的

---

① 宫崎市定『宫崎市定全集 2 東洋史』,東京:岩波書店、1992 年、第 267 頁。又见《宫崎市定论文选集》(下),中国科学院历史研究所翻译组编译,北京:商务印书馆,内部刊行,1965 年,第 4 - 7 页。日文原文:世界史の可能に対して投げかけられる幾多の疑問は多く、晩近の歴史学の分業的方面を重視する余り、それが原来分業であることを忘れて了った独断的見地から発せられている。

② 宫崎市定『東風西雅』、東京:岩波書店、1978 年、第 377 頁。

世界史":"事实上,我的研究方法经常是预先从世界史的角度来进行考察的,从来一次也没有脱离过世界史的体系而孤立地考察个别的史实。从这个意义上讲,不管研究的对象如何,我都希望把它叫作世界史研究。"①

尤其值得注意的是最后一句话,其实质上讨论的是何为世界史的问题。在宫崎市定看来,与其说对象的设定,更核心的是作为"方法"的"世界史"才更接近真正的"世界史"。当然,宫崎市定也不排斥将"世界(人类)史"作为研究对象的"世界史"研究。

以上可知,在宫崎市定看来,将"世界(人类)史"作为研究对象的"世界史"亦是世界史研究,只是,如何使这种世界史研究在史学研究中成为可能呢。此处暂不论述,留作以后详谈。

三、宫崎市定的世界史体系

上一小节围绕宫崎市定世界史观的形成和典型表述做了较为详细的说明,本小节将关注其世界史观是如何运用到具体的历史研究实践当中并构建出一个怎样的世界史体系之问题。换言之,在本小节,作为方法和理念的"世界史"是如何被宫崎市定付诸其世界史体系的构建,并就此引出作为构建主要途径的"比较",是笔者想要考察的问题核心。②

宫崎市定的人物史研究在"二战"后的日本史学界具有十分突出的位置,不仅因为他领衔主编的《中国人物丛书》(人物往来社,1965—1966 年,共 12 卷)成为日本历史人物丛书的典范,③而且在该书中具体到一个人物的研究,也是将之放在世界史的位置上寻找其历史的价值与意义。如将隋炀帝开掘大运河的事件定义为划时代的具有世界史意义的事件,如此一来,中国打通了南北阻

---

① 宫崎市定『亜細亜史研究』,京都:東洋史学会、1957 年、第 358 頁。原文:私の年来の主張によれば、アジア史という名は実は中途半端な名前である。歴史は須らく世界史でなければならぬ。事実、私の研究は常に世界史を予想して考察して居り、世界史の体系を離れて孤立して個々の事実を考えたことは一度もない。中文译本见宫崎市定《宫崎市定论文选集》(下),中国科学院历史研究所翻译组编译,北京:商务印书馆,内部刊行,1965 年,第 318 页。
② 宫崎市定的"世界史"具有双重性质:一种是主要作为方法和理念的"世界史"抑或"世界史体系",一种是作为研究对象的"世界史",二者统一在"作为方法和理念的世界史"的具体研究实践之中。
③ 参见宫崎市定『隋の煬帝』,東京:人物往来社,1965 年。后又有中公文库 1987 年版以及中公文库 2003 年新版)。其中,中公文库本后附砺波护的书评。中译本有《宫崎市定说隋炀帝——传说的暴君与湮没的史实》,杨晓钟等译,西安:陕西人民出版社,2008 年。

碍,与世界其他地区在海洋和大陆的循环流动起来,加快了与西亚的文化交往,促进了中国商业资本的发展、最终引起社会形态的变化。另外,这种作为方法的"世界史(观念)"还在《水浒传》的相关研究中有所体现,如他在《水浒传的伤痕》一文中的结尾写道:"从长篇小说完成在文学史上的意义来看,《水浒传》到《八犬传》是一种进步,从中可以看出作品背后世界性的大的时代潮流。"①

而且,对于宫崎市定来说,作为方法的"世界史"不仅在自己的史学研究中贯彻始终,②还表现出欲以之为史学界理应遵循的方法理念:我们不管是用何种方法,都必须运用所有的智慧,经常把世界史置于脑中,从世界史的立场准备从事最具体的个别历史研究。接下来宫崎又讲道,作为研究者,站在世界史的立场,同时应该选择何者作为研究的题目,这对于研究的对象也是会有许多贡献的,不过一般来说,凡是与世界史越有关系的,就越有研究的价值。③

无疑,上述引文较为充分地说明了"世界史观"在宫崎市定史学中的核心位置。这一核心的史学观念,既体现了其世界史观的本质,也体现了显著的方法论的意义,更体现了方法论与史学观念内在的关联和统一。

即便我们不完全在学理上认同宫崎市定以"世界史"为对象的世界史研究,但在宫崎市定的史学内部观察,将其世界史观具体运用最为充分的则是在其以"世界史"为研究对象的著述之中,这部分著述也是宫崎市定史学理论和观念的高峰。

考察宫崎市定如何将方法和理念的"世界史",即其世界史观与将作为研究对象的"世界史"二者高度统一,即考察宫崎市定如何描述和把握"(整个)人类世界史"。这个问题,还可以转化成另一种表述:宫崎市定如何使我们所认为的"科学上没必要,客观上不可能"的"世界史"成为可能。

对于将整个人类历史抑或整个世界的所有事物的历史都包含在内的"世界

---

① 参见宫崎市定『《水滸伝》——虚構のなかの史実』、東京:中公文庫、1993 年。该书最后附有砺波护的解说。

② 宫崎市定『亜細亜史研究』、京都:東洋史学会、1957 年、第 358 页。中文译本见宫崎市定《宫崎市定论文选集》(下),中国科学院历史研究所翻译组编译,北京:商务印书馆,内部刊行,1965 年,第 318 页。事实上,他的研究方法经常是预先从世界史的角度来进行考察的,从来也没有脱离过世界史的体系而孤立地考察个别的史实。

③ 宫崎市定『宫崎市定全集 1 中国史』、東京:岩波書店、1993 年、第 16 页。

史"之撰写,宫崎市定当然也认为是不可能也不必要的。①

那么,宫崎市定所谓的以"世界史"为研究对象(世界史)的史学研究,又是怎样的呢? 从逻辑上讲,其以"世界"或"人类"为研究对象的"世界史研究",也必然不是全能的、无所不包的"世界史",而只能是"写意画,而且永远只能是写意画,当然其中还有大写意与小写意的区别"。②

因此,真正的可能实践的"世界史"与其说是材料和数量上的完整与全面,不如说是构思和结构上的合理与有机。这也正是当下世界史撰写的方向和特点,即"当前人们关注的重点不在于'世界史'在科学上有无必要与客观上有无可能,而是在于策略性的选择和把握"③。

虽然在学理上使得"世界史"的研究有了必要和可能,但真正的困难和最难处理的问题,其实是如何具体建构和把握。正如上面提及宫崎市定曾在《世界史上的中国和日本》一文中讲的那样:"世界史,应该是从世界的人类为一个整体的思考点出发的,然而,实际的历史撰写,如何将世界的人类纳入一个整体则十分棘手。"④

接下来,宫崎市定又讲到世界地理广大,仅就欧洲之外的亚洲就十分巨大,自古至今不同系统的文化繁荣而且多样,如何面对这种事实成为第一个处理难题。

在这样的情况下,宫崎市定指出,有的历史学家就采用"历史区域划分"(地域区分)的方式处理:在承认世界人类是一个整体的前提下,实际上也存在着地区差别的事实——通过比较分析和历史事实——由此区分出几个"群"(グループ,group),并给予不同的命名。因此,在这样的共识观念下,世界的人类依据历史的区分,至少包括了东亚、西亚和欧洲这三个不同的地域。而对于为何印度及其周边即东南亚这个巨大的存在没有被纳入单独的区域,宫崎市定认为,

① 宫崎市定『宫崎市定全集 1　中国史』、東京:岩波書店、1993 年、第 16 頁。
② 刘家和:《历史的比较研究与世界历史》,《北京师范大学学报(社会科学版)》1996 年第 5 期,第 46 – 51 页。
③ (德)斯特凡·约尔丹:《历史科学基本概念词典》,孟钟捷译,北京:北京大学出版社,2012 年,第 286 – 289 页。
④ 宫崎市定「世界史における中国と日本」,《東風西雅》、東京:岩波書店、1978 年、第 265 – 269 頁。中译本见宫崎市定《宫崎市定论文选集》(下),中国科学院历史研究所翻译组编译,北京:商务印书馆,内部刊行,1965 年,第 4 – 7 页。

位于东南亚的印度固然是一个不容忽视的巨大的历史文化存在,但是由于并不处于历史上的交通要地,其历史文化也就处于相对孤立的状态,没有在与周边地域的互动中产生世界范围的影响。而日本的命运也是如此,其地理位置的偏僻性决定了其世界史中的位置。上述三大区域在长时间的历史中发展出不同的样态并在相互影响中不断前进,之所以如此,就是因为宫崎市定认为历史上的这三大地区并非一般学者所认为的在古代处于相对孤立的状态下各自发展。在宫崎看来,事实上,上述三大地区在十五六世纪,即所谓欧洲的地理学上的哥伦布大发现之前,就已经存在基于历史事实的交通而产生的互动关系。这种交通之上不仅有高处流向低处的文化,还有丝绸之路和货币之路等在古代曾带来世界性影响和意义的事实。①

而这三大区域的划分和提出,除了依据所谓基于"交通"的事实上的交流和相互影响之外,最重要的则是"比较"的运用。对此,宫崎市定曾指出,历史学本来就是常识性的学问,而非偏狭的、极难理解的。考察人类的过去现象之时,作为历史学家不得不十分"宽容",极为粗线条地观察历史现象,为此,就有必要将西亚的事物、东亚的事物以及欧洲的事物进行相互比较。②

另外,宫崎市定在强调三大区域"比较"的必要的同时,他还讲到"比较"理应设定的基础。③

众所周知,宫崎市定"世界史体系"抑或"宫崎史学体系建构"的另外一个重要的关节点,是继承并发展了的所谓"京都学派"核心观念的"时代区分说"。④宫崎市定对古代世界进行"西亚、东洋、欧洲"三大区域的划分以及"古代、中世、

---

① 从中很容易看出,这一思路在安德列・贡德・弗兰克的著作《白银资本——重视全球化中的东方》中得到了巨大的回响和进一步的发挥。

② 宫崎市定「世界史における中国と日本」,『東風西雅』,東京:岩波書店、1978 年、第 389 – 390 頁。

③ 宫崎市定「世界史における中国と日本」,『東風西雅』,東京:岩波書店、1978 年、第 390 頁。原文:この人類の性質、身体というものの比較の基礎がきまり、比較する方法というもののも或程度確立されたのであります。そこで私の考えますのに、ヨーロッパ地域、西アジア、東アジアこの歴史の違いというものをなるべくそれを比較出来るような分量とか、あるいは程度とか、そういう計量できるもの、そういうものに限定した上で比較する。そこに始めて比較の基礎が確立するのではないか。私の今考えている所はその点であります。

④ 宫崎市定基于"世界史"的方法论,将内藤湖南原有用于中国史的时代区分的方法,修正后用于世界史体系的时代划分。原文:まずそこで私の立場から、この唐から宋への移り変わりというものが、今度は世界的にどういう意味を持つかという事を申したいのであります。私の考えでは、唐から宋へ移り変りは単に中国の歴史のみならず世界の中で意味を持つものである。

近世和最近世"四个时代的区分,则共同构成了宫崎市定史学的基本内容和主线。

如果说三大历史空间区域的划分,是在比较之中注重观察东洋(中国)、西亚和欧洲三者在历史空间上的差异性之下的互动交错,那么"时代划分"则是在一个地域内部注重纵向的差异和横向上的共同为前提,并进而在其独特的"世界史观"的视野下将内藤湖南适用于中国史的三个时代区分,扩展适用于整个世界的四个时代区分。而且,正如宫崎市定史学(有关世界史的)三个历史空间的区域划分需要建立在史实和"比较"之上一样,宫崎市定史学(有关世界史的)四个时代的区分,也同样是建立在史实和"比较"尤其是"比较"之上的论断。

要言之,如宫崎市定自己所说"世界史,最为简单的表示即是时代区分与地域区分之上的架构体系"①一样,他在史实考察和假定推论下,以其独特的时代划分和区域划分为基本架构的"世界史(体系)"建立起来了。即,宫崎市定在其独特的世界史观的指导下,主要基于"交通"和"比较"的途径和手段,描绘了一个由相互影响的三大文化区域以及四个时代划分为框架的世界史图景,同时在逻辑上也使得以"世界史"为研究对象的"世界史研究"得以成立。②

第三节　宫崎市定史学方法论

上一节集中讨论了与方法论紧密关联、相互交涉的世界史观抑或称为核心的史学观念问题,并就宫崎市定所指涉的"世界史"观念及其构建"世界史"的图景做了具体描述,并涉及其构建"世界史"的两个主要具体路径和手段,即"比较"和"交通"。接下来,笔者将聚焦于宫崎市定史学方法论两个主要的具体方法和路径,即"比较"和"交通"。

---

① 宫崎市定「世界史における中国と日本」,『東風西雅』,東京:岩波書店、1978 年、第 387 頁。原文:そこで世界の歴史というものを最も簡単にいい表わすと、それは時代区分と地域区分を行えばそれで大体の骨組みができあがる。
② 对于宫崎市定以"世界(史)"为研究对象的世界史之内在特征,即基于"交通"和"比较"之上的、在西方近代观念和视野下的(民族主义和资本主义)世界史体系。

一、作为方法的"交通"

"交通"在宫崎市定史学中不仅是一种史学观念即"交通史观",还具有据此展开其研究过程的方法学意义,即"交通"既是观念又是手段和方法,是实现其特定史学目的、体现其史学价值的主要路径之一。

大多宫崎市定的研究者或阅读者,往往将"交通"限定在一种史学观念的层面,但"交通"所具有的方法学之意义却往往被忽略。而清华大学的汪晖教授以思想史的敏感与视角出发,明确指出了宫崎市定史学中"交通"所具有的方法学意义:"宫崎市定试图通过'交通'把不同区域的历史连接在一起,并从这一视野出发阐释'宋代资本主义''东洋的近世'以及'国民主义'(民族主义)。这一方法事实上包含了超越历史研究中的普遍主义和特殊主义之争的可能性。"[1]

首先,我们来看一下作为一种史学观念的"交通",在宫崎市定史学中的表述。如《东洋的近世》可以说是体现其"交通史观"的典型文献。宫崎在该文第一节"世界和东洋交通的概观"中论述道:"过去有一种观念,极其蔑视交通在历史活动上所起的重要性。看历史地图,国境线也似乎划在看来差不多没有意义的地方,但如果去掉交通线的话,历史地图纵然用彩色表示,亦不可能从中看出什么历史意义。假设我们问,万里长城何以似乎不必要地一直伸向西方,答案是简单的。长城西段的南面并没有居住很多特别需要保护的汉民族,但由于这是中国通往西方的交通大干线,为了保护这条交通路线,因此远延西方,在它的南面,汉民族的郡县细长地向沙漠突出,保持与西域诸国的接触。"[2]

宫崎市定交通史观(抑或"交通",后面多称"交通"),在宫崎市定史学中占有重要地位和意义,这一点也已被诸多学者指出。最为典型的是日本学者松冈正岗对于《亚洲史概说》之书特色的评述:宫崎史学的特征第一为"交通"已获得

---

[1] 参见汪晖《亚洲想象的历史条件》,http://www.unirule.org.cn/symposium/c207.htm。该文是 2001 年 12 月 28 日汪晖在北京天则经济研究所第 207 次天则双周学术讨论会上的主题演讲,由高飞整理成文。

[2] 刘俊文主编:《日本学者研究中国史论著选译　第一卷　通论》,黄约瑟译,北京:中华书局,1992 年,第 162 页。

世间学者大多数的评判。这种交通史观源自宫崎史学文学式纵横驰骋的飞跃思维,导出宫崎史学视角的快速换位以及笔触的随处跳跃,这在《亚洲史概说》中随处可见,不乏其例。①

这一评判精确到位而且全面:其一,不仅指出了宫崎市定在《亚洲史概说》一书中展现出来的"交通史观"特色,而且指出"交通史观"实乃宫崎市定史学的第一特色;其二,也指出了宫崎市定的"交通史观"是一种天马行空、任意转换的跳跃与快速运转,以及这种展现风格背后的文学性与想象力的关系。②

但是"交通"在宫崎市定整个史学体系的位置如何抑或与其他特征或组成部分如何结合在一起,共同构成宫崎市定完整的史学体系及其所具有的方法学意义和位置,则尚未有人予以必要的说明和相应的解读,因为在笔者看来,"交通"不仅是一种史学观念,在宫崎这里,更是一种历史研究的思路与方法、手段与路径,具有显著的方法学的意义。

宫崎市定在上述《东洋的近世》一书中,曾经这样说道:

> 不过,历史学家的真正任务,或许就是探讨支配了世人历史意识的各种各样的框架,交通就是其中公认的一种,我在这里,试图以交通的意识为中心,以人类史上近世史的发展为对象,作出论述。毋庸讳

---

① 松岡正崗『宮崎市定の「亜洲史概説」』、http://1000ya.isis.ne.jp/0626.html。原文:そもそも宮崎史学の特徴は「交通」なのである。交通史観あるいは交渉史観という評判もある。宮崎にとってはヨーロッパと西アジアは同時に見るべき歴史の屏風であり、インド・中国・ベトナム・日本も同時交通的に眺めるべきパノラマなのである。宮崎には「地上人類の知能はほぼ平均しており、先進国つねに先進国たらず、後進国つねに後進国たらず、先進国の優位は交通によってたちまち後進国の奪い去るところとなるのである」というような根本的な視点が貫いている。この動く視点が、ここをステーションとしてもびくともしないほどのアジア史中央駅をつくっている。実際にも、本書のいたるところに高速アジア交通のドップラー・エフェクトともいうべき事象例が示されている。

② 另外,松冈正岗还认识到了这种"交通史观"——特色手段和路径背后的——"史观"即研究者的主体性和出发点。参见松冈正岗的原文:インドと日本の世界史上の位置ははなはだ似たものがあるというふうに。このことを、ではわれわれはどれほど説明できるかということを考えてみるとよい。たとえば徳川幕府とムガール帝国がどのような近世をもったのか、インドにとっての喜望峰の航路の出現と、日本における太平洋航路の出現がどういう意味をもたらしたのか、そういうことを考えてみるとよい。そうすれば、イギリス領インド帝国の成立と明治維新がたった 10 年のちがいで、何か似たような出来事を体験していることも見えてくる。松岡正崗『宮崎市定の「亜洲史概説」』、http://1000ya.isis.ne.jp/0626.html。

言,这也是一个以公理为前提下的体系。但是我深信,假若我们对交通的想法是错误的,今后已不能盼望世界史是一个条理分明的体系,甚至会永远支离破碎。①

据此可知,"交通"在宫崎眼中,已经具有十分明确的方法学的意义,指向了以世界史体系为目标的历史研究之"框架"与"思维路径",成为其历史研究的指导思想与方法。"交通"所具有的方法学意义和作用,从对比的角度来看,即如果说其史学体系之灵魂是"世界史"的视野与框架即宫崎市定的世界史观本质或称之为核心的史学观念,那么"交通"②就是宫崎市定史学方法论之躯体的血脉。

具体而言,宫崎市定史学体系中,"交通"的作用和意义主要体现在两个方面:第一,世界文明(起源)一元论假说("西亚"的引入)的基点;③第二,理解和完成世界史体系(互动关联)作业的路径。

不过,值得注意的是,宫崎市定的"交通"研究并非完全建立在实证的基础之上,而多与"推论"相关。④

首先,关于第一点,即世界文明一元论的基点。

在《东洋史上的日本》一书中,宫崎市定指出:关于在美索不达米亚和埃及产生了世界上最古老的文化这一点,向来解释似乎完全归因于该处在洪水之后所留下来的肥沃土地的生产力。但若引入早已存在的"交通"(贸易、交流)的视点,其世界文明起源的历史位置才看得清楚。因为,在宫崎的史学观念中,世界并非已经有了相当的进步之后才有了贸易,而是从远古未开化的时代就已经开始了交易。新石器时代,人类制作的黑曜石和硬玉之类的石器所用的材料就已

---

① 刘俊文主编:《日本学者研究中国史论著选译 第一卷 通论》,黄约瑟译,北京:中华书局,1992 年,第 241 页。
② 其实将"交通"解释为"交·通"则更能表达出宫崎市定史学的整体关联性特征。即交通包含着"交"和"通"两个层面的内容,一种指向"道路、货币、资本、文化等适用于交流的事项",一种指向"逻辑层面的分析比较之中的通论性的把握"。
③ 如硬币的两面或同一件事情的两种表述,即"西亚"这一世界文明发源地的引入其实就是世界文化起源一元论的设定。
④ 宫崎市定在《东洋的近世》的结尾讲道,所谓真理即是一种假说,而其基于交通意识构建的世界史体系亦是一个假说——"事实上,如果它真的是公理的话,它必然会自我宣告本身是一个假设"。参见刘俊文主编《日本学者研究中国史论著选译 第一卷:通论》,黄约瑟译,北京:中华书局,1992 年,第 241 页。

经运输到了很远的地方。再从彩色陶器等分布范围很广这一点上,也必然是由于进行了相当的文化交流。因此完全孤立的人群和被隔绝的社会之类的东西实际上从来没有过。人类的生活本来就是像网眼一样相互结合起来的。[①]

接着宫崎又讲道,世界交通的十字路口必定还是在美索不达米亚的周围。该处一方面接近欧洲,一方面靠近非洲,后面还有亚洲大陆。从北往南、从南往北,又从东往西、从西往东,所有物资交流的交通大道都在这里交错汇合。换句话说,这个地方的居民有可能搜集到最丰富的文化和物资,把人类的文明因子和成分最有力地结合起来。所谓文化就是从这些最有利的条件的配合中孕育并发展起来的。人类文化的曙光先于世界各地首先出现于美索不达米亚一带,应该说绝非仅仅由于局部的有利条件,而是更大范围的人类全体积累起来的努力,为了完成进一步的飞跃,而在这片土地上找到了突破口。[②]

由此,我们可以看到,宫崎市定"世界史"史学体系的理论前提之"世界文明一元论"即设定人类文明的起源为西亚地区之假说与作为其史学体系之重要概念的"交通"相互支撑的关系——正是基于"交通"的视点,才论说了"世界文化起源一元论"即"西亚"作为最早文化产生地区的合理性;与此相对,正是在"世界文明一元论"抑或"西亚被引入古代三大分区"的前提下,宫崎市定才在"交通"(东西交流)的视野下描述其"世界史"的历史世界。

而宫崎市定的世界史体系之内,之所以列出了三大区域即欧洲(西欧)、东洋和西亚,却没有以印度为中心的东南亚的位置,亦是因为站在"交通史观"的立场所看到的图景。

宫崎市定在《世界史上的中国与日本》一文中认为,位于东南亚的印度固然是一个不容忽视的巨大的历史文化存在,但是由于印度并不处于历史上的交通要地,其历史文化也就是相对孤立的状态,没有在与周边地域的互动中产生世界范围的影响。而古代日本的命运也是如此,其地理位置的偏僻性决定了其世界史中的位置。

宫崎市定亦曾在《世界史叙说》(原载《亚细亚史研究》第 2 卷)中讲道,世界

---

① 宫崎市定:《宫崎市定论文选集》(下),中国科学院历史研究所翻译组编译,北京:商务印书馆,内部刊行,1965 年,第 135 - 136 页。

② 宫崎市定:《宫崎市定论文选集》(下),中国科学院历史研究所翻译组编译,北京:商务印书馆,内部刊行,1965 年,第 135 - 136 页。

史的体系首先需要依靠最合理的区域划分和时代划分来描绘出它的轮廓。把世界史分为东洋史(即亚细亚史)和西洋史(即欧罗巴史)是很不够的。就是说东洋史至少需要再分为二,即东亚史和西亚史。东亚史①的中心是中国,西亚史的中心则是叙利亚、美索不达米亚,两者中间还有个印度。印度虽然是个巨大的社会,但由于它过去没有出现在世界交通大道上,在世界史上的作用并不那么大,所以为了方便,把它附属于西亚史内,不另设一个项目。②

可以说基于"交通"而引入"西亚"——世界文明的起源地——是其世界史体系的一大特色,也是构成宫崎史学完整的世界史体系的必要条件。③

其次,关于第二点,即完成世界史体系的路径。

在宫崎市定史学体系中,"交通"所具有的不仅在于物理空间上的道路之"交通"意义,更在于"交通"背后文化制度的交流、以货币为路径的资本的流动(资本主义)甚至具有促成东洋民族主义(国民主义)觉醒的作用等更深层次的历史价值和抽象的学术方法论视角。这种基于历史事实的"交通"与具有方法学意义、作为研究路径和方法的"交通",共同构建了宫崎史学中的"交通"之深意,正是基于"交通"所具有的这两个层面和意义,宫崎市定才勾勒出整个(古代)世界的文化交流和资本流动,并最终完成了其(古代)世界史体系的建构。④

宫崎市定的古代世界史图景如下:西亚在古代世界史中的领先地位,欧洲、西亚和东亚三大区域在长时间的历史之中发展出不同的样态,并在相互影响中不断前进。而之所以如此,那是因为在宫崎市定看来,历史上的这三大地区并非一般学者所认为的在古代处于相对孤立的状态下各自发展的情形,事实上,上述三大地区在十五六世纪即所谓欧洲的地理学上的哥伦布大发现之前,就已经存在基于历史事实的交通而产生的互动的关系。这种交通之上不仅有高处

---

① "二战"后,宫崎市定也曾做过由东洋史学转换为亚洲史学的努力,但最终没有取得成功,就其思想史的考量尚不明确,是区域史学的影响抑或加上自己对于"二战"前东洋史学的超越?

② 宫崎市定:《宫崎市定论文选集》(下),中国科学院历史研究所翻译组编译,北京:商务印书馆,内部刊行,1965 年,第 8 页。

③ 宫崎市定世界史视野下的"交通"之关注,并由此引入"西亚"在整个世界史的位置和意义这样的考虑,早在其 1940 年出版的《东洋的朴素主义民族与文明主义社会》中就已经十分清晰了。

④ 参见刘俊文主编《日本学者研究中国史论著选译 第一卷通论》,黄约瑟译,北京:中华书局,1992 年,第 241 页。"交通在历史上的意义,本来就不止 将东洋和西洋结合。交通并不是一种礼仪,把两种东西生硬地绑在一起,而是好像两个用皮带连接在一起的齿轮,一边转动另一边也会同时转动。"

流向低处的文化,除此之外丝绸之路和货币之路尤其是后者给古代带来世界性的影响和意义。①

在宫崎市定有关世界古代史的图景中,似乎缺少了其他地区的描述,其基本的理由亦是基于"交通"的思考。

宫崎市定认为:"人类的文化因为交通得以发达。原来居住在极地的爱斯基摩人和南非、澳洲土著的文化并不繁荣,不仅由于这些地方的自然资源贫乏,也是因为他们远离世界的交通大道,为一般人类的进步所遗忘。人类文化是人类全体合作的产物。一个地方的发明,因为交通成为人类全体的共有物,其他地方受到这个刺激,又做出更新的发明。人类的文化,因时间和地点而差异,虽有不少起伏,但全体不停向上。这个情形只要看看纸、火药、罗盘等的传播路线,便一目了然。而交通偏远地区的居民,无法均沾这种利益,文化水平的差距因此愈来愈大,他们在意识上更加抗拒外来文化,加深社会的封锁性,与外界交通日益困难。"②

而上述西亚、欧洲和东洋这三大文化地域却基于各自交通的重要地位,在古代世界史的范围内相互影响和促发,由此带来人类文化的推进。这一推进最为显著的标志,无疑是以资本主义和国民主义为代表的所谓"近世"的出现。

"近世"亦是首先出现在西亚,然后是东洋,最后才出现在西方,而西方近世的确立,也无疑因为事实存在的"交通"而受到了西亚和东洋的影响和刺激,包括思想观念的交流以及工业革命所需的世界其他地区的原材料市场等的联系。对此,宫崎市定亦曾在论证东洋(中国)的近世是如何出现时,基于三大区域交互影响的考虑,强调中国古代历史上横断亚洲的大陆交通路线和海上交通路线与资本的密切关联:

---

① 宫崎市定「世界史における中国と日本」,『東風西雅』,東京:岩波書店、1978 年、第 380 頁。原文:この十五、十六世紀以前の東西の交通は、分量的に少なく、時間的にも遅かった。しかしその効果は、長い時間をかければ結局同じ事になる。新しい交通路が開けましてから銀が盛んに移動するので、この銀の移動が東西の社会に大きな影響を及ぼしますが、同じ事が古代にもあったに違いない。それは相当長い時間をかけてきめが現われた。
② 参见刘俊文主编《日本学者研究中国史论著选译 第一卷通论》,黄约瑟译,北京:中华书局,1992 年,第 162 页。

> 中国内陆南北大运河在隋炀帝时代的开通,中国不再是东西交通终点的死胡同,而成为世界循环交通路线的一环。随着世界交通开始循环流动的,不仅仅是文化的交流,更多的是波斯和阿拉伯等被称为胡人带来的商业资本进入国际贸易体系:东西世界市场的开辟、通货的流行乃至以宋代为代表的资本主义统治的出现等。①

正如汪晖指出的那样:"宫崎市定试图通过'交通'把不同区域的历史连接在一起,并从这一视野出发阐释'宋代资本主义''东洋的近世'以及'国民主义'(民族主义)。这一方法事实上包含了超越历史研究中的普遍主义和特殊主义之争的可能性。"②

而论及西方欧洲的近世的产生,宫崎市定则在《东洋的近代》一文中的结尾讲到欧洲的文艺复兴与工业革命产生的历史发展中,西亚尤其是东洋曾给予的刺激与影响时,指出欧洲产业革命的成功必须从与东洋的贸易中获得资本积累,机器运转不仅需要国内廉价的劳动力,更需要东洋提供的原料和市场。

宫崎市定还写道,如果西欧社会没有和东洋的"交通",工业革命大概不会发生。③

同样,在推论东洋思想给予欧洲的法国大革命等政治革命的影响时,又说,法国革命这一伟大的欧洲文艺复兴以来人文主义运动的发生,与基于和东洋之间的"交通"有着密切的关系。④

要之,在"交通"的方法论视野之中,近世以降直到宫崎市定所主张的"最近世"即"近代"阶段,以三大文化区域为代表的整个世界都是基于"交通"而发生着经济货币、物质文化、商品贸易以及思想观念等各个层面的联系和相互影响,

---

① 宫崎市定『宫崎市定全集 2 東洋史』、東京:岩波書店、1993 年、第 154 頁。
② 汪晖:《亚洲想象的历史条件》,http://www.unirule.org.cn/symposium/c207.htm。该文是 2001 年 12 月 28 日汪晖在北京天则经济研究所第 207 次天则双周学术讨论会上的主题演讲,由高飞整理成文。
③ 参见刘俊文主编《日本学者研究中国史论著选译 第一卷通论》,黄约瑟译,北京:中华书局,1992 年,第 238 页。
④ 参见刘俊文主编《日本学者研究中国史论著选译 第一卷通论》,黄约瑟译,北京:中华书局,1992 年,第 239 页。

并推动着人类社会整体形态的不断进步,宫崎市定也正是基于"交通"构建了他独特的世界史体系。

不仅如此,在宫崎市定的世界史体系内,基于"交通"的观察,还可发现近世民族主义的觉醒也与其所在地域的交通有着密切的关系。如在《东洋的近世》之"世界和东洋交通概观"章节中,宫崎讲到宋代出现的西夏,虽然是一个内陆小政权,但因为在重要的交通线上,成为宋朝通往西亚的障碍,故战争数十年不断,由此也促发了其民族意识的高涨和觉醒。而在其文章《西夏之兴起与青白盐问题》①一文,宫崎曾经这样说:"中国边境附近地区诸异民族的这种民族自觉,不能和遥远的外蒙古等民族自觉一样看待。我以为这就是东洋近世史从唐末开始的重大理由。"②

如前所述,在宫崎市定看来,"交通"不仅是商品物资的交换,也不单是文化知识的传播和交流之表象形式,还有作用于人类对外界世界的认知之后所受到的刺激、惊讶和热爱乃至本民族意识的觉醒等层面,以及由此形成的历史的发展动力。

另外,宫崎市定还认为"交通"对于历史的推动和文化的发展虽然重要,可以说是文化发展的必要条件,却是非充分必要条件。宫崎曾讲到古来处于世界交通中心位置的民族和地域不一定文化繁荣,其原因在于文化在那里经过,但没有积蓄、沉积下来。③

因此,"交通"不单是宫崎市定据此完成其世界史体系的途径和手段,亦是我们观察和理解宫崎市定世界史体系及其史学观念的途径和手段。

最后,特别值得注意的是,在宫崎市定的论述中,所谓基于历史事实的"交通"并非完全是实证的结果,往往与逻辑的推论和想象相关。

如宫崎市定主张,中国的历史黎明以及之后历史的进程受到了西亚文化的

---

① 宫崎市定『亜洲史研究　1』,京都:东洋史学会、1957 年、第 293 - 310 頁。原载『東亜経済研究』第 18 卷第 2 号,1934 年 4 月;后又收入『宫崎市定全集 9　五代宋初』。

② 宫崎市定:《宫崎市定论文选集》(上),中国科学院历史研究所翻译组编译,北京:商务印书馆,内部刊行,1963 年,第 217 页。

③ 宫崎市定:《宫崎市定论文选集》(上),中国科学院历史研究所翻译组编译,北京:商务印书馆,内部刊行,1963 年,第 217 页。这一论断与将日本文化视为终点的文化、人类文化优秀之结晶的国度理念是一体的,没有积蓄下来不外乎民族自身对外来文化的吸取是否擅长(优劣与否)以及较少有外部的强敌之压力与破坏。对于第二点,宫崎市定在文中讲到"物资和文化都是十分胆怯的事物,他们逃避不安的土地"。

影响。对于这种基于"事实上的历史联系"即"交通"的影响,宫崎市定并没有提供确凿的考古和历史学证据。[①]

在《东洋史上的日本》一书中,他也讲到"新石器时代的世界交通干线在何处、通往何方的历史知识,难以实证获得,但若据后世的状态推测,我想也大抵不会陷入太多错误"。[②]

概言之,宫崎史学中的"交通"不再仅仅是一种反映世界史观本质的史学观念,它更兼备了一种方法论的作用和意义。正是基于"交通"的史学观念和研究路径,使得宫崎市定实践了其具体的历史研究,并在"比较"之方法和手段的参照运用中,确立了其世界史的体系建构,成就了丰硕的宫崎史学之成就。而这种基于"交通"的实证、推论和想象的方法与思维,理应被我们视为宫崎市定构建,亦是我们理解其构建"世界史"体系的主要方法论路径和方式之一。[③]

二、作为方法的"比较"[④]

运用比较研究或者比较思维,是研究者常用的一种研究手段或思维方法。"比较研究"被有的学者称为 Comparative study,而"比较"一词英文多以 Comparison 为对应词汇,法文写作 Comparaison,德文写作 Komparation,皆来自拉丁语 Comparo。Comparo 由 com 和 paro 两个词根组成,前者意为"共同",后者意为"并列"和"平等",原有不同的事物之间的"结合""联结"之意,进

---

① 宫崎市定『中国古代史概論』,京都:ハーバード・燕京・同志社,1957 年、第 3 - 4 頁。原文:以上は主として、西洋を標準にとった、言わば一つのモデル・ケスであって世界の何れの地域でも、古代史はこのような順序に従って発展を遂げたとは言えない。併し中国においては、大体右に準ずる経過を辿ったといえる。又见宫崎市定《中国古代史概论》,《宫崎市定论文选集》(上),中国科学院历史研究所翻译组编译,北京:商务印书馆,内部刊行,1963 年,第 5 页。以上主要是以西洋为标准而构成的一种典型例子,不能说世界上任何地方的古代都是按照这个顺序而发展的。然而,在中国,可以说大体上也是经过近似上述顺序的。

② 宫崎市定「東洋史の上の日本」,『日本文化研究 I』,東京:新潮社、1958 年、第 10 頁。

③ 反观中国史学中的交通研究,自成一体并且高度发达的中国传统史学对于交通似乎并未重视,在整个中国古代的知识体系中,交通似乎没有占有一席之地。二十五部史书也仅有 9 部在涉及社会生活的"志"之部分,描述"车服""舆服"制度时稍有触及。

④ 使用"比较"原因有二,其一比较与分析其实属于同一个思维的过程中既区别又联系的两个不可分离的方面;其二,在"比较"的思维和方法运用,反映在外在的叙述风格则是非记述而是"分析"的表述。这也是宫崎市定史学一个十分重要的方面。

而引申为"比较""对照"的意思。①

众所周知,比较是人类认识世界万物、分辨差异和相同的基础思维和方法。古罗马著名学者塔西佗就曾意识到:一个人如果要想认识自己,把自己同别人进行比较是一种自然的选择。随着近代科学的兴起,尤其是实证主义对于比较研究的重视和实践,比较研究日益成为一种为学界公认的研究模式和路径。A. 孔德就认为比较研究的方法是实证科学的基础工具。学术研究发展至今,与此相应,比较研究法也被普遍接受和使用于各个领域和学科。在有的学科,如比较文学的"比较"已经不再是简单地比较思维和方法,更是上升为学术方法论的位置,而在史学学科内部也产生了比较史学的专门研究领域。

第一,历史研究中的"比较":特殊与普遍。

按照哈特姆特·科尔布勒的观点,历史学科中的"比较",主要对历史中存在之社会之间的相同与相异、差异性与一致性、传接与隔绝进行描述、分析和归类。而以历史比较的目的为着眼点,可以将之分为分析性比较、启迪式比较、理解性比较和认同式比较。而且,在 19—20 世纪,大多数的比较多设定在民族之间。②

就历史学研究中的"比较"的运用而言,仍然是在纵向和横向两个思维的向度进行。从时间上可进行纵向历时性(diachronic)比较同一对象,如国家、民族、社会结构或集团在不同时期中的状况、特征等),亦可横向共时性(synchronic)比较同一时期中不同对象,如国家、民族、社会结构或集团的状况、特征等。"前者说明历史发展的趋势和脉络,后者说明历史的时代性和特征。"③

问题也从这里产生,对于一个民族和国家的历时性考察就可以得出普遍性的适于世界史的规律性的结论吗? 对于同一时期的不同国家和民族的考察和分析,如何得出这个时代整个世界性的总体特征? 且不说后现代史学对于此类话题的反驳和批判,若在承认我们在此讨论的话题的有效性和可实践性的前提

---

① 在中文语境中,如《说文解字》把"比"和"从"分开,前者为两个"人"相背,后者则为两个"人"方向一致。该书对此解释道:"比,相次比也。"即为并列之意,而"较"字为"对照、比照"之意,如《老子》第二章:"长短相形",王弼本则作"长短相较"。

② (德)斯特凡·约尔丹:《历史科学基本概念词典》,孟钟捷译,北京:北京大学出版社,2012 年,第 304 - 305 页。

③ 刘家和:《历史的比较研究与世界历史》,《北京师范大学学报(社会科学版)》1996 年第 5 期,第 46 - 51 页。

下,我们注意到"比较"的背后,尤其是在面对世界史研究的场合,其实是与历史学的普遍性和特殊性联系在一起的,而且这种联系不单是在比较中逻辑的存在,而且还必须是基于历史事实的联系和客观性考察之上的存在。

事实联系的存在告诉我们世界各地、各国抑或各个民族之间的过程及展现的具体面貌和历史图景,而比较研究不仅使得事实联系存在的具体面貌和图景更加具有辨析度,还利于我们从中寻找众多历史事实的"为什么"。①

要言之,亦如刘家和先生指出的,世界史的描述与研究面临的基本问题是"一"与"多"的关系问题,在比较思维或比较研究之必然路径中如何处理普遍性与特殊性之关系是为基本线索,已有的世界史之撰写与建构概莫能外。

另外,在上述世界史的写作中的"比较"相关论述同样适用于在"非世界史"的研究中。因为,比较研究的目的在于把握住事物本质。据此,或许我们可以得出"没有比较就没有认知"的结论;不过,"由于范围的选择,可公度性及语言分类结构是比较者主观预设的结果,因而,事物的本质并非完全外在于比较者而客观存在,它同时有赖于比较者的理论构想"②。

第二,宫崎市定的"比较":以通论为例。

对于历史研究中"比较"的必要,不必赘述,宫崎市定对此也有着自己的理解:"历史学本来就是常识性的学问,而非偏狭、极难理解的。考察人类的过去现象之时,作为历史学家不得不十分'宽容',极为粗线条地观察历史现象,为此,就有必要将西亚的事物和东亚的事物以及欧洲的事物进行相互比较。"③

---

① 在宫崎市定史学中,其比较研究亦非简单的平行比较,而是在基于"交通"的历史事实上的联系互动之考察后的"比较",而且这样的比较还连接着特殊与普遍的思考。在 1940 年发表的文章《历史与盐》中,宫崎市定讲道:"在人类缔造的庞大的社会里,不可能有那种其他地区截然不同的特殊性,更不会有那种特殊发展的道路。东洋和西洋中间夹着伊斯兰世界,彼此接壤,长期互相往来,互相影响,因此他们的社会的发展只不过是有时落后些,有时领先些罢了。"参见宫崎市定《宫崎市定论文选译(下)》,北京:商务印书馆,1965 年,第 229 页。

② 刘家和、陈新:《历史比较初论:比较研究的一般逻辑》,《北京师范大学学报(社会科学版)》2005 年第 5 期,第 67 - 73 页。

③ 宫崎市定「世界史における中国と日本」,『東風西雅』,東京:岩波書店,1978 年、第 389 - 390 页。原文:歴史学とは元来、常識学問であって、そんなに窮屈なまたそんなに難しいものではあるまいと思います。したがって人類の過去の現象というものを考えるという時には、歴史家というものは十分寛容でなければならない。そうしてごく、大ざっぱに歴史の現象を観察すべきものと私は考えております。その為には、西アジアのものと東アジアのもの、またヨーロッパのものをお互いに比較する必要が生じて参ります。

粕谷一希提及宫崎市定的"比较"和"世界史观"关系时曾经说道:"古代、中世和近世的三分法之上建立起来的世界史观,体现了宫崎史学的真风格,这一风格正根基于各自时代固有的发展和东西比较的历史视野。"①

而笔者以下主要讨论的问题是在宫崎市定的"世界史"方法论体系中,"比较"是如何被运用以及其限度如何。如上所述,宫崎市定在其世界史观即世界史的视野与架构之下,运用实证主义、历史阐释学等多种方法和理念,在其独特的区域划分(东洋、西亚和欧洲)和时代划分(古代、中世、近世和最近世)之下做了大量的综合比较研究。②

我们亦可以总结宫崎市定的史学比较研究的两个特色:"世界史观"之下独特的时代划分、区域划分和"综合比较"。而"综合比较"之运用产生的一个特色就是宫崎市定史学所具有的"通论"之特征——所谓通论从逻辑上讲亦可以认为是"比较"的结果——比较双方或多方最大的"通约性论述"即为"通论"。而这种"通论"之特征在比较研究的思维层面上讲,已经达到了"从若干现象的比较中拟定普遍法则"的层面。更为可贵的是,宫崎市定的"普遍法则"是在"世界史"的视野和框架下完成的,不过也正因为如此,其"通论"/"普遍法则"也存在着不足和缺陷,让诸多学者钦佩的同时也必然面对诸多质疑。③

以上笔者对于宫崎市定史学(方法论)的研讨多在作为观念的历史、作为叙述的历史等角度进行展开,笔者将着重从历史的撰写过程抑或撰写过程的具体思维与方法的角度,展开对于宫崎市定史学方法论中"比较"的作用与位置及其效用和限度的探讨。

(一) 宫崎市定史学中的"通论"概述

沿着以上思路,我们将从其"通论"之特征说起,并以其"通论"来解读其内

---

① 粕谷一希:「内藤湖南への旅(8)宫崎市定の位置—『アジア史論』の方法と磁場」、『東北学』第 2 期、2005 年 3 月、第 182 - 191 頁。

② 所谓综合比较研究,主要是指:其一,横向和纵向两个向度的比较之综合运用,其二,运用实证主义、考据学、阐释学、社会人类学等多个学科的思维与方法,其三,涉及政治、经济、社会制度、风俗、思想文化等多个学科。

③ 从逻辑上讲,经由比较分析和选择、组合、抽象而成的"通论"/"普遍法"则存在天然缺陷,寻找一个历史事实的反例便足以否定之。但我们也正是通过无数个这样的容易诱导我们误入歧途的所谓的"通论"认知评判这个世界。参见(英)迈克尔·斯坦福:《历史研究导论》,刘世安译,北京:世界图书出版公司,2012 年,第 104 页。更为有意思的是,宫崎市定也不止一次地说自己反对任何历史哲学和理论,其历史哲学就是历史叙述本身,尤其曾明确反对日本唯物史学所坚持的建立在黑格尔历史哲学之上的马克思社会形态区分法。

在的"比较"思路。"通论"虽然成为诸多宫崎市定史学评论者或阅读者眼中最重要的宫崎市定史学特征之一,但鲜有人将其放在宫崎市定的方法论体系下讨论这一特征的发生学过程和意义。换言之,在笔者看来,宫崎市定在世界史的视野和框架下,运用综合的比较研究获得的一个结果,即是其史学的"通论"产生之过程。

所谓"通论",注解不一,亦无定说,笔者也无意考订此事,但从逻辑上讲,亦可主张是一种"比较"的结果——比较的双方或多方最大的"通约性论述"即为"通论",而这种"通论"之特征在比较研究的思维层面上讲,已经达到了"从若干现象的比较中拟定普遍法则"的层面。

就宫崎市定的史学而言,其时间的跨度上可谓贯穿古今(自人类文明起源至其当下社会即 20 世纪 90 年代,对其而言所有时代);空间维度上又纵横东西(欧洲、西亚和东亚乃至美洲、印度等整个世界),且内容涉及人类历史的各个层面(政治、经济、交通、民族、宗教乃至人物史、文化史和制度史等,被称为百科全书式的学者。所谓"历史",按照宫崎市定的解读,历史即为人类过去的总和)。其史学研究整体看来,带有鲜明的通史性论述的性格,然而,笔者所要指出的是,宫崎史学的"通论"更接近于"通史性的论断和图式"抑或"普遍法则"。

从这个角度上讲,前一章节所讨论的宫崎市定方法论体系的核心观念前提即世界史观所构建的有关世界史的论述和图景,正是宫崎市定史学中最为宏大的"通论"。

这一点可以从学界对于宫崎市定史学达成的一个共识得到印证。即宫崎市定的研究,从博通的中国史文献广阔视野出发,研究对象涉及中国历史的所有时代,在政治、经济、文化和东西交流史等诸多层面,通过具体的实证性研究,进而对中国史有了体系性的把握,还将之放在世界史的整体发展过程中予以考察和定位。而以平易明快的风格写成的《中国史》等其他通史性的杰作,也都将其学问的风貌和特质充分地表现。总的来说,精细具体的实证研究与阔达雄浑的通史性叙述如此紧密地结合,对于一名历史学家而言,是极为罕见的事例。[①]

以上评价不仅有助于我们了解宫崎市定史学之"通论"特征,也让我们还看到了宫崎市定的"通论"是在世界史的体系内体系性的把握之上而完成的。即

---

① 礪波護、藤井譲治編著『京大東洋学の百年』、京都：京都大学学術出版会、2002 年、第 224 頁。

亦证明了我们将其"世界史体系"看成宫崎市定第一层面的"通论"的合理性。

(二)"通论"之一:四个时代划分

为了免于反复论说的诟病,更出于逻辑设定上的合理之考虑,我们将通论设定在方法论体系之下来论说其"通论"的特色。由此,我们亦可以看到宫崎市定史学中诸多"通论"的论断和图式。如此,其《西洋的文艺复兴与东洋的文艺复兴》《东洋的近世》等论述中集中展现的"四个时代区分论"之通史性的论断以及《中国奢侈的变迁》(「中国に於ける奢侈の変遷」)、《历史与盐》等论文所展现出的通史性视域和论断,就自然进入我们的视野。而在众多学者眼中,最具宫崎市定代表性的"通论",非其"时代划分论"莫属。

宫崎市定的"时代划分论"明显是建立在内藤湖南的"时代划分论"基础之上的,但两者是既有联系也有区别的关系:内藤湖南的时代划分仅适用于中国历史,宫崎则将之扩展而适用于世界史;内藤的时代划分除了一个过渡期之外为上古、中世和近世,宫崎则将过渡期忽略而增加一个最近世,即古代、中世、近世和最近世等。可以说宫崎市定的"时代划分论"进一步发展了内藤湖南的相关论点。另外,宫崎市定还继承了内藤湖南的基本模式,即以西欧之近世比照东洋的路径。

在《东洋的近世》一文正文开头,宫崎市定就讲道:"欧洲是世界全体中的一个特殊地域,不言自明。把特殊地域的历史发展模型原封不动地应用于其他地域,自然有很大的危险。不过,既然我们的态度是将特殊的事物尝试应用在一般事物上,则所谓特殊事物实际上便不再特殊,我们只将它当作一个一般性的样本来处理。这样,古代、中世、近世各自所有的意义,必须从欧洲史以外的立场重新检讨,并且在不得已之时做出若干修正。从特殊事例中抽出一般性的时候,中心自然放在整体精神上多于放在事物现象上。既然要提一般性,前提就是要相互比较,所以首先成为问题的,是可以具体把握的形象。"①

---

① 宫崎市定『宫崎市定全集 2　東洋的近代』、東京:岩波書店、1991 年、第 139 頁。原文:歴史年代の三分法、即ち全歴史時代を、古代史・中世史・近世史の三時期に分って理解する方法は、先ず西洋史において確立せられ、現今でも大体異議なくそれが承認されているようである。ところでこういう考え方をそのまま、西洋以外の世界に当てはめることが出来るかどうか。これについては大分に異論があろう。

ヨーロッパは言うまでもなく、世界全体の中の一特殊地域である。特殊地域において行われた歴史発展の型を、そのまま他の地域に応用しようという時には、勿論大きな危険を伴　(转下页)

由上可知,在宫崎市定史学中不仅仅指出了欧洲时代划分论的特殊性,而且还在认知论上,将亚洲和欧洲放在同等重要的位置,主张必须从欧洲史以外的立场重新检讨,必要时还要做出若干的修正。最值得我们关注和评判的是,宫崎市定还注意到了将特殊性扩展为普遍性存在的危险,即把特殊地域的历史发展模型原封不动地应用在其他地域自然有很大的风险。基于这样的思考,宫崎市定显得异常慎重,首先从理论上肯定了其做法的合理性,而在这样的观念和理解下,具体该如何操作呢? 宫崎市定提到了以下几点:①

第一,必须从欧洲史以外的立场重新检讨,必要时做出若干修正。

第二,从"整体精神"观察多于具体事物上。

第三,具体路径:相互比较,并选择可比较的内容。

在该文的前言中,宫崎市定写道:"在世界史体系考察的立场,以西洋为主、东洋为辅是为向来的立场,必须做出改变了。东洋,不应该是通过西洋之眼远眺之物,而应将之放在与西洋对等的立场。"②

可见,宫崎市定的初衷是站在世界史体系的立场上,讨论西洋和东洋如何纳入一个"世界史"的论说,且有明确反对"西方中心主义"之意图。从这一点

（接上页）う。併しながら既に特殊なものを一般に応用しようという態度を定めた時には、いわゆる特殊なものは実は特殊ではなくなっているのである。それは一般性をもった一つの標本として扱われているのである。従って古代・中世・近世、それぞれの有する意義は、ヨーロッパ史以外の立場から再検討を加えられ、已むを得ない場合には若干の修正も施されなければならないであろう。

　特殊な事例から一般性を引出そうという時には、勢いそれが精神的なものよりも現象的なものに重きを置くようになるのは当然である。一般性という以上、それは互いの比較を前提としているのであるから、具体的に把握の出来る形相が先ず問題となる。

① 关于宫崎市定这篇著名论文的翻译也有讨论的余地。在中华书局出版刘俊文主编、黄约瑟翻译的《日本学者研究中国史论著选译》第一卷《通论》中全文翻译了该文,译名为《东洋的近世》,与日文「東洋史的近世」在视觉上似乎完全一致,但还有一个从语言学上更为普遍的翻译,应为《东洋式的近世》,后者比前者更强调"东洋"对于(欧洲的)"近世"的修正与补充,且在该文的前言(中华书局版没有翻译)中宫崎市定还讲道,站在世界史的立场,西洋与东洋应该站在对等的位置,不能仅仅通过"西洋之眼"观察东洋之意。这一观察和意见还可以从宫崎市定的该文原文的目次上看出,目次上分别出现类似表述"東洋的近世"三次,其中第三次出现则是和西洋的近世并列:東洋の近世と西洋の近世。

② 宫崎市定『宫崎市定全集 2 東洋的近代』、東京:岩波書店、1991 年、第 134 頁。原文:世界史の体系を考える場合、西洋を主とし、東洋を附属とする従来の立場は、根本的に改められなければならない。東洋は西洋の眼を通して眺めらるべきものでなく、西洋と対等に置いて見くらべらるべきものである。この明白な道理が、いざ実行の段取りになると、いかに履々無雑作にも踏みにじられてきたことか。

看,我们与其说宫崎市定在使用欧洲的特殊性观察东洋、寻求普遍法则,毋宁说宫崎是在寻求东洋自身①适用于欧洲乃至世界的普遍性。

但是,由于逻辑的出发点是已经成为体系和理论支撑的欧洲的"近代",这样的历史观念已经潜移默化自然而然地成为包括内藤湖南、宫崎市定等在内的日本历史学者自身的一部分,即宫崎市定本人有关"近代"的观念体认本就来自西方,如何能够自己反对自己,或更为深刻地自省与自我辨识?

需要说明的是,对于宫崎市定反对"西方中心主义"的判断与情况,即宫崎市定的"反西方中心主义"的立场和意图等,汪晖等学者基于《东洋的近世》一文的翻译文本而提出的意见尚有不准确的地方。原因有三:

其一,汪晖仅仅拿此文来论说宫崎市定乃至整个京都学派的学术脉络和思想本质,多少有些力不从心。(从逻辑上讲亦有问题)

其二,宫崎市定"反对西方中心主义"学说不仅仅站在世界史的立场,其实也与其"日本民族的立场"密切相关。该思想源于"二战"前,且与日本所谓"近代的超克"异曲同工,甚至就是同一曲目的不同场次或局部之音阶。

其三,非西方国家和地区的学术思想界至今未能走出西学东渐以来的最大困境。宫崎市定等日本"东洋史学"学者当年面临的困境也正是我们今日包括东亚、中亚等地区和国家的学术思想界最大的问题所在。今日国内学界一方面反对西方中心主义和霸权,一方面又使用西方的话语和方法,包括近代学科和思维的全面西化,如非得寻找一个类似于西方的"逻辑斯"(Logic)。西方已经成为我们自身的一部分,何以反抗,以何反抗? 或许,也正是由此出发,汪晖教授等学人积极倡导深化日本"东洋史学"包括内藤与宫崎的唐宋变革论在内的学科史和思想史研究。在多数学者看来,内藤和宫崎史学中所提出的"唐宋变革论"内部存在一种不言而喻的指向,即假定以中国为代表的东洋文明在不受到外界的刺激之下,也可以在历史的自然发展中获得属于自己的"近代"。

回到本节正题,从《东洋的近世》的具体论述中,我们也发现宫崎市定的确

---

① 在宫崎市定看来,东洋史应该是包含日本在内,或者至少是与日本史研究不可分离的研究领域,这与桑原骘藏等京都学派的学风有关。详见宫崎市定《解说》(桑原隲藏『桑原隲藏全集　第 4 卷　中等東洋史』、岩波書店、1988 年、第 762 頁)。

也存在用欧洲之"近世"比照东洋的思路。对照东西方近世中的相同与差异①，宫崎认为可以由此说明西方的"近世"所具有的普遍性，但又强调说其普遍性绝非要说明西洋的"近世"优于东洋的"近世"。正如我们在"交通"之节所述，在宫崎看来，西方的"近世"其实是在东洋的"近世"刺激下产生的。如宫崎曾在《东洋的近世》的序言中写道："在我们猝然否定比西洋更早开始的东洋近世前，请试站在马可波罗的位置看一看元代；或化身为利玛窦，观察一下明代的社会。这实际上是将东洋的近世放在一个曾经领先于西洋近世的历史的视角上来观察的。"②

　　因此，宫崎主张历史研究者不能否认东洋社会曾在世界古代史的一段时期内处于领导和领先的事实。这个时期就是宫崎市定所说的"东洋的近世"，强调以"历史"的思维来观察现实世界中的一些现象。此外，宫崎市定还指出，在世界史的范围内我们可以发现一种各地区（东西方）之间发展不平衡和相互影响的历史事实。③ 如他以绘画领域为例，分析了东洋的文艺复兴即"近世"文化对于西方绘画艺术之文艺复兴的刺激和影响。他甚至还认为似乎只有西方才能产生的"工业革命"和"法国大革命"等历史现象中，也潜藏着来自东方文明的重要推动因素。故，宫崎市定站在史学目的论（证明古代东方对西方的刺激和影响）的立场上，才在《东洋的近世》正文的第一部分就世界和东洋的交通情况做充分的论述。

　　由是观之，宫崎市定在内藤湖南有关中国历史的时代划分之上，不仅进一步从经济史和文化史、制度史层面多方论证了中国史的"近世"之情形，而且更将这种研究明确定位在"世界史"立场之下的基于与西方对照的视野中加以比较研究。

　　故，宫崎市定特有的"四个时代划分论"的得出，不仅是将东洋与欧洲的比

---

① 宫崎市定也承认东西存在着一些差异，比如中世东西方之别即欧洲的形态是封建制度，而中国的形态是豪强贵族的地方自治。但为了寻找一种普遍意义的近世，宫崎市定在差异中也看到了内在的相似，如中世东西方内在的分裂倾向与退步等。

② 宫崎市定『宫崎市定全集 2　東洋的近代』、東京：岩波書店、1991 年、第 131 頁。

③ 在 1940 年发表的文章《历史与盐》中，宫崎市定讲道"在人类缔造的庞大的社会里，不可能有那种和其他地区截然不同的特殊性。更不会有那种特殊发展的道路。东洋和西洋中间夹着伊斯兰世界，彼此接壤，长期互相往来，互相影响，因此他们的社会的发展只不过是有时落后些，有时领先些罢了"。参见宫崎市定《宫崎市定论文选集》（下），中国科学院历史研究所翻译组编译，北京：商务印书馆，内部刊行，1965 年，第 229 页。

较结果(将欧洲和亚洲均相对化,并历史性地比较分析,而非简单以西方标准审视东方),也是将自己的考察和思考比照其老师内藤湖南和欧洲已有的时代划分论之后的结果。一个是以历史为对象的研究之比较,一个是史学史层面的比照和发展——在比较之后获得新的认同与结论。

此外,需要补充说明的是,就"比较"和"交通"两者之间的关系而言,在宫崎市定史学中,后者是前者的历史前提,没有对于历史上欧亚大陆东西间基于交通的交流和互动影响的研究,"比较"就缺乏实证基础和有效性的保证,历史上所谓的"异同"多与事实的影响相关,这种基于"交通"的交流和影响,从而产生出的社会形态的变化遂成为"比较"的具体对象和历史前提,按照宫崎市定本人的话来讲,即是"关联的比较还是平行的比较之问题"①;而前者是后者的理论提升,没有"比较"只有单纯的基于"交通"的影响研究,就无法辨别这种基于"交通"的影响的具体程度和意义,就无法把握一种文化对于别的文化的变异与吸收的状态,从而进行较为合理的时代与区域的划分。两者统一在宫崎市定以"世界史(体系)"为核心的方法论之中,共同作为既是史学观念和思维又是手段和路径的存在,共同在基于"交通"的欧亚三大地域的历史交流与互动影响的史实之实证层面、基于"比较"的欧亚三大地域的政治、经济、文化等社会形态的普遍法则得以确认的逻辑推理层面完成"世界史(体系)"图景的描述,此种基于"交通"和"比较"的史学观念和路径方法又贯穿于宫崎市定的史学内部,形成宫崎市定体系化的整体特征。

如,《东方的文艺复兴和西方的文艺复兴》(原连载《史林》第25卷第4期—第26卷第1期)一文就明显地体现出宫崎市定的"比较研究"的思维和方式,即宫崎市定并不只是用类推和对比的方式,在观察到西方的文艺复兴之后,而从中国历史寻找相似的痕迹,反而是基于宋代的文化实际上对于西方的文艺复兴产生的事实影响,才进入分析的过程,并试图得到宋代也有自己的"文艺复兴"之结论。②

---

① 刘俊文主编:《日本学者研究中国史论著选译 第一卷 通论》,黄约瑟译,北京:中华书局,1992年,第236页。这里出现的问题是东洋和西洋两个世界的历史发展究竟是平行,还是有关联。过去的历史观在处理东洋和西洋时,较倾向于二者为两个世界,彼此风马牛不相及,互不相关。后来的历史研究虽然日渐证明了这两个世界之间从古开始便有密切的交通,但似乎认为它们并不曾左右大势。
② 宫崎市定:《宫崎市定论文选集》(下),中国科学院历史研究所翻译组编译,北京:商务印书馆,内部刊行,1965年,第177页。

　　由此可见,宫崎市定有意想要排除西方中心主义史观的影响,并有意回避在东西方两者之间进行简单的比较研究之方式,而从东方对于西方的影响之视点出发,基于事实联系的关联性比较,并借此发现东方历史具有的普遍意义。

　　另外,若从宫崎市定据此完成的历史研究实践观察,"比较"与"交通"又往往成为宫崎市定历史研究中同一个史学问题(抑或整个世界史体系)描述的不同侧面。

　　如基于"比较"的东洋(中国)的时代划分,若以"交通"之视角考察,其描述如下:"宋代以后的运河中心时代,中国社会中心沿着运河线移动,不是孤立的现象,而是由于各种其他社会情势在彼此有关、互为因果的情况下,所形成的近世社会的特征。大运河的机能是交通运输,所谓运河时代就是商业时代。事实上由中世进入近世后,中国的商业发展得面目一新,首先需要从通货方面考察。"①

　　而基于"比较"区别出的"中世"和"近世"的都市,在"交通"的立场上看,则可有如下表述:官厅住宅群的中世的都市到了这时变为近世的商业交通都市。②

　　综上,"比较"与"交通"既在历史经验意义上相辅成立,亦在形而上学的历史哲学层面交互作用于宫崎市定的史学世界,并共同构筑成一个整体的宫崎世界史的体系。

---

① 宫崎市定:《宫崎市定论文选集》(下),中国科学院历史研究所翻译组编译,北京:商务印书馆,内部刊行,1965年,第170-171。
② 宫崎市定:《宫崎市定论文选集》(下),中国科学院历史研究所翻译组编译,北京:商务印书馆,内部刊行,1965年,第175页。

"东洋史学"思想脉络及其变异

  日本学者色川大吉曾经在《明治的文化》一书中论述明治汉诗的流行时,言及明治时代文化的整体趋势:"并非'欧化'与'国粹'两股波浪的简单交错反复,汉诗文是在'欧化'这一压倒性的潮流中小波澜不时出现。"[①]换言之,日本近现代文化发展的过程是中国、日本与西洋三者之间互相碰撞与融合的多元文化内共生的历史,我们也只有从这三种文化之间的对撞与交流这一角度进行考察,才能够比较完整而准确地把握日本的近现代思想/文化史。

  面对日本近代史中出现的"东洋史学"这一独特的存在,其背后的思想脉络也需要从日本、中国与西洋这三个相互碰撞与交叠的视角出发方能把握。

  在前面章节中已经提及日本思想文化界如何转换"东洋"这一概念的历程,可以说,"东洋"一词几经流转,欧洲中心主义者视野下的"停滞"的"东洋"的形象,最终被构建成为一种日本观察世界的视角和机制,这种视角和机制最典型的代表就是日本"东洋史学"这一文化变异体的出现。在"东洋史学"的体系内,日本时而出现在"东洋"之内,抗衡与对话"西洋"的近代性;时而抽身其外,以摆脱"西洋"视角下落后与野蛮的"东洋/中国"。即便日本被放置在"东洋"之内,"日本"的形象也变动不居,时而与中国联合并进,时而被放置在解放者和引领者的位置。

  在上述日本"东洋史学"的思想易变之中,"日本"无疑是这一学术机制所要

---

① 色川大吉『明治の文化』、岩波書店、2007 年、第 140 – 141 頁。

构建的对象和目的,确立怎样以及如何完成"日本"近代性的塑造和建构,是"东洋史学"的题中之义,而"西洋""中国"抑或"东洋"在历史哲学的意义上,仅仅是一种"符号化"的存在吗? 仅仅是日本近代自我形象确立的参照物和手段吗? 以历史发展的事实观之,日本"东洋史学"整体变异、顺应、配合日本对外的殖民主义扩张,不正说明了日本"东洋史学"在历史哲学层面的堕落和无能吗? 若要回答这些疑问,我们就不得不面对作为"东洋史学"家的主体性问题——这样一个极为重要却在当今学界鲜有追问的问题。

在谈及历史研究的主体性问题之后,我们再从史学方法论的视角去观察和审视日本"东洋史学"的思想易变,或会发现,"东洋"/"中国"的落后和野蛮也罢,"西洋"的文明和理性也罢,日本"东洋史学"的目的和归依始终是"为了日本",其背后的民族主义情感与立场迫使"西洋"的"近代性"和"东洋"的"停滞"一样,沦为视日本为世界现代文化之"明珠"的背影和途径。而正是在上述思想的易变之中,日本的"东洋史学"最终成为给日本对外殖民提供"合法""合情""合理"的"帝国学知"的生产者和侵略工具。

第一节　历史研究的主体性

历史是科学还是其他,未有定论。罗素(Bertrand Arthur william Russell,1872—1970)的"历史是科学还是艺术"之问尚不绝于耳,海登怀特(Hayden White, 1928—2018)又提出了历史学可以修辞与虚构的命题亟待回应。何兆武先生则统筹各方意见,指出史家治史三个层面,即认识史料、人文精神和人性探微。由此观之,历史学固然是近代学科发展较为成熟者,但学科非单纯的科学,更非自然科学,很难以客观与否做简单的评判,尤其面对国际中国学研究抑或海外的中国历史研究之领域,更需多层面立体性、历史性地考察辨析,绝非"他山之石、可以攻玉"一言蔽之。[①]

[①] 正如严绍璗先生近年来多次在各种场合所指出的那样:"'Sinology'是一门在国际文化中涉及双边或多边文化关系的近代边缘性的学术,它以'中国文化'作为研究的'客体',以研究者各自的'本土文化语境'作为观察'客体'的基点,在'跨文化'的层面上各自表述其研究的结果,它具有'泛比较文化'的性质。"参见严绍璗《我对国际 Sinology 的理解和思考》,《比较文学与文化"变异体"研究》,　(转下页)

宫崎市定曾在《中国的历史思想》①等多处讲到何为历史学的问题,认为所有的学科中历史学是最尊重客观性的学问,他反对只有理论没有叙述的历史学。但怎样叙述、叙述什么其实也是一种历史学的理论和哲学,故在本章中,笔者关注的不是叙述了什么,如何叙述及其原因是我们更应该追问之处。为此,我们首先需要探讨的是历史叙述主体的问题。

"我们坐在金字塔前,阅尽诸民族的兴亡;战争、和平、洪水泛滥——都像若无其事一般。"②这是德国诗人歌德(Johann Welfgang von Goethe, 1749—1832)在《浮士德》中对于斯芬克斯们的描述,这一描述被兰克史学的反对者们所借用,并以此讽刺兰克史学的态度和个人风格,嘲弄由兰克确立的实证主义史学模式。需要注意的是,这样的嘲讽,恰恰多来自兰克和歌德所在国度之外的国家和地区。

一般而言,兰克史学在后来者的心目中似乎就是要以客观之态度严谨地如实书写。这样理解下的兰克史学,自然要求认识的主体性要在历史认识中消失为宜,似乎唯有如此,才能对得起以客观为标准的历史学的科学性。正如李然、贺永泉在文中指出的那样:"不容否认,兰克史学在历史学发展史上具有里程碑式的意义,它使史学摆脱了神学的婢女和哲学的附庸地位,一跃而跻身于科学的行列。"③

但十分可惜的是,史学家迄今为止都不曾真正确立史学之自主地位,而迷失在"发现"一种类似于自然科学中的"因果律":"史学由此又沦为科学的奴仆。不过,事情在后来又发生了一些变化,人们开始重视书写历史者的主体性的倾向,出现了兰克史学的批判声音,其中还不乏史学大家,从德罗伊生的'历史释义学'到狄尔泰的'历史是生命力的体现'和阿克顿以自由作为历史的中轴线的主张;从新康德主义的文德尔班、李凯尔特在逻辑和方法论上对历史科学和自

(接上页)上海:复旦大学出版社,2011年,第113页。另外,近年有关"新清史"的争论也颇为热闹,当事人之一的汪荣祖先生曾于2016年12月来北外讲座,负责接待工作之余,我也就此问询了他的意见,他再三强调的一点就是历史学科的主体性问题,此外他还强调日本东洋史学界与美国中国史研究界在方法论层面的互动也应是一个十分有趣而必须关注的地方。

① 宫崎市定「中国の歴史思想」、『宫崎市定全集17 中国文明』、東京:岩波書店、1992年、第222 - 251頁。

② 转引自李然、贺永泉《论历史认识的主体性》,《社会科学》1990年第2期,第71页。

③ 李然、贺永泉:《论历史认识的主体性》,《社会科学》1990年第2期,第71页。

然科学所做的严格区别,到克罗齐历史即当代史和柯林武德历史就是思想史的主张等,都与将兰克史学视为'如实直书'的史学观念背道而驰。"①

而且,有意思的是,在后来的史学界,反对将兰克史学理解为客观主义史学的声音大多来自兰克的祖国,而其他广大地区尤其是发达国家之外的广大地区和美国则基本将之视为客观主义史学典范之形象来接受。

进入 20 世纪,相对论、量子力学、信息论等现代科学的飞跃式发展,对人文学科尤其是主体性哲学等产生了不可估量的影响和冲击。

如,现代物理学相对论的理论:"主体对客体相对时—空特性的认识,依赖于主体参照系的选择。"②即虽然任何一种参照系对于描述同一种物理事件(或者过程)均等价,但对认识主体来说,物理(或过程)的时、空度量却因主体所使用参照系的不同而产生差异,并由此生发出不同的认知和体验过程。

信息论的进步则进一步说明,主体性的认识,实际上就是主体通过实践体验和感受,借由原有的思维结构和知识架构对接触到的信息再次加工的过程,而且这一过程受到诸多干扰和影响,如带有主观期待的与其视野的影响等。

另外,量子力学则直接冲击着人类思维认知的边界,开拓着人类主体认知的水平。如著名的"薛定谔的猫"所显示的"测不准原理":"当把经典物理学的一些共量物理量(如坐标和动量、时间和能动性等)同时运用于微观客体时,它们显示出某种互不相容性。"③

对此,科西克(Karel Kosik, 1926—2003)直言,历史的唯一意义就是人本身。柯林武德(又译柯林伍德,Robin George Collingwood, 1889—1943)则放言:"历史必然有着人的激情、人的希望、人的苦难、人的恐惧。"④在他们眼中,历史学虽然被称为科学,但她首先是作为人学而存在的。以此为前提,也唯其如此,称为"科学"的历史学才没有丧失作为人文学术的独立价值与立场。

另,对于历史研究的主体性和客观性的关系的考察,我们亦可以从"文字"本身着眼。客观涉及研究对象,主观则涉及观察者。在历史学者霍尔本(Hajo

① 李然、贺永泉:《论历史认识的主体性》,《社会科学》1990 年第 2 期,第 71 页。
② 黄少华:《思维微观机制:当代认识论研究的中心》,《兰州大学学报(社会科学版)》1989 年第 3 期,第 84 页。
③ 参见王鹏令《面向主体和科学》,《中国社会科学》1981 年第 3 期,第 68-72 页。
④ (英)柯林武德:《历史的观念》,北京:光明日报出版社,2009 年,第 19-20 页。

Holborn, 1902—1969)看来,关于历史事件的客观知识,唯有经由历史学家的主观经验方能获得。不过,由于我们所接受的客观知识,其实必然是一种间接知识且多经由文字传达,也正如英国历史学家迈克尔·斯坦福(Michael Stanford, 1923—2009),在《历史研究导论》中所言,所谓历史客观的知识,几乎都是凭借文字的描述,故,所谓历史客观知识,不过是某些历史学家公认的若干描述而已。而一个历史事实就是历史学家公认的关于往昔的一种判断。那么,历史学家是如何观察历史的呢? 迈克尔·斯坦福在该书中有这样精彩的论述:"历史学家并非站在观礼台上,而是另一名不受关注的人物,在游行队伍的某一部分艰难跋涉。当游行队伍蜿蜒前行,甚至回转时,其中不同部分之间的关系都在不停转变。"该书还引述了历史学者卡尔(Edward Hallett Carr, 1892—1982)的观点:"历史学家是历史的一部分,他在游行队伍中的位置,决定了他观察往昔的视角。"①

如此看来,历史研究的主体性是历史学中至为关键的问题之一,而构成历史研究主体的历史学家其历史观念和价值立场,即知识视野与价值视野的"位置"决定了他观察历史的视角。

比如,日本"东洋史学"给后来者留下了众多有价值的课题和疑问。围绕历史研究的主体性,就会涉及东京帝国大学与京都帝国大学对东洋史及中国史研究(抑或说东京学派和京都学派)的差异和对立等问题。实际上,双方在学术具体观念和方法上的差异,在史学观念背后的"亚细亚主义"和"脱亚入欧"思想层面的不同,也没有掩盖其内在价值与目的的相同或相似。若以史学方法论的视角来观察,我们会发现,无论是东京学者通过学术和实地调查与经典的重新解构,还是京都学者们创建近代日本中国学的努力,他们都是为了使中国成为可以被客观考察的对象,从中国外在于日本的属性,而建构日本自己外在于中国的所谓"学术事实",并由此试图最终构建对中国进行整体研究的作为研究者的主体性。②

---

① (英)迈克尔·斯坦福:《历史研究导论》,刘世安译,北京:世界图书出版公司,2012 年,第 75 页。韦伯也曾说过,历史与我们的价值观相关。我们去研究历史,只是因为我们能在其中的某一部分找到这些价值观。

② Tanaka, Stefan, *Japan's Orient: Rendering Pasts into History*, (Berkeley: University of California Press), 1993.

故,无论从日本近代中国学史还是日本近代思想史抑或日本近代中国学(东洋史学)的方法论立场上,我们可以明显地察觉到以下事实,即"二战"前以京都帝国大学和东京帝国大学为首的中国研究都具有"帝国学知"性质,日本的"东洋史学"在学术的本质上则是日本在近代化历程中的一种自我确认和定位的途径与方式。

于日本的"东洋史学"而言,构成其(史学方法论体系中的)历史观念和价值立场的最为显著的两个主要部分是以"近代"为核心的史学观念和史学中的民族主义立场。①

第二节 日本"东洋史学"中的"近代"

日本的"近代",与源发于欧洲的"近代"相比,有着明显的二重性品格。即日本的近代性,是外来西方文化直接刺激下产生的,具有一种后发的思想特点,我们可称之为二重性。一方面是接受资本主义的市场化规则和要求,学习和吸收西方的"近代",另一方面又有对西方"近代"的一种拒绝、反抗和克服,其材料来自传统历史文化(东洋)的反弹,而其反抗的手段和方式却又是西方的"近代"。②

在本书中,日本"东洋史学"中的"近代"主要包括两大部分的内容:

第一,历史学中的"近代性"价值立场和史学观念,如近代、近世、国民国家、民族主义、线性发展史观、资本主义生产体系等概念和意识。

---

① 不过,由于又涉及接受者即阅读者一方,故著述本身亦有自身的生命力,不完全受制于作者,还受到接受者的解读和重构。

② 若是站在史学方法的立场上,我们可以看到日本"近代"二重性的三种情形:其一,日本"近代"包含知识和观念,也包括方法和手段,是认知论和方法论的统一。如邪马台位置之争,自内藤湖南与白鸟库吉产生论辩以降,双方阵营的对峙持续了近百年的时间,却至今也没有定论。且争议的双方都是一流的"东洋史学"学者,所依据的材料和论证的方法及手段相同或相近,如地下考古学、文献和考古学的互证、比较语言学等,这些研究的路径和方法以及背后的史学观念等都是西方近代的一部分,然而经由相同的西方的"近代"却得出了不一样的结论。其二,内含肯定与否定:接受并抵抗、克服甚至超越西方的"近代"视野和知识论。其三,自带超克难题:抵抗、克服、超越西方的"近代"的方法和途径是西方的"近代",其中,"中国"也成为一种可能性与实践的途径、手段。换言之,日本要确立自身的"近代",中国成为确立日本"近代"的材料和手段。

第二,历史学中的"近代性"研究方法和手段,如实证主义、兰克史学、二重证据法、田野调查法、文献考古学、比较史学、世界史视野等观念与操作体系及方式。(这一"二重性"问题,在第六章将专题讨论)

我们讨论日本东洋史学中的"近代"抑或"近代性"的问题,往往忽视第二个方面的"近代"问题,而单指"近代"的第一个方面。实际上,这两个方面的"近代"抑或"近代性"互为表里、相互交叠,共同构成了一个立体的日本东洋史学的"近代性"。

一、日本思想界中的"近代"问题

> 然而,东洋(不包含日本在内的中国、印度等亚洲国家,这也是日本东洋史学、日本东洋学的基本逻辑,将自身从落后的"东洋"抽身而出,获得和欧洲对等的位置)没有这样的近代。而日本具有了近代,则唤起了东亚的新时代,高坂①说这是非常具有世界史意义的,我也这样认为。②

这段话出自日本京都帝国大学西洋史学者铃木成高之口,被编入日本《世界史的立场与日本》(中央公论社,1943)一书。该书记录了三次会议的笔录。1941年日本与美国开战不久,由历史哲学家高山岩男、西洋哲学研究者高坂正显、宗教哲学家西谷启治和西洋史学者铃木成高共同召开了三次会谈,分别以"世界史的立场与日本""东亚共荣圈的伦理性与历史性""总力战的哲学"为题进行了讨论。这三次会议又和日本近代思想史上著名("臭名昭著"这样的定语或许更为常人所知)的"近代的超克"之会议相互关联,共同构成并充分地映照出日本近代思想文化史中"近代"的复杂性和不成熟性的品格。

因此,后来者丸山真男和竹内好从不同的角度对此进行了批判:

---

① 高坂正显(1900—1969),日本哲学家,文学博士,京都大学教授,曾任京都大学人文科学研究所所长。1946年因支持战争被开除公职,仍从西田哲学的立场继续写作。1955年重返京都大学任教,1961年任东京学艺大学校长,1967年任国立教育会馆馆长。

② 转引自子安宣邦《东亚论——日本现代思想批判》,赵京华译,长春:吉林人民出版社,2011年,第230页。

> 通过抵抗，东洋将自己近代化了。抵抗的历史便是近代化的历史。未经过抵抗的近代化之路是不存在的。……因为没有经过抵抗，日本不成为其东洋的，同时因为没有自我保护的欲望（没有自我），日本又不成欧洲的，也就是说，日本什么也不是！①

竹内好经由中国革命尤其是鲁迅文学革命的启发，认为像中国这样经过了反抗殖民者斗争的历史才是真正获得属于自己的"近代性"的历史，而日本没有经过反抗帝国主义的经历，因此在竹内好眼里，日本的"近代性"要么是没有自我反思地追随西方，要么是与之对抗并企图超越。日本自诩是西方文化的优等生，妄图以此来指导东洋诸国，抑或赶超西方，都是因为日本的"近代"未经一种自我否定，是一种奴才式的文化。而与日本的"近代"相对应的是中国的"近代"，用竹内好自己的语言来表述，那就是"拒绝成为自己，同时也拒绝成为自己以外的任何东西"，这样的近似于绝望和抵抗，就是一种"自我否定"，不断经由这样的"自我否定"才能抵达以中国为代表的"近代之路"。在这里，实际上，作为日本的中国文学研究者的竹内好为日本的东洋史研究做了一个很好的方法论示范。那就是，面对日本的近代化之路，将自身置于西方与东方之间，徘徊于中国和欧美之间，摇摆于亚洲主义和脱亚之间的思想场域，日本的中国学、日本的东洋史学如何去处理上述层面的关系问题，成为摆在任何一个该领域内的学者面前之命题。而不同的选择反映了不同学者的世界观念，也决定了不同学者的方法论特色。

而无论是选择否定中国而亲近欧美者如白鸟库吉，还是以排除东洋进而超越西方的津田左右吉，还是将日本置身于中国在内的东洋而对抗西方的内藤湖南，又必须面临一个核心的命题，即日本的"近代性"在世界文化之内的位置。

1941 年，日本突袭珍珠港，对美国宣战后，以"近代的超克""世界史的立场与日本"为代表的事件，显示了日本思想文化界的躁动，同时也反映了日本思想界的困境。在丸山真男看来，日本的"近代性"不要说"超克"西方了，其实，日本还未能获得真正的"近代性"。

以下，我们就以日本"东洋史学"界的"近代观念"为中心，讨论一下日本近

---

① 子安宣邦：《东亚论——日本现代思想批判》，赵京华译，长春：吉林人民出版社，2011 年，第 222 页。

代思想文化界的"近代性"问题。

我们知道现代汉语中的"近代"与"近世""现代"及日语中的"近世(きんせい)""近代(きんだい)"以及英语中的"modern""modern age""early modern"等有着历史的关联和逻辑上的对应与错位①,而且,站在不同的出发点有不一样的研讨情形和过程。但有一个基本的不变的事实是:"近代"的立场和视角事关研究中国历史的根本性观念,而且"近代"的相关讨论无法回避其原发性的欧洲中心史观的影响,尤其是在世界史的立场和框架内的观察。

美国著名学者柯文(Paul A. Cohen, 1934—　　)早就注意到西方学界以西方种族中心主义史观审视中国的三大研究范式:帝国主义模式、传统—近代模式、冲击—回应模式,并在对其批评的基础上提出了"中国中心观"之说,这与余英时所提倡的发现中国内在的理路有着异曲同工之意。②

日本国内对中国历史的研究,也大多存在着柯文所述美国学者的一些内在缺陷,在"二战"后又受到美国研究的影响。如日本当代学者子安宣邦就主张:"中国社会的近代需要借助西方外部力量的进入,即自 1850 年始,'东亚'是'被拖到"世界"和"世界史"中去的,而这一'世界',是以西方和西方文明为中心的'世界'"。③

按照子安宣邦的理解,亚洲是被西方的资本主义体系卷入"近代",由此也客观上帮助西方完成了资本主义体系在世界范围内的确立,而确立的标志时间就在 1850 年左右。这一观点明确将"东亚"的中国和日本放在了被动的从属的位置,由外部力量促使开启了中日两国的"近代"历史,而缺乏考虑各自内部的发展脉络。

---

① 即便同一个语言环境内部往往在不同的学科和领域内又由于受制于具体的规则和历史约束,其具体的内涵和外延各有所不同,更遑论由于立场和观念方法的差异造成的个体化特征,如我国世界史领域对于"近代"抑或"现代"立场和观念的差异之现实。

② 柯文的这些观点主要体现在 1984 年出版的《在中国发现历史——中国中心观在美国的兴起》(*Discovering History in China: American Historical Writing on the Recent Chinese Past*)一书中。柯文认为他所批评的三种模式皆是西方中心模式,都在肯定西方近代的工业化的前提下,认为中国社会无法自己产生这一变革或变化,客观上需要西方的外部力量即入侵,中国社会也正是随着外部力量的介入才引起了巨变。由此可见正文中子安宣邦的内在思路与此的同源性。

③ 按照子安宣邦的观点,这一时期发生在中国、日本的一系列东方和西方的冲突具有非常强大的象征性,并以 1840 年的鸦片战争、1853 年的佩里渡航日本、1859 年的日本开放口岸、1860 年英法联军占领北京,以及 1863 年的萨英事件等为例,主张 1850 年在东亚所具有的特定意义。

在哲学层面,如在京都帝国大学的学者群中,以创造新世界史理论为己任的历史学家铃木成高,就曾以德国历史学家兰克和梅尼克(Friedrich Meinecke,1862—1954)思想为依据,提出了超越"欧洲中心主义的世界史",创造以日本为中心的"东洋的世界史"的主张。因此,在他的观念中,第二次世界大战实质上是两种历史观念的冲突和矛盾。换言之,就是以日本为代表的新的历史观念对于旧的欧美在"近代性"层面的超越。他借助西方的近代性思想,主观地为日本创造出一个更为"进步"的"近代",进而摆脱欧美对日本在思想哲学层面的"压迫"。其背后与日本政府,尤其是与日本海军之间的关联早已为人所知,其提出的日本的"近代性"问题,也沦为一种历史的讽刺。[①]

实际上,铃木成高等人的哲学思考来源于京都学派哲学领域的核心人物——西田几多郎。西田几多郎开创了日本的近代哲学之路,弟子众多,影响深远。

1911年,西田几多郎发表了日本近代哲学史上跨时代的巨著——《善的研究》。在思想脉络上,西田几多郎尝试摆脱中国的文化符号和影响,借鉴西方哲学的术语和外壳,创建出属于日本人自己的哲学体系。它也向世界宣告日本的思想哲学——一个民族的指导思想终于不再受制于传统汉学的表达和立场。亦如严绍璗先生所评价的那样:"我们可以把它看成日本传统汉学在经历了近300年的发展之后,于20世纪初走向其终结的主要标志。"[②]

与上述日本近代哲学层面对中国文化的疏离以及对西方近代的借鉴和超越之努力相应,日本近代的史学发生和发展也大致经历了相似的思想历程。

二、宫崎史学中的"近代"

在日语语境中,对应"近代"(modern age)一词,有两个词汇,即"近世

---

① 日本京都学派和日本政府尤其是和日本海军之间的合作情况,详细可参见大桥良介『京都学派と日本海軍——新史料「大島メモ」をめぐって』、东京:PHP研究所、2001年。
② 严绍璗:《日本中国学史》,南昌:江西人民出版社,1991年,第185—186页。1874年(明治七年),当时"明六社"的成员西周刊行了《百一新论》和《致知启蒙》,奠定了日本近代哲学的基础。西周在《百一新论》中首先把西方的"philosophy"定名为"哲学",其主旨则是论述如何以"哲学"的观念在方法论上把诸多的学科统一起来。当然,对西周来说,他使用"哲学"一词,只是提出了一个近代学术的概念,还没有明确地提出哲学的本体问题。这一使命的完成则落在了西田几多郎与其处女作《善的研究》身上。

(KINNSEI/きんせい)"与"近代(KINNDAI/きんだい)"。据1998年第五版《广辞苑》(岩波书店)的解释,两者在历史分期的指称上同义,却存在一种错位,即前者与后者在广义上同义,即共同指向封建社会之后的资本主义社会阶段,对应modern age;但在狭义上,两者不同,"近世(KINNSEI/きんせい)"指向"近代(KINNDAI/きんだい)"之前、"中世(TYUUSEI/ちゅうせい)"之后的一个具有过渡性质的历史时期。

日本史学界有一种较为有影响力的观点主张日文中的"近世"和"近代"分别对应1853年开国之前的德川幕府时期和1853至1945年。这样的观点无疑也是受西方中心视角观察的影响。

而这样一个过渡性的"近世"在日本史学范围内成为一个极为重要的概念被认知和使用,与内藤湖南的"唐宋变革学说"或称"宋代近世论"的影响密不可分。内藤湖南几乎在内田银藏提出日本的近世阶段概念的同时,提出了中国历史的"近世"的概念和具体阶段,两者都试图从中发现各自研究对象的"modernity"。具体而言,在内藤学说背后则是其独具特色的"近代立场",即内藤的文化发展史观。①

而与此相对,日本史学界在明治维新之前就已接受文明史学的影响。其代表人物福泽谕吉就批判儒学影响下的旧史学思想,重视以欧美为标准和目标的文明开化,认为在西方力量冲击下而产生的回应之明治维新就是日本近代的开始,而日本通过明治维新,取得所谓近代化的成功,实现了"脱亚入欧"的迈进,并基于此蔑视中国的近代化的挫折和落后,也被后来的学者在观念上所继承。而且,从"东洋史学"的产生伊始,由于是借鉴西方东方学的视野和架构以及内在的西方中心主义史观和殖民主义的影响,故日本的东洋史学者就以内在的文明——野蛮/落后——近代这样交叉多重的逻辑观念前提(其实质是以西方的"近代"为"近代"的标准和发展方向)下从事着中国历史的研究,为"大东亚共荣圈"和"亚洲解放论"提供学理支持,甚至摇旗呐喊,尤其是东京帝国大学的"东

① 而在当时的中国学术界,即清末民初的一段时期内,用于指称"modernity"的则多为"近世"与"近代"两个可以相互替换的词汇,梁启超曾在1899年左右,系统地从日本引入"近世"一词,似乎"近世"在汉语中较之"近代"更多地被学界认同,不过,在20世纪20年代之后,中国学术界却开始渐渐地倾向使用"近代"。20世纪40年代,"近世"一词的使用在汉语的语境中已经很少用于"近世史",于是"近代"指称"modern age"这一习惯逐步固定下来,一直到今日。具体参见方秋梅《"近代""近世",历史分期与史学观念》,《史学史研究》2004年第3期,第54-64页。

洋史学"甚至直接参与到了侵略行为之中;不过,京都帝国大学的学者们也没能幸免,大多沦为其间的参与者和活动家。甚至被谷川道雄等人称赞其中国史研究超越了西方中心主义、主张中国历史独特性的内藤湖南也被后来者(日本的学者如五井直弘、柳田节子等以及国内的部分学者)所诟病,认为其强调历史发展外因论等,忽视中国内在的主体性,是内藤式的"入侵中国肯定论"。

"二战"后,正是基于克服战前日本学界和西方学界所持有的"亚洲社会停滞论",日本的东洋史学界以"历研派"为代表开始了新的出发,事实上却在反驳殖民主义的西方中心史观的同时,又陷入了另外一种西方中心主义史观,即所谓的站在世界史的立场上去理解不同地区的发展之唯物史观的发展阶段论(世界史的基本规律),还是没有真正摆脱西方中心主义史观的影响和模式,在实际操作中,依然参照西方社会和历史所给出的"近代"指向和指标,审视中国的发展和落后。其中受"冲击—回应"模式的影响,将"鸦片战争"视为中国"近代"的开始,而"京都学派"则依然主张中国的"近代"即他们所谓的"近世"是始于宋代,中国社会的"近代性"产生于唐宋变革之际。这场发生在 20 世纪五六十年代的日本史学界(集中于历研派和京都学派之间)有关中国历史时期划分的争论,其核心就在于如何理解中国的"近世"所具有的"modernity"问题。虽然在"二战"后,京都学派的一些主张被历研派等学者所批判(如上述东京学者对内藤湖南史学的指摘等),其本质上亦属于产生于西方的一种进化史观,但其远离西方中心主义的意识和自觉、重视中国历史内在动力和世界史的普遍意义上之"近代立场和观念",却越发显示出独特的价值。

宫崎市定史学中的"近代"观念和具体指向之研讨,将在与内藤湖南的相关论述的相互参照中加以说明和解读。

众所周知,内藤湖南早在 20 世纪 20 年代就已经提出"唐宋变革"之说,具体内容涉及政治层面贵族政治变为君主独裁,人民地位相对提升,经济上实物经济飞速增长并发展为货币经济,文化上则是艺术生活开始大众化,自由的大众文化逐步取代了贵族文化等。而其上古、中世和近世三分法则构成了其中国历史研究的基本论述。

而宫崎市定史学的时代划分与之不同,在"近世"之后添加了"最近世"之说,即设定鸦片战争(后修订为辛亥革命)为中国的"最近世"即近代的开端。"最近世"是宫崎市定基于世界史的立场,对内藤湖南的中国历史时期三分法做出的修订和补充。与一般学者所主张的"近代"开端源于鸦片战争不同,其内在的根据不是简单的"冲击—回应"模式及其背后的西方中心史观,而是在世界史架构下,各个文化圈相互交流的立场上,认为近世社会最先在亚洲出现和产生,并影响欧洲近代的产生和壮大,产生了工业革命和市民革命(法国大革命),这股潮流又反作用于亚洲,给中国造成了冲击。从理解"近代性"的立场上来看,亚洲(西亚和以中国为中心的东亚)的近世社会要早于欧洲近世社会,并影响和刺激了欧洲近世社会的形成和发展,因此,可以理解为欧洲的"近代性"其实有着亚洲"近代性"的因子,当今的"近代性"是一个历史的复合体或变异复合体,绝非欧洲专利。

正如很多学者所认为的那样,内藤湖南的中国史论绝非简单的直线发展观,按照内藤湖南自己的说法即是历史呈现出螺旋形发展轨迹。内藤湖南自己曾明确表示欧洲人或者日本人那种以自己历史为标准来观察分析中国历史的做法不值得采纳,而且还主张中国历史的发展不仅是最系统的也是最自然的,自成一个完整的世界史。不过,也有的学者指出内藤研究中国历史的"近代性"即"近世"论的标准,是在与西方的近代比照中有意设定的,也受到了西方中心主义史观的影响。① 客观来看,内藤史学自身的确有着内在矛盾性,究其原因,内藤湖南史学受到章学诚等进步史观的影响已为多人论及②,其接受西方 19世纪以来兴起的历史文化史观却少有详尽的分析,不过,值得注意的是,内藤湖南以及后来的宫崎市定都并非将中国与欧洲做简单的参照和对比,而是站在人类历史普遍发展的道路之立场上,努力去理解和把握中国的近代性及未来发展的可能。③

内藤史学的"近代"立场和观念也直接影响着宫崎市定史学中的"近代"立场和观念的形成与发展。如内藤曾经指出"近世"的文化革新可称为"文艺复

---

① 如汪晖曾在其著作《现代中国思想的兴起》以及相关论文和访谈中多次提及内藤湖南和宫崎市定陷入西方中心史观的不足和目的论的缺陷等。但张广达等学者却从另外一个角度认为,内藤率先提出宋代近世说,开始扭转有关中国发展停滞的论调。参见张广达《内藤湖南的唐宋变革说及其影响》,《张广达文集:史家、史学与现代学术》,桂林:广西师范大学出版社,2008 年,第 57 - 133 页。

② 如高明士等学者认为内藤湖南是旧式的汉学家也颇失真实,因为内藤湖南自身最重要的史学观念依然来自西方的史观和思想。

③ 内藤湖南认为人民地位的提高、可以享受生活和自由,政治不再重要而艺术生活才是理想的社会,发展才是人类史的必然和未来。而在通向这一未来的社会形态,也有不同的途径和道路选择,中国选择的具体途径和道路是特殊的,但发展的指向确是普遍的。

兴"之说，宫崎市定就继承了这一点，并在世界史的范围内，在世界普遍立场和各地特殊的立场之间，寻找东西方社会和历史可比较的地方，并尝试证明两者的近似和不同。要言之，内藤和宫崎对于"近代"的理解有别于欧洲的"近代"，之所以在论述中国的"近代性"时借用了很多形式和内容上看似属于欧洲的一系列标准，其原因在于，在他们看来，欧洲的"近代"与中国历史上的"近代"表面呈现出差异化的特点，但在此之下，还有着相通之处，即人民的力量是历史发展的基础。

谷川道雄就曾指出文化发展史观是内藤湖南的本质，同时也点明了宫崎市定所继承这一特点之事实，不过，宫崎市定还加入了三大文化圈交流以及经济史学的思考，进一步深化和丰富了京都学派的"近代"立场和观念。

在《东洋的近代》之开篇，宫崎市定就明确指出，当下的世界史研究有一个根本的立场——以西洋为主，以东洋为辅——必须改变。而且必须将东洋与西洋放在对等的位置上观察彼此。[1]

在《东洋的近代》中，宫崎市定还提出如下建议，必须从欧洲以外的立场上去检讨历史时期的三分法，即古代、中世、近世所具有的历史意义，并且在不得已之时还可以做出必要的修改。[2]

不过，宫崎市定的"近代"立场也如汪晖教授等人所指出的那样，潜在还是有比附欧洲已有的"近代"之嫌疑，另外，宫崎市定基于日本领先亚洲的"近代"之意识和民族主义立场，提出的所谓"第一号准白人"等言论也表现出内在矛盾

---

[1] 这里面不仅有其独自的"近代立场"，还有民族主义的立场和基调之作用。

[2] 宫崎市定「宮崎市定全集 2　東洋的近代」，東京：岩波書店，1991 年，第 139 頁。原文："歷史年代の三分法，即ち全歷史時代な、古代史. 中世史. 近世史の三時期に分って理解する方法は、先ず西洋史において確立せられ、現今でも大体異議なくそれが承認されているようである。ところでこういう考え方をそのまま、西洋以外の世界に当てはめることが出来るかどうか。これについくは大分に異論があろう。ヨーロッパはいうまでもなく、世界全体の中の一特殊地域である。特殊地域において行われた歷史発展の型を、そのまま他の地域に応用しようという時には、勿論大きな危険を伴う。併しながら既に特殊なものな一般に応用しようという態度を定めた時には、いわゆる特殊なものは実は特殊ではなくなっているのである。それは一般性なもった一つの標本として扱われているのである。従って古代. 中世. 近世、それぞれの有する意義ま、ヨーロツパ史以外の立場から再検討を加えられ、已むを得ない場合には若干の修正も施されなけれぱならないであろう。特殊な事例から一般性な引出そうという時には、勢いそれが精神的なものよりも現象的なものに重きな置くつになるのは当然である。一般性という以上、それは互いの比較な前提としているのであるから、具体的に把握の出来る形相が先ず問題となる。"

的一面。

总之，宫崎市定观察、分析和研究中国历史的内在立场除了之前所述的民族主义立场之外，尚有一个"近代"的立场，而这一立场有着如内藤湖南史学中的"近代"同样的内在矛盾性。最主要由宫崎市定多为欧洲历史主义文化史学之影响以及其自身的民族主义立场所致，本质上讲宫崎市定的史学观是一种西方语境下催生出来的进化论史观。

西方的"近代"立场已经成为宫崎市定史学内在的一部分的情况下，如何才能自省？这也如同有的学者反思日本"近代的超克"时所说的：你如何反对你自己，因为你就是近代。不过，宫崎市定在世界史的框架和视野下，将西方和中国分别放置在特殊的位置，试图从中找到普遍意义的"近代"和价值，发掘中国历史"内在的先进性"，这一点无疑值得为我们所认知和赞赏。这也是汪晖教授所说，这一做法实际上带有了超越历史研究中的特殊主义与普遍主义之争的可能。①

若将内藤湖南和宫崎市定与试图从区域开发与人口密度变化带来的政治与社会变化情形着手论述、从地方史的角度挑战内藤湖南和宫崎市定的中国近世论的郝若贝（Robert M. Hartwell）相比较的话，我们会发现内藤和宫崎注重中国历史的"内在先进性"与郝若贝重视"发展后停滞性"之论断的不同，但这两种"中国近世"的历史发展类型，却有着一个共同之处，即都认为：中国宋代以后的历史发展，有着与欧洲的"近代性"不同的发展方向。②

另外，对于宫崎市定的"近代"之讨论，这里再次强调汪晖和沟口雄三相关研究的开拓性意义。如汪晖教授曾指出，在19世纪以来的史学界，"国家"被公认为历史主体的背景下，宫崎市定等京都学派针对"中国不是一个国家""中国无法构成一个真正的历史主体"等这些西方现代性论述，以"东洋的近世""宋代以来民族国家意识的形成"等描述，完成了中国历史内部"近代性"的发现和重构。不过，这些论述的基本框架还是属于欧洲现代性影响下的产物，从方法论

---

① 汪晖：《如何诠释"中国"及其"现代"——关于〈现代中国思想的兴起〉的几个问题》，《天津社会科学》2006年3月，第123-133页。

② 宫崎市定早就认识到西方的近代性的确立除了接受东洋和西亚的文化和思想刺激促使其人的觉醒和文艺复兴之外，其真正意义的近代则是从工业革命开始的，而且是以包括东方诸多国家和地区作为其殖民地为历史前提的。这也是宫崎市定等人认为东洋的近代与西方的近代有所不同的历史原因。

上看,宫崎市定等京都学派展开的路径和方法属于西方近代的知识体系,如他们所构建的"民族/国家"构成了他们现代性的一个内在尺度,这一方法和路径带有明显的目的论倾向。他还在该文中呼吁,研究中国历史文化,需要不同于京都学派的现代性的时间目的论和民族主义知识框架的研究思路和实践路径。[①]

日本学者沟口雄三虽未直接论及宫崎市定的方法论和近代立场,但是他在《作为方法的中国》《中国的冲击》等书中多次论及日本中国学研究领域内的不同近代立场和由此带来的不同研究成果和路径。[②] 如他曾指出竹内好主张中国的"近代"是指"经过抵抗的近代",相比没有经过抵抗的日本的"近代",中国才拥有真正的"近代"。但在沟口看来,竹内好的这一观念实际上是"反欧洲模式"所体现出的另外一种西方中心主义;而在沟口看来,津田左右吉的"近代"是旁观者和局外人的视角下各自不同且互不影响的"近代",这样的观点则是借用了欧洲视角却失去了自身的立场。至于沟口自身的"近代"立场,则主张几近相对主义的、各自拥有的独自的"近代"立场,如此,也就几乎失去了在世界范围内探讨"近代"的可能。

三、作为方法的"近代"

如上文所述,日本"东洋史学"中的"近代"主要包括两大部分的内容:

首先,是指如近代、近世、国民国家、民族主义、线性发展史观、资本主义生产体系等概念和意识之类历史学中的"近代性"价值立场和史学观念。其次,历史学中的"近代"还如科学理性、实证主义、兰克史学、二重证据法、田野调查法、文献考古学、比较史学、世界史视野等近代历史学研究方法和手段、操作体系及叙述方式。

---

① 汪晖:《对象的解放与对现代的质询——关于〈现代中国思想的兴起〉的一点再思考》,《开放时代》2008 第 2 期,第 73 - 87 页。

② 沟口雄三在《作为方法的中国》的第二章"关于近代中国史的重新探讨"之中提出了内部观察中国的——"中国历史的基体"以及排除西方中心主义的——"前近代"的概念,并提出了日本"二战"后研究中国近代的如下各种立场和方法:近代论式的、超近代论式的、历史唯物论式的、人民(农民)论式的、政治性的、民族情感论式的。在对这些立场和方法逐一分析之后,沟口总道:"上述近代论、超近代论以及与此互为表里的人民(农民)论、历史唯物论(从反抗皇帝、地主的封建统治的观点来看同时也是人民论),无论哪种观点,在有意识或无意识里都仍旧残存着把旧中国视为"落后"的看法,这正构成了(先进—落后)思维框架的一个支柱。"

　　我们第五章的第一、二节，所讨论的日本近代思想界的"近代"与内藤湖南和宫崎市定史学中的"近代"，所涉及的"近代"基本上关涉第一个方面的"近代"性问题。我们讨论日本东洋史学中的"近代"抑或"近代性"的问题，往往忽视第二个方面的"近代"问题，而单指"近代"的第一个方面。实际上，这两个方面的"近代"抑或"近代性"互为表里、相互交叠，共同构成了一个立体的日本东洋史学的"近代性"。

　　日本东洋史学的创建者之一白鸟库吉在兰克史学的直接影响下，借助西方的线性史观和理念，将日本外于中国文化，并将有关中国的观念从传统的汉学中解放出来，将中国放在了被研究、被观察的位置上。而实现其史学论述的手段和方法之一，较为突出的是西方近代史学中的语言考证法和比较历史研究法。

　　就日本的"东洋史学"而言，其近代的考证方法主要有以下两个方面的来源：第一是源自欧洲的近代历史文献考证法，其中，最重要的手段之一即语言文字的考证。而与此相应，另外一个则是中国清代的考据学学术传统以及晚清以来逐步被学术界所认可的、由王国维最终完成的"二重证据法"，即文献资料和考古文物的相互参证、比较和分析的方法。

　　白鸟库吉的考证学主要是在西方兰克史学的实证主义思潮的影响下而形成的科学方法和手段。他十分重视语言考据学和史料的考证，后在欧洲各国研修交流期间直接吸收了西方汉学研究的方法和手段，尤其是近代文献学的考证法，善于从不同语言资料的考证中，获得对历史事件的重新解读和思考。如前面章节所述，白鸟库吉曾于1900年公费赴德国游学，先后去了德国的柏林大学、匈牙利的布达佩斯等地学习、研究乌拉尔/阿尔泰语系诸民族的语言和历史。此外，他还有意识地进行多种古代民族语言和欧洲语言的训练。这些经历和训练让他十分熟练地运用语言文字的考据法——文献考证法。因此，在研究的方法和手段上，白鸟库吉史学基于语言解读的先进性或者进步性，给后来的学者留下了极为重要的印象。可以说，就是白鸟库吉把原发于西方的近代语言文字学方法，引入历史文献的解读和研究，从而找到了一条近代史学的实践之路径，即在历史资料的考辨分析之时，可以经由语言文字的比较和参照、佐证，来阐释并且确证研究文献的价值和真实性，并进而做出对历史事实的解读和说明。这方面的例子很多，最具代表性的是《檀君考》《朝鲜古传说》等著述。

作为日本"东洋史学"的先驱者和早期权威,白鸟库吉精于运用语音语言学、民族地理学等近代学科方法观察和考察各民族的发展,以不同的民族语言来相互参证游牧各民族史,大抵与其朝鲜史的研究方法类似,由此也形成了日本"东洋史学"史上独特的"白鸟史学"。

而白鸟库吉以近代学科之理性和科学主义的理念为观念前提和基础,学习并引入日本"东洋史学"的、以文献语言文字考证为主要手段的历史研究方法和路径,被有的学者与以"民间田野调查"为主要研究方法的橘朴(1881—1945)①相提并论。在对比两者的学术特点的基础上,将白鸟库吉的史学特色命名为"案牍研究"的史学方法。② 此外,"白鸟库吉主张透过语言学的考证,从字根、语言、发音着手,比透过血缘或其他考证更准确。他对蒙古的研究脍炙人口,声称蒙古族是中国及欧洲共同的起源。他从欧洲各族群文化、字根、语言中发现蒙古人遗留之证据,在中国也发现蒙古人遗留的证据"。③

对西方近代语言文字学的重视,将之引入日本的东洋史研究,白鸟库吉绝非个案。如京都学派的第二代权威和核心人物宫崎市定就十分重视这样的学术研究方法。实际上,他本人是日本东洋史学界最早一批阿拉伯语言的学习者。有意思的是,在东京学派的开创者白鸟库吉运用语言学考证出与德国学者夏德(Hirth)在《中国和罗马东方领土》(China and the Roman Orient, 1885)所说相同的结论,而主张中国古代历史所述的"大秦"就是埃及的亚历山大,而斯罗是塞琉西亚,斯宾是泰西封之后。作为后来之权威的宫崎市定也同样运用语言学的方法,考证出斯罗、斯宾应该是当时幼发拉底河上游的奥瑟洪(Osrhoene)和索劳尼(Sophene)这两个国度。宫崎还进一步推理说,从中国出发去大秦的话,经过斯罗沿着底格里斯河向南走直至波斯海湾,这样的路线适得其反只会徒增遥远的路程,显得没有必要。该文最终赢得时任白鸟库吉在东

① 橘朴(1881—1945),20世纪前半叶日本著名的中国问题专家。早年就读于东京拓殖大学。1906年毕业后到中国,任大连《辽东新报》记者,大半生在中国度过,长期在中国从事传媒和调查活动。经常做农村调查。1913年开始研究中国道教。1916年对北洋政府的财政、税制、土地制度进行调查等。他不是一位学院派的学者,其学问有着社会品格,长期以来对其学问评价褒贬不一。

② 陈慈玉:《案牍研究与田野调查:日本东洋史学之一侧面》,载《"中研院"近代史研究所集刊》第42期,台北:"中研院"近代史研究所,2003年。

③ 石之瑜、叶纮麟:《东京学派的汉学脉络探略:白鸟库吉的科学主张及其思想基础》,《问题与研究》2006年第5期。

京帝国大学的学术助手守屋美都雄的实际认同和赞赏,这也让宫崎自己觉得是十分难得之事。在其晚年,有人询问他觉得自己的学问如何时,他还不忘此事:"如果世人认为我写的东西里也有优秀的作品,那么,从我的角度,我愿意以此作为一生的杰作。"①我们从中看到,宫崎市定以东京大学方面的东洋史学开山大佬为对手,十分关注相关研究之事实之外,从另外一个侧面也可看作是西方近代语言文字学作为近代史学研究手段和方法在日本东洋史学中普遍存在之佐证。

此外,在白鸟库吉史学中,还有一种历史比较的视野和方法。白鸟库吉基于西方的近代性观念——兰克史学的实证观念和方法以及孔德关于社会发展的三个阶段论等——运用近代的语言学考证方法,在研究蒙古问题时发现了和西方文化中的"天"相近似的概念,进而在比较研究中,提出了东西方文化史上的"天"之概念的同源性命题,即西方历史文化中的"天"实则来源于蒙古历史中的"天"之概念。如中国台湾学者李圭之指出:"白鸟以'儒教'作为论述的起点,强调日本的东洋性(orientalness)以及特殊性。白鸟发现'天'的概念可以找到日本得以区别于中国的独特性。白鸟到蒙古考察'天'的起源,发现蒙古人有敬天思想,在西元前3世纪时,蒙古人向东西方发展,把敬天观念传往欧洲与中国,在欧洲形成基督文明,在中国则为儒教所用,既然有了共同的源头,东西方便平等化了。"②

当然,白鸟库吉的史学观念和史学研究方法与手段亦可放在方法论的视野内得以更为清晰地呈现和展示。而且白鸟库吉的史学中的"近代性",实则也是日本东洋史学整体性的一种呈现。

例如,站在日本东洋史学的"近代性"之立场和视野下,我们审视与白鸟库吉并称为东洋史学双雄的内藤湖南的史学特色,我们也会有惊喜的发现。至少,我们可以明显察觉西方知识论对内藤史学之影响。一方面,内藤借用欧美的线性史观发现了中国的历史逻辑;另一方面,他也试图跳脱出江户传统的汉

---

① 宫崎市定『東洋史学七十年自跋集』、東京:岩波書店,1996年、第343-348頁。宫崎市定在后来的回忆中,还提及此事并指出白鸟库吉之所以出现这样的错误,从根本上讲是由于内在的西方优越论在起作用。参见宫崎市定『東洋史学七十年自跋集』、東京:岩波書店,1996年、第346頁。
② 李圭之:《近代日本的东洋概念——以中国与欧美为经纬》,《中国学的知识社群研究》系列第10,台北:台湾大学,2008年,第13—14页。

学那种研究主体与研究对象混淆难辨的情况,而将中国客观化、空间化,作为客观的研究对象来看待。当然,这种区隔是以"东洋"为区块,"相对于西洋的空间,而不是试图对中日之间做出区隔,日本仍被包含在以中国为中心的东洋文化里,儒教仍然作为日本文化的根源。而内藤也并未以西方史观为'普遍',以中国为'例外',进而对中国历史发展进行指指点点,可以说是同时接受了'欧洲性'与'中国性'①。

如上所述,"东洋"这一概念在日本的流行,大概出现在日本受到西方文化和势力的挤压之际,与欧美文化圈相对应,多指向以中国文化为中心的汉字文化圈的中日韩三国之东亚地区。在方法论层面观之,日本的"东洋史学"是将中国视为外在的、客观研究的对象,而非原来近乎母体文化认知的汉字文化圈的核心存在之中国。这些视角和方法的转换和变化,预示了日本在近代的自我认知途径:抵抗西洋文化压迫的同时,也摆脱中国历史性的巨大影响和由此造成日本所处次文化圈的位置。

要之,日本东洋史学中的"近代性"观念和方法,在东京学派和京都学派那里有着区别,更有着相同"近代性"文化语境所致的相通之处。这样的判断站在史学方法论的立场上更容易获得。

四、日本"东洋史学"的叙事策略

诚如葛兆光先生在近年的诸多文章中反复指出的那样,19世纪以来,传统传教士开始退出中西交流的舞台,欧洲的东方学家甚至探险家们开启对中国及其四周边界地区的考察,考察本身及引发的冲击力,无论在历史学、语言学还是在文献学、人类学与文化学方面,都对日本学术思想界产生了巨大的刺激和影响。因为,日本学者向来有一种自信,他们认为日本人比中国人了解、懂得西洋的思想和新方法;另一方面,日本人又比西洋人更善于理解东洋的文献,尤其是汉文献。因此,日本学术界总认为只有日本人才能真正成为"东洋学"之权威和标杆。当西洋学者不断开启对中国及周边的学术考察和调研之际,日本学术界受到了诸多的刺激,这无疑也加剧了日本东洋史学界超越欧洲东方学之决心。

---

① 李圭之:《近代日本的东洋概念——以中国与欧美为经纬》,《中国学的知识社群研究》系列第10,台北:台湾大学,2008年,第70页。

西方近代学术的影响和刺激，首先表现在近代性的学术方法和观念上，特别是研究的视角上：从周边看待中原，从少数民族观察汉民族，从中国与东洋和世界的互动关系中把握中国抑或日本等。而且日本的东洋史学自产生以来，就随着日本社会的整体动向而改变。因此，日本的东洋史学对东洋史、中国历史文化研究的视角和方法也层出不穷，出现了许多新的观点和观念，甚至出现了许多新的理论模式和叙事策略。

对此，一方面，我们需要看到其作为近代学科的进步性以及对我们自身近代史学影响的一面：这些研究的观念和理论体现出了近代历史学科的发展水平和方向，也对中国近代史学的流变产生了重大影响，无论是我们史学学科在近代高校的筹建（服部宇之吉被聘为京师大学堂的教员等），还是采纳使用来自日本东洋史学的教材（如桑原骘藏的《东洋史要》在我国的翻译和出版等①）。

在日本东洋史学界，仅从汉族与少数民族、从周边与中原王朝关系的视角上，就出现了众多有影响力的东洋史叙事方法和模型，比如白鸟库吉的"南北双元论"，津田左右吉的"日本文化独特论"，内藤湖南的"解毒学说"，矢野仁一的"满蒙非中国论"，宫崎市定的"朴素的民族与文明主义"等。这些论述之间固然存在着影响的关系，如宫崎市定作为内藤湖南和桑原骘藏的第一门生，继承了两者的基本史学观念和方法，其中就有关于中国历史的民族关系的基本思路和框架。而且白鸟库吉和矢野仁一的史学方法也对宫崎市定的史学有着不可忽略的影响。

因此，限于篇幅，以下我们就以宫崎市定的"朴素的民族与文明主义"之论为中心予以介绍和说明，并力图探求这一学术视角和方法背后的史学意识，追问这一史学叙事策略背后的目的和立场。

在宫崎史学那里，"朴素主义民族"与"文明主义社会"的对立模式或图式，不仅适用于东洋史的解读，还具有更为普遍的法则之意义。② 如他在《菩萨蛮记》（《宫崎市定全集》第 20 卷）的"自跋"中讲道，马其顿王朝对于波斯王朝的征

---

① 桑原骘藏的《东洋史要》在日出版后不久，就由樊炳清先生翻译在 1899 年由上海东文学社出版，是我国翻译出版的第一部日本历史学著作，王国维先生亲自为之作序。

② 宫崎市定「素朴主義と文明主義回再論」，『宫崎市定全集 2　東洋的近代』，東京：岩波書店、1991 年、第 334 - 335 頁。原載『日華月報』第 186 号、1982 年 4 月。原文：私のこのような分析の仕方は、東亜の場合に限らず、世界の至る所の歴史な流む寺の理解な幼ける有効な指針になると信ずる。

服之历史解说,就可以使用"朴素主义与文明主义对立"的图式进行解读和分析。另外,在该文中他还讲到自己基于这一图式对西亚的未来进行了预测,表达了如下意见:虽然对西亚朴素主义民族的复兴抱有极大的希望,但遗憾的是,西亚的"朴素主义"被石油资本主义所污染,没有创造出复兴的奇迹。①

在《东洋的朴素主义民族与文明主义社会》一书的序言中,宫崎市定引入"不满"的概念,将之界定为历史的推动力,并在举出"不满"最大的表现在于"文明主义社会"与"朴素主义民族"这一二元对立图式之后,展开了对于中国自古以来的中原—周边/汉族—少数民族/文明—朴素之间互动而产生的历史图景的解读和重构,大致观点如下:

野蛮、朴素的游牧民族进入中原,自身接受汉文化之后就沾染上了文明主义之病,由此也丧失了原有的进取精神和坚强意志力,从而变得衰弱。不过,朴素、野蛮的游牧民族既是中原地区容易生病的文明主义社会的对手或敌人,却也是整个中国历史发展的推动力。

据此,我们看到宫崎市定在研究东洋史(中国历史)这一二元对立的图式过程之中,"比较"思维的位置和运用十分明显:

首先确立一个假说:O(不满)是人类历史发展的动力。

其次,运用"比较"区分出"O"的三大主要方面:A(朴素)和 B(文明)、C(幼)和 D(长)、E(贫)和 F(富)。

A 和 B 属于社会和民族之间,而 C 和 D、E 和 F 则属于社会内部。

最后,将 A 和 B 放在跨社会和民族体系的 Q(东洋)之内,考察 A 和 B 的互动和转化,同时考察 C 和 D、E 和 F 在其间的活动从而形成的 O,进而推动历史的发展。

值得注意的是,宫崎市定的比较不是停留在区别 A 和 B 的阶段,而是辩证地把握 A 和 B 的相互转化和互动,即朴素民族入主中原,在自身文明化的同时也沾染上了文明主义之病,丧失了朴素的意志和进取精神,从而衰落下去;与此相反,文明主义的社会若是经过衰败,并吸取朴素主义的优点,亦会强大而继续发展下去。

但宫崎史学的历史目的和世界史观决定了其最后的结论,即在说明文明主

① 宫崎市定『東洋史学七十年自跋集』、東京:岩波書店,1996 年、第 339、349 頁。

义社会与朴素主义民族之互动在中国历史上的地位和作用时,更为强调推动历史发展的动力依然是代表"不满"力量的朴素主义民族。正如宫崎在"满洲民族还是蒙古民族"这一小节中所述:

> 明朝人自己未能治理的文明社会,由于注入了数万满洲军这一新要素,竟不可思议地获得了大治。不仅蒙古人停止入寇,与日本的关系也得到了改善,而且清朝的威令竟西越葱岭,南及喜马拉雅山中。由此看来,倘欲医治文明病,唯有注入朴素主义。①

在"满洲民族还是蒙古民族"之后,即"近世朴素主义的理想"中的最后一个章节"东洋史上的新局面",讲述日本至今保存着朴素主义,成为亚洲的希望和救星,露骨地为日本入侵东北、建立伪满洲国辩护。② 故我们再回头看一下上面引述的"由此看来,倘欲医治文明病,唯有诸如朴素主义"的"由此看来",即按照宫崎市定的思路:在经过"明朝人自己未能治愈自己的文明主义之病"和"来自满洲的清朝灭了明朝,而中国获得新生"之比较之后,得出了"倘欲医治文明病,唯有注入(日本这样)的朴素主义"这样诡异的结论。③

按照这样的"比较—分析—再比较—推论"的思维路径,宫崎市定在这样的朴素与文明二元对立的图式中解读中国的时候也达到了解构——即消解中国历史的主体性——之目的。

但就"比较"本身的运用而言,此处已不是区别 A 和 B 的静态单一比较,而是在中国历史长河中 A 和 B 两种不同力量相互交缠、区别并联系的动态比较,

---

① 宫崎市定「東洋における素朴主義の民族と文明主義の社会」,『シナ歴史地理叢書 4』、東京:冨山房、1940 年、第 125 頁。原文:明人が自ら治め得ざりし文明社会は、数万の満洲軍なる新要素を注入することによりて、不思議にもよく治まった。蒙古人の侵寇が熄み、日本との関係も改善されたのみならず、清朝の威令は西は葱嶺を越え、南はヒマラャ山中にまで及んだ。文明病を医するには、ただ一の素朴主義の注入あるのみだ。

② 该文发表与日本建立伪满洲国之间的关系抑或其内在的殖民主义意图十分明显,已为有的学者指出,且他在 1982 年发表的《朴素主义与文明主义再论》(「素朴主義と文明主義回再論」、『日華月報』第 186 号)也并不否认这一点:"对于这一点,我也并没有说我的主张与以前'满洲国'的成立之时局没有点关系。"原文:この私の叙述が、先頃の満洲国成立の頃の時局に対して全く無関係であったとは私も言わない。

③ 宫崎市定「東洋における素朴主義の民族と文明主義の社会」,『シナ歴史地理叢書 4』、東京:冨山房、1940 年、第 125 頁。

即不再仅仅是历史研究对象之间的"比较",而且还有研究对象的"历史地比较"。

当然,试图用"朴素主义民族"与"文明主义社会"的对立比较图式来描述东洋史,虽然简单明了,便于宏观把握,也难免陷入简单化的危险,宫崎市定在1991年出版自己全集时也在自跋中表达过类似的反省。[①]

但正如前面我们据此二元互动对立的比较方法进行演绎推理而得出诡异之结论所示,这样二元对立比较的图式,最大的危险上尚不在于简单,而在于研究主体主观性的渗入和干扰,因为"比较"在逻辑上讲则意味着选择,而选择的主体即研究者是带有预设理论和观念的具体的人,也就意味着带有目的性的坚持和舍弃,这里既有立场也有视野和具体材料上的问题。[②] 如宫崎市定在该书中,过多且片面地强调对立与差异,在逻辑和事实上有意忽视了两者相互交融、交流共同构成中华文明的史实。

尤其值得注意的是,宫崎市定参与的另一个"国家课题"即《异民族统治中国史》的编写,亦出现了同样的错误,即,其强调"周边"与"中原"的对立和差异,取材和论述上偏向"解构中国",从方法上以"周边"和"少数民族"之研究的路径和视角,从而瓦解并重构了一个宫崎自己所体认和理解的"中国"。这也是在西方中心主义影响下产生的日本近代中国学所具有的历史任务和方法策略,在方法论上摇摆于"亚细亚主义"和"脱亚入欧"之间。不过,这两部著作在"解构"中国历史和文化的同时,却在客观上认识到了中华文化和文明所具有的强大生命力和包容性。

另外,就宫崎市定这一图式本身而言,其设定的前提是"不满",尤其是"朴

---

① 宫崎市定『東洋史学七十年自跋集』、東京:岩波書店,1996 年、第 3 頁。

② 对于宫崎市定选择材料的问题,严耕望就曾批评过宫崎市定的偏颇:宫崎市定在《宋代的煤与铁》(原载《东方学》第十三辑,1957 年 3 月)一文中引用北宋后期的资料庄绰《鸡肋编》中"昔汴都数百万家,尽仰石炭,无一家燃薪者",以此证明在北宋首都开封"煤炭成为一般人民的主要燃料了"。而严耕望则援引其他例证如《宋史》卷三三五《种师道传》说,因金兵南侵,"京城自受围,诸门尽闭,市无薪菜";又如《宋会要》记载,宋徽宗宣和时减各地贡品,"氾水白波辇运司柴三十六万斤,减二十万斤"等。对此,严耕望认为,庄绰此说"是讲北宋汴京燃料的一条极好资料,但不免过分夸张","汴京城里一般市民生活以及烧窑所用的燃料,薪柴至少仍占极重要的地位;不但一般市民,就是皇宫中也仍有烧柴薪的。可以证明庄季裕的话绝对是夸张的回忆,不足据为实证! 若据庄氏之说,以为汴京一般市民燃料以煤为主,甚至称为燃料革命,认为是中国近古文明进步的推动力,恐怕绝非事实"。具体参见王曾瑜《锱铢编》,石家庄:河北大学出版社,2006 年版。

素主义民族"对于"文明主义社会"的"不满"而产生的历史推动力,这无疑是一种不太牢靠的假说。更为关键的是,这样的假说和逻辑,不仅来源于西方学术在日本思想界的折射,更直接源于宫崎市定基于自身的民族主义立场对于现实政治的学术迎合:"朴素主义民族的日本"对于"文明主义社会中国"的"不满",(进而入侵东北、建立伪满洲国)成为中国乃至亚洲发展的动力和希望。这样的导向思维充斥在该书的每个角落。

正如上述宫崎市定有关时代划分的"比较"论述是以其"近代"的价值观念为基点的那样,宫崎市定在《东洋的朴素主义民族和文明主义社会》一书中的"比较"则充满了强烈的民族主义情绪和立场。而且,无论是其"近代"抑或"民族主义"的价值与立场,都在宫崎史学体系中占有重要的位置。换言之,藏匿于宫崎市定史学方法论完整体系中路径和方法背后的,正是宫崎市定史学中的民族主义立场与"近代"观念。

第三节 日本"东洋史学"中的"民族主义"

在历史哲学的视野下,"民族主义"是近代史学的主要品格之一,具有先天性的一面,在史学史的层面观之,民族主义史学也是西方近代史学的主要流派之一。

而在史学方法论的视野下,"民族主义"在近代史学(包括日本的"东洋史学")中也处于极为重要的位置,正是源于历史研究主体的内在观念和情感等因素,决定了日本东洋史学所具有的强烈的"国家和民族品格",决定了日本东洋史学的民族主义立场之"发达"和史学的最终变异。

一、日本近代史学中的"民族主义"

关于民族主义的定义不可胜数,未有定论,具有丰富的历史内涵,也有更为重要的现实性的因素的影响。不过,一般意义上,"是指某一个民族或多个民族,为了维护其生活或生存的安全,保持了民族与民族间的共同传统、历史、文化、语言、宗教等,且为了谋求发展而形成国民国家(nation-state),在国内维持、强化其统一性,对外则维持、强化其独立性。民族主义便是具有上述目的性的思想原理、政策或运动的总称"①。

近代意义上的"民族主义"概而言之,可以分为不同的两种类型,一种是"民族主义",一种是"国家主义",两者之间没有绝对的差异,甚至两者之间也绝非对峙的关系。或者我们也可认为"民族主义"可以有两种典范和模式,一种是法国式的民族主义,是经过了民主主义进程化的、启蒙的民族主义,一种是以德意志民族为代表的在国家政权主导下的近代化进程中产生的"国家民族主义"。就一般大众的理解而言,大多数人的心理接受和认知状态应是介乎两者之间。

实际上,包括史学在内的民族主义传统和思潮与欧洲资本主义的扩张密切相关,是与"科学主义"并起的"西方近代"的主要指向。如果从近代化的起源和发展来看,"民族主义"和"科学主义""资本主义"几乎是孪生的同胞兄弟。

如图 5-1 所示,资本主义、民族国家和科学主义之间的关联互动,处于图形核心的则是至今也难以描述的"西方的近代"。

按照本尼迪克·安德森(Benedict Richard O'Gorman Anderson,1936—2015)等学者的观点,近代国家的概念其实是"国族"或者说"想象的共同体"构建过程,尤其是德国和意大利等国家的产生,更是基于文化运动的结果。"历史或者说民族主义立场的历史在每个国家民族意识的形成过程中都发挥了关键作用,而且在当今全球化时代或而

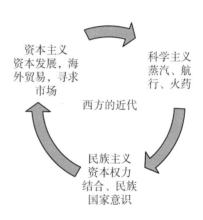

图 5-1 西方的近代

言之的多元文化并存与冲突的时代依然发挥着重要的作用。"②毕竟,"在民族记忆的建构中,历史的学术研究发挥着重要作用"③。

王晴佳教授在《论民族主义史学的兴起与缺失(上)——从全球比较史学的角度考察》④一文中详细描述了近代以来的民族主义和科学主义在西方的兴起

---

① 铃木贞美:《日本的文化民族主义》,魏大海译,武汉:武汉大学出版社,2008 年,第 11 页。

② 格尔斯、王晴佳:《全球史学史》,北京:北京大学出版社,2012 年,第 404 页。

③ 格尔斯、王晴佳:《全球史学史》,北京:北京大学出版社,2012 年,第 404 页。

④ 王晴佳:《论民族主义史学的兴起与缺失(上)——从全球比较史学的角度考察》,《河北学刊》2004 年第 4 期,第 128-133 页。

整个过程后,又以被后来者接受为"如实直书"的兰克史学为例,说明了虽然西方近代的科学主义史学一方面提倡、要求必须尊重科学研究的客观性、经验性,但与此同时,这种所谓科学的研究又无法摆脱所处的社会现实,其功用难以回避"构建国族"的意志与冲动。因此,近代史学中的"民族主义"和"科学主义"盘根交错,相互依存,难以分割。

作为德国同胞,兰克认为历史并非如黑格尔所描绘的那样有着必然的固有轨迹;但他又主张不同地区和国家之间也存在着共同的道路,如在人类的历史迈进近代的途中,"民族国家"的出现及其历史作用就是一例。正是站在这样认知的立场上,兰克有意识地将自己的历史研究和著述基本是为了自己民族国家的兴起而创作。所以,后来者多关注兰克的史料考订方法和历史研究中科学客观性的一面,却少有考虑其史学的观念和目的,甚至可以说成民族立场、宗教意识以及政治动机的部分。

对于兰克史学接受的现状,若放在其思想史脉络中抑或近代史学的发展过程来看,是较容易理解的一件事情。如兰克十分关注民族国家历史的研究,就与当时欧洲的政治氛围有着密切的关联。"在那个年代,欧洲世界,从17世纪以降,直到20世纪前半期,民族国家的形成与斗争是一条清晰可辨的主线。在兰克史学之前,欧洲曾经兴起的'古学运动'(antiquarian movement),就以科学的形式和面貌出现(以科学发现为理想,搜集各种材料,从文献到地下古物,以求重建过去),但是本质上都与其关注本民族意识的兴起脱不了干系。兰克所培养的弟子中,很多都是带有强烈民族主义和政治色彩的'普鲁士学派'的成员。"①

与此相似,在"西学(力)东渐"的背景下发展起来的包括日本在内的东亚诸国的近代史学,虽然具体发展各具特色,但在史学所具有的民族意识和立场却是近似的。② 于是在源发于欧洲的近代史学影响下兴起的亚洲的近代史学自

---

① "事实上,在德国十九世纪,有很多历史学家参与了政治活动,或为国会议员,或参与法律制定。而且,值得注意的是,参与政治的历史学家虽大多非民族主义者而非是自由主义者,但'普鲁士学派'的重要成员,却在统一问题上表现出一致性即反对自由主义。"参见王晴佳《论民族主义史学的兴起与缺失(上)——从全球比较史学的角度考察》,《河北学刊》2004年第4期,第128–133页。

② 如中国的新史学倡导者梁启超先生也曾讲过下面的话:"于今泰西通行诸学科中,为中国所固有者,惟史学。史学者,学问之最博大而最切要者也,国民之明镜也,爱国心之源泉也。今日欧洲民族主义所以发达,列国所以日进文明,史学之功居其半焉。然则,但患其国之无兹学耳,苟其有之,则国民安有不团结,群治安有不进化者。"参见梁启超《中国历史研究法》,北京:中华书局,2009年,2012年第5次印刷,第175页。

然难免沾染了西方近代史学的自身的缺陷和不足,其中最主要的表现就是其强烈的民族主义意识和反自由主义的倾向,而这又是与各自的国家意志紧密结合、相辅相成的。

具体到日本而言,其近代化国家的产生、变动与民族主义立场的史学之建构密不可分。最具代表性的两个关注点是对内的日本民族问题(起源与天皇制)和对外的中国史学(东洋史学)之研究。

日本近代史学不仅受到西方近代史学的科学与理性思想的影响,对于西方近代史学中反自由主义倾向的接受也十分明显。正如同日本在其他各个方面多以德国为蓝本,日本近代史学更多地倾向于汲取德国的史学精神与学术风格。

有的学者早就指出,如同日本宪法最后以德国为范本一样,在史学领域由于德国历史学派不仅有着与日本旧有的史学近似之处,更是满足了明治政府的口味,因此被拿来借用,进而欲将之修改为官方的史学指导形态。①

之所以日本受到德国诸多方面的影响,必定在于日本的自我定位和需要与德国的发展历程和思想特质相吻合、相近似。在史学思想层面的接受和引进也必然如此。即日本思想界正是看到了德国兰克史学在凝聚、创建德意志民族精神层面的作用和意义,看到了历史学背后的巨大政治投射,看到了近代历史学背后隐藏的国家意志和品格之后有意识选择的结果。就其实际的效果而言,我们也看到了其后日本近代历史学的发展和变异与日本近代的历程相应和的事实。

只是需要注意的是,"民族主义"在此处仅仅是一种统略的概念,其自身的内涵十分丰富,既有朴素的对于家乡故土之热爱,也有国民主义的部分;既有国家民族主义的内容,也有文化民族主义的色彩,这反映在每个学者身上则会折射出不同的光谱和层次。而且,"民族主义"的内涵在同一个学者身上的不同时期或许会有着不同的表现。

如果说以白鸟库吉为首的日本东洋史学东京学派积极投身朝鲜历史的研究、积极创设"满洲学"、组建满铁株式会社的"历史调查部",其史学研究洋溢着

---

① 中国日本史研究会编:《近代日本的史学与史观》,《日本史论文集》,北京:新知·读书·生活三联书店,1982年,第417-448页。

国权主义的味道的话,其弟子津田左右吉则以"国民主义史观"为旗帜,对中国的历史文化进行了否定和排斥,同时也极力想要以科学的方法确立日本符合世界发展潮流的、近代的民族精神和国民价值观。与之相对,京都学派的开创者内藤湖南则从一个与中国历史文化有深刻情感连带感的、亚洲主义者立场,逐步滑向了国家民族主义的立场。而宫崎市定史学中的民族主义则更加倾向于一种更加具有隐蔽性的"文化民族主义",如同宫崎市定史学中的"文化民族主义"是"二战"后日本东洋史学中最为典型的一种。

此外,需要我们特别注意的是,日本东洋史学中的"民族主义"往往是和日本史学中的"近代性"观念和立场联系在一起的,两者相互影响、互为依存,共同构成了日本东洋史学方法论中的史学目的和价值立场。

二、"近代"立场与民族主义

近代立场与民族主义抑或"近代"的理解与"民族"意识之间关系密切,就两者产生的过程而言,所谓近代的开启也正是日本近代民族主义被官方制造的开端,两者都是日本近代化历史的不同侧面且交相呼应。以反思的视角抑或所谓的解构主义的观点来看,"民族"和"近代"都可以被称为"主义",也都可以被称为"立场",抑或被称为日本"东洋史学"叙述之目的。

小熊英二曾在题为《近代以来日本的民族主义》的演讲中,围绕近代以来日本民族主义的产生和建构过程做了精彩的阐述和评价,其中也涉及日本所谓的近代化过程与民族主义的关系问题。小熊英二认为,日本的近代化进程有两个重要的阶段:第一个阶段,全面模仿西方制度;第二个阶段,是在模仿西方制度之上重新利用原有的"材料"制造出本土的"民族主义"。"在日本的民主化尚未真正推进之时,重视建立近代天皇制的同时,精心培育本土的民族主义,这种培育是在推进日本的近代化时不断宣扬与欧美对抗和沦为殖民地危机的情形下进行的。"[①]

也就是说,明治维新以来的日本人,对于"近代"的感受和认知内部包含了强烈的民族主义基调。换言之,"近代观念"和"民族主义立场"抑或"近代立场"

---

① 小熊英二:《近代以来日本的民族主义》,《解读日本——日本名人北大演讲录》,北京:新华出版社,2013年,第9页。

和"民族主义观念"皆为日本自身"近代化"过程中的不同侧面且交相呼应、有所关联的两个重要部分。

这也就可以理解,为何在"二战"后宫崎市定等日本东洋史学家会持有已经破产的"亚洲解放论"之变种思想和观念了。这样的视角也有助于我们如何分析和对待宫崎市定、内藤湖南以及众多日本东洋史学者所持"近代"和"民族主义"的内在统一、反对西方中心主义却又以日本中心主义(如天皇史观)取而代之,抑或反对西方中心主义却又同时陷入西方中心主义之矛盾了。

另外,按照沟口雄三在《中国的冲击》等著述中的论述,史学书写中的民族主义与不同的近代性书写也有着非同一般的联系。

如沟口雄三发现,在日本人看来,日本的近代史叙述,无论将日本的近代过程看成不断帝国主义化的近代也罢,视作文明进化式的近代也罢,在(民族主义框架内)把日本的"近代"视为优越于亚洲其他诸国的"近代"这一点上却是别无二致,彼此相通的。而且,基于不同的民族立场和对于"近代"的不同体验,中日两国民众对于各自的"二战"有着不一样的记忆和理解,这样造成了中日两国在近代历史的记忆与认知的不协调和错位,即日本方面往往强调以太平洋为主战场的战争,集中宣扬"广岛记忆"——作为受害者和被更先进的美国打败的形象;而中国则聚焦于中国受到的伤害以及日本军队残忍的屠杀和掠夺的一面,以"南京大屠杀"为代表的历史记忆。[①] 沟口在此想要说明和强调的是这样的错位,其实除了媒介的直接作用外,还有更为强大的内在逻辑和深刻力量,这样的力量来自各自不同的历史脉络和潜流:就日本而言,国民战争的记忆大多来自本土受到的来自美国的空袭体验和"二战"后美国对日本的占领,这样的体验正与所谓的"脱亚入欧"的历史心理和体认相符合,即日本战败于世界第一号强国的美国,近代日本也就是一个亚洲解放的先驱者、受挫败的英雄之历史形象和位置。

换言之,在沟口看来,有关战争记忆的外侧一直存在着一种以欧美的"近代"为轴线,且以之为依据从而伴随着优劣的价值意识,它所构成的历史意识也

---

① 笔者曾在国务院参事室工作过一段时间,有幸与侵华日军南京大屠杀遇难同胞纪念馆原馆长朱成山先生共事,受教良多。他于 2016 年底赴日演讲,并在 2017 年 1 月 4 日的《环球时报》撰写《日本人历史观的嬗变令人忧虑》一文,指出日本社会对于"二战"的认知与记忆目前正被忽略,而被导向了"二战"后日本对国际社会的贡献与努力。

以一种看不见的方式存在着。如当日本人为自己的侵略行为向中国人谢罪并反省说日本资本主义的发展始于中日甲午战争,就等于将"资本主义化的成功"这一优越性当作潜在的前提,如此的谢罪自然很难摆脱傲慢的态度。①

此外,关于日本东洋史学中"近代"和"民族主义"的关系问题,最著名的例子或许莫过于白鸟库吉和内藤湖南引发的关于日本起源之争的"邪马台国论战"了。这场论战至今硝烟未停,持续了将近百年时间。

在历史学界,如果要追寻日本的起源,邪马台国的位置问题和卑弥呼女王的身份问题是难以绕开的重要课题,必须对此进行探究。中国文献《三国志》中的《倭人传》有关于邪马台最早的文字记录,书中所记乃是两位中国使节去当时日本的考察和记录。而大约在8世纪初期,日本的早期文献之一的《日本书纪》(约720年)中引用了《三国志》的相关内容,并将《三国志》中的女王"卑弥呼"视为传说中日本大和政权之"神功皇后",因此,后来者就很自然地认为邪马台就应该在大和地区(畿内)。不过,进入18世纪之后,日本国学家本居宣长②等人开始对此提出了疑问,而主张邪马台的位置不在"大和"(今奈良县),而在筑紫(今九州北方福冈县)。

关于邪马台国位置的辩论之兴起,源于江户时代日本兴起的一股民族主义思潮,是当时日本欲求摆脱中国文化而获得独立文化身份之努力。因此,日本江户时代的日本国学的兴起,就其本身而言可算作是那个时代民族意识觉醒的标志。因此,基于这样的民族自觉的立场,本居宣长虽然承认了"卑弥呼"是日本的神功皇后,却不愿意接受日本古代向中国臣服(朝贡)的历史解读。在本居宣长那里,"邪马台"无论如何都不过是无法代表日本中央政权的一个地方性势力。按照本居宣长的解读,这个非中央政权为了对抗日本真正的中央,竟然冒充日本皇国之名(以本居宣长之言则是僭越女皇之名)向中国朝贡。因此,在历

---

① 沟口雄三:《沟口雄三著作集:中国的冲击》,王瑞根译,孙歌校,北京:新知·读书·生活三联书店,2011年,第29-31页。

② 本居宣长(もとおりのりなが,1703—1801),又号芝兰、舜庵。日本江户时期的国学四大名家(另外三人是荷田春满、贺茂真渊、平田笃胤),日本复古国学的集大成者。早年在京都学习儒学、医学。回乡后边行医为业,边研究国学。长期钻研《古事记》《源氏物语》等日本古典作品。其古典的研究运用实证的方法,努力按照古典记载的原貌,排除儒家和佛家的解释和影响,探求"古道"。提倡日本民族固有的情感"物哀",为日本国学的发展和神道的复兴确立了思想理论基础。其门下学者辈出,后刊有《本居宣长全集》11卷。

史事实上,日本即当时的大和政权并没有向中国臣服和朝贡。在这样的学术感召和影响下,后世的学者也开始意识到只有主张邪马台不在大和,才能保证日本古代与中国古代的平等,进而才能说明日本文化的独立性。

让人想不到的是,这一"江户时代"的旧思路、老套路后来竟然被日本近代熟悉近代学术和思想的东洋史学者所继承,如那珂通世,甚至还透过纪年进行严谨的考证,主张卑弥呼不是神功皇后,其出发点与本居宣长一样,是出于"不愿承认朝贡事实"的情感和立场。整体说来,在国学派所蕴含的民族主义之下,"九州说"成为明治初期一时间较为流行的说法。①

后来随着日本民主主义思潮的普及以及近代性科学主义和实证主义思想的影响,日本学者对"邪马台"所在位置的讨论也开始活跃起来,自然也不再拘谨于国学者的狭隘立场和视野。其中,主要的论点集中于"大和"还是"九州"这两种观点。② 持这两种观点的代表性学者分别是内藤湖南和白鸟库吉。他们两个人都依据近代史学的方法和观念,对这一历史问题各自展开讨论和分析,却得出了不一样的结论。

内藤湖南等人认为,根据《三国志》所记"南至邪马台国,女王之所都,水行十日,陆行一月"之语,主张中国自古就认为日本九州在北方,而本州在南方,因此,《三国志》应该是将邪马台方向记录错误,误记为南。而如果将向南改为向东则舟行数十日即可抵达"大和"地区,即文献中所记载的"邪马台"。此外,从语音学上观之,"大和"的发音为"やまと",近似于"邪马台"。不仅文献有如此记载,根据当地出土的大量魏国出产的地下文物,即铜镜的出土和发掘情况也可作为"大和"说的有力辅证。③

同样地,以白鸟库吉为代表的"九州说"与内藤湖南近似,也从语音层面进行考证。只不过,白鸟库吉针对内藤湖南的论说,主张"倭人传"的语音接近九州方言,据此反而证明了邪马台国在九州地区。此外,内藤湖南所认为的地下文物,即大和地区所挖掘出来的铜镜并非魏国的产物,而应该是弥生时代晚期的产品,早期的铜镜多集中在北九州。因此,白鸟库吉强调说,就当时而言,北

① 李圭之:《近代日本的东洋概念——以中国与欧美为经纬》,《中国学的知识社群研究》系列第10,台北:台湾大学,2008年,第42页。
② 沈仁安:《日本起源考》,北京:昆仑出版社,2004年,第81-82页。
③ 沈仁安:《日本起源考》,北京:昆仑出版社,2004年,第84-85页。

九州是日本的政治中心区域的结论概无大碍。①

语音和语言的考证无疑是西方近代语言学的方法范畴,而根据地下文物和书面文献的互证,重视考古文物的作用,这也是近代学术的一个特点,是相较于传统学术较为先进的手段和研究意识。在王国维那里称之为"二重证据法",这比之清代的考据学,自然是一种新式的学问方法。

但是,两者虽然使用了相同与相近的西方近代学术方法和手段,得出的结论却有不同。在史学方法论的视角下,则可看到两者差异之中的相似,相似之中的不同。即相似的学术方法所导致的结论差异,主要源于两者史学观念和目的的不同,白鸟库吉想要证明日本对于中国历史文化的摆脱和区隔,而内藤湖南则想要借助历史上中日之间的关联与互动,构建近代意义上中日的合作与联系。而两者不同的是史学目的却又有着近似的民族主义立场,有着热爱日本的感性和理性动因。

第四节 "大东亚史"与"东洋史学"的整体变异

如前所述,"东洋史学"作为日本近代产生的独特话语机制,涵盖教育、学术和国家意志等多个层面的内容,具有明显的变异复合体特征。其本质上是日本在近代化历程中的一种自我确认和定位的途径与方式,具有先天性的民族主义品格。故在其产生之日起就伴随着日本内外形势的变动而自我调整,后随着日本国家意志的直接介入,日本的"东洋史学"由一种学术沦为与国家意志合谋的工具,日渐成为日本对外扩张、殖民政策的附庸,并最终全面变异并沦为"帝国的学知",该领域内的东洋史研究者几乎也成为日本帝国主义对外活动的积极协力者。

一、《异民族统治中国史》《大东亚史概说》等的编撰

在日本"东洋史学"出现肇始,日本的知识分子学习借鉴西方的近代史学观念与方法,展现出一种历史文化解读的新生的力量,在那珂通世、白鸟库吉、狩

---

① 沈仁安:《日本起源考》,北京:昆仑出版社,2004年,第85-91页。

野直喜、内藤湖南等先驱者的引领下出现了一大批杰出的学者,展示出与传统的汉学研究迥然不同的研究方向和能量,涌现出许多的创造性成果,这些都代表了日本"东洋史学"历史进步性和近代性的一面。但是日本的"东洋史学"与生俱来的民族主义品格和国家意志的色彩,使之自出现之日起,就未能摆脱日本国家主义、国粹主义和皇权主义等思想的影响。

更为重要的一个事实是,随着20世纪20年代之后日本整体思想的右倾化,"法西斯势力日渐抬头,日本的东洋史学开始蜕变为学术幌子之下的为国家利益服务的工具。在当时,日本外务省内设立了所谓'对支文化事业部',由它牵头而成立的'东方文化事业总委员会',标志着日本军国主义国家对中国学的全面控制。"[①]

之后,日本为了侵入、占领中国东北,成立了"南满洲铁道株式会社"(简称"满铁"),并随之设立了"满洲历史地理调查室"。这一以学术研究机构命名的机构之成立,就预示着日本"东洋史学"整体性的转向已经开始了。1938年9月在日本政府的推动下,东亚研究所成立了。1939年,在战争期间,为国策服务的"东亚研究所"[②]组织一批日本"东洋史学"学者共同编撰像《异民族统治中国史》这种公开的军国主义侵略性著作时,即意味着日本"东洋史学"学者们集体性的"转向"。

1938年9月近卫文麿在"东亚研究所"的开幕式上说:"东亚发生的诸种形势是极为重大的。处理现今之中国问题,规划东亚将来之大计,是日本国民的重大使命。处理此种形势之机关组织尚不充分。为了依据科学性的研究确定国策,所以要集合精锐之学者,推动官民之协力,作为帝国最初的尝试,创设了'东亚研究所'。希望各位积极地协作!"[③]

而其具体的工作就是资助日本学者进行海外拓展和海外调研,从而为日本的对外扩张甚至为其发动的侵略战争服务。其中,最为臭名昭著的一次调查研究就是1943年8月"东亚研究所"组织了17名东洋史学者共同参与和调查完

---

① 严绍璗:《日本中国学史》,南昌:江西人民出版社,1991年,第525-526页。

② 创设于1938年9月的"东亚研究所"是日本内阁企画院为决定国策而建立的一个调研机构,就其规模而言,仅次于"南满洲铁道株式会社调查部"(日本远东经济总参谋部)。1937年日本发动了全面侵华战争,在国内实行所谓"国民精神总动员",并召集社会之"精英",为其"国策"效劳。"东亚研究所"即是在这样的背景下设立的。当时日本内阁首相近卫文麿出任该研究所总裁。

③ 《东亚研究所报》第1期,1938年9月。

成的《异民族统治中国史》之编写项目。该书于 1944 年付梓,并发送给日本军部的官兵,作为战争的备用材料而使用。

"东亚研究所"在公刊上述许多学者的共同"成果"时,发表了"序言",说:

> 正如辽帝曾仰天长叹:"吾不知中国之难治有如此者!"……如今回顾这些王朝统治中国的事迹,其巧拙利钝、成败得失固然不能一概而论,但是,这对于负有建设大东亚之重任,迫切需要制定民族政策,以中国问题作为将来最重要问题的我们日本人来说,这些事迹可以给我们提供许多宝贵的启示,这是毋庸赘言的了。①

所谓的"提供许多宝贵的启示",就是《异民族统治中国史》这本书(此项目)所要回答的一个最重要的问题,即作为"异民族"的日本,在展开军事侵略之后,如何展开一系列的统治方法和手段去统治被占领的中国地区。具体而言,主要涉及以下方面:

(1) 涉及统治的最佳时机(王朝衰退、社会混乱时期)。

(2) 统治方式(收买汉奸,招纳不满分子,巩固统治)。

(3) 建立本土政权方法(利用旧官僚和知识分子,以华制华)。

由此可见,"东亚研究所"这样的所谓研究机构,以及《异民族统治中国史》这类的科研课题,已经沦为日本法西斯政权的工具了。

和《异民族统治中国史》近似,《大东亚史概说》的编写也是一件具有典型性的代表性事件,充分说明日本"东洋史学"在战争时期的软弱性和欺骗性。

根据宫崎市定在《亚洲史研究》②第二卷"序言"中的讲述,1942 年 7 月,日本文部省开始筹备编撰《大东亚史概说》一书,以作为《国史概说》的姊妹篇使用。按照要求,这部书不仅要供日本人使用,更要提供给所谓的"大东亚共荣圈"内的人们阅读。宫崎市定被选为编撰人之一,参与了设立在文部省教学局

---

① 東亜研究所編:『异民族统治支那史』、東京:講談社。引文参见韩润棠等译《异民族统治中国史》,北京:商务印书馆,内部刊行,1964 年,第 146 页。

② 在国内被翻译成《亚细亚研究》,见宫崎市定《宫崎市定论文选集》(上),中国科学院历史研究所翻译组编译,北京:商务印书馆,内部刊行,1963 年;宫崎市定《宫崎市定论文选集》(下),中国科学院历史研究所翻译组编译,北京:商务印书馆,内部刊行,1965 年。

内的"大东亚史编纂部"这样的机构。除了宫崎市定这样的青年才俊之外,日本当时"东洋史学"领域内的一流学者悉数在列:羽田亨、池内宏、和田清、那波利贞等担任该部的调查员,并被聘为主编;宫崎市定、安部健夫、铃木俊、山本达郎这些青年学者则具体承担编纂事宜。"文部省要求写成的大东亚历史,就是所谓'大东亚共荣圈'的历史,因而它的范围包括印度以东,也就是亚洲大陆的东半部,而把日本放在像扇子轴的中心位置上,期望写成'皇国'文化的光芒向西普照那样的历史。假使写不成那样的话,那不外是说明还没有摆脱西欧思想的毒害的缘故!"[①]

这里还应该注意与日本文部省调令宫崎市定等人编撰《大东亚史概说》的同一年的9、10月份,这段时间召开了被称为《近代的超克》之缘起的会议,[②]即日本《文学界》杂志召开的"近代的超克"讨论会,以及随后《中央公论》杂志又召集的"世界史的立场与日本"研讨会。众所周知,会议召开的时间正在日本和美国在太平洋展开军事对抗之际,因此,在当时召开反思"西洋现代性"或者反思"西洋现代化道路",其背后一定有着深刻的军国主义的影响和国权主义的意志,事实上推动这次会议背后的政治力量主要来自挑起太平洋战争、发动"珍珠港偷袭"的日本帝国主义海军。

由是观之,无论是《大东亚史概说》,还是"近代的超克"都无不体现了日本学术界弥漫的国家侵略主义的气息。羽田亨、和田清等东洋史学一流学者和当时东洋史学界的青年才俊宫崎市定等在这样——面对文部省这种背离常识的提议,都感觉难以顺从文部省撰写"大东亚共荣圈历史"以完成史学上否定欧美史学而达到"近代的超克"的初衷,但在保证其目的性不变而仅仅是策略性的转换——的考虑下,他们决定写出一部"以西亚为扇子中轴,文化发祥于西亚,逐渐东延,最后在日本结晶"[③]这样的"大东亚共荣圈的历史"。

这样的东亚史(世界史)范式撰写的实践,对于日本东洋史学来说,意义十

---

① 宫崎市定:《宫崎市定论文选集》(下),中国科学院历史研究所翻译组编译,北京:商务印书馆,内部刊行,1965年,第319-320页。

② 宫崎市定在该书中带有"日本的近代超克"的意图和特征。且不论其站在日本军国主义直接影响下的民族主义史学之立场,正如著名学者子安宣邦评判竹内好的《近代的超克》时所讲到的那样,近代日本已经成为欧美近代世界的一部分,如何自己超克自己的近代?

③ 宫崎市定:《宫崎市定论文选集》(下),中国科学院历史研究所翻译组编译,北京:商务印书馆,内部刊行,1965年,第319-320页。

分重大。① 这就意味着,日本的东洋史学的世界史观念在那个时代的确定和定型,被深深刻上了国权主义的烙印以及对世界史新的叙述方式和风格。后来很多学者将这样的世界史观念和历史叙述方法称为"日本文化远端文明论"。用宫崎市定的话来说:"我对世界史体系的构思,绝不是从这时才开始的。然而我认真地试图把亚洲史放在世界史之中,把它写成为世界史的一部分,却是从利用这次机会开始的。"②

据此,我们亦可说,日本"东洋史学"的世界史意识的确立,从实践的角度讲,应以代表性学者参与编写 1942 年的《大东亚史概说》为标志性事件或出发点。这个出发点,当然不仅仅是指某个别事件其自身的转折点,实际上,更可以说是日本"东洋史学"整体的一次转向和变异,从此日本的"东洋史学"可以堂而皇之地享受国家政府的课题资助了。③

二、"大东亚史"构想与"满蒙学"

如果说在《大东亚史概说》和《异民族统治中国史》的事件中,作为学者的东洋史学专家们尚有被迫参加的意味与借口,还有对当时荒谬的"天皇史观"的对抗,那么在"满洲学"以及矢野仁一的"东洋史学"中,则更为清晰地显示出日本"东洋史学"主动向权势靠拢之事实。

如前文所述,1942 年文部省筹建了《大东亚史概说》教材编写小组,借助东洋史学之"科学性"与"权威性",为广大殖民地区的民众提供一个被日本帝国主义扭曲的"大东亚史"。历史在此不仅是一个被人任意打扮的小姑娘,更是一个被殖民者随意涂抹的画卷,自然,这样的画卷一定会被冠以艺术和"大东亚共

---

① 这样的做法其意义主要有二:从发生学意义上看到的宫崎市定史学尤其是世界史的体系之建构与国家意志乃至"大东亚共荣圈"日本殖民主义的契合;宫崎市定史学方法论体系核心关键词之世界史风格的确立。

② 宫崎市定:《宫崎市定论文选集》(下),中国科学院历史研究所翻译组编译,北京:商务印书馆,内部刊行,1965 年,第 321 页。

③ 20 世纪日本中国学的双重性品格,事实上在"二战"期间,宫崎市定先后参与了数次日本外务省甚至军部的委托课题:1939 年接受"清朝官制与官吏的选拔制度""异民族的中国统治策略"等委托项目;1941 年受"东亚研究所"委托,研究英法联军侵入北京事件;1942 年受文部省教学局委托,编写《大东亚史概说》(1947 年以此为底本出版了《亚洲史概说》)。可以说,宫崎市定的史学建构与当时的日本对外扩张和侵略是相辅相成的同一过程。从这一个角度上讲,宫崎市定史学也无疑成为日本帝国主义知识体系的内在组成部分之一。这一判断的得出,又不得不让人想起新中国成立初期,在学术相对沉寂的时代,宫崎市定史学还曾作为帝国主义史学的代表,受到国内知识界的关注。

荣"之名义,被万人所"瞻仰"和"膜拜"。

1943 年,日本东洋史学者有高岩(1884—1968))[①]出版了《大东亚现代史》,提出了"大东亚史的理念"。同年,在日本文部省主办的"夏季文化讲座"上,东洋史学家矢野仁一发表了他的《大东亚史的构想》。在此之前他还有《大东亚维新》《东亚共荣史》等论著。

以 1942 年他自己的讲话稿为基础,矢野仁一出版了《大东亚史的构想》一书,他在书中写道:

> 建立"大东亚史"是可能的吧! 我国在日俄战争中的胜利,已经替代了中国对以前曾经是该国政治文化势力圈内的各国各民族的影响,扩展了我国的政治、经济和文化势力。不唯如此,而且,对于在中国政治文化势力圈外的,在西洋各帝国主义侵略势力的桎梏之下受到压抑的南方圈各国各民族,给予了一大刺激,促进了他们的民族自觉,成为展开在我国指导之下的民族运动的一大契机,构成了实现我国"八纮为宇"的世界观的气运。[②]

为何是 1942 年前后,日本学术界尤其是东洋史学领域出现了"大东亚史"的冲动? 其背后的历史逻辑十分清晰。因为在中途岛海战之前,也就是 1942 年 6 月,疯狂的日本几乎控制着整个东南亚,其占领区包括中国东北、华北、华中地区以及朝鲜半岛,控制面积达到了 700 多万平方公里,是日本本土面积的 18.5 倍;控制人口 5 亿人,是日本人口的 5 倍。彼时的日本殖民势力范围向西扩张到印度,向南扩张到澳大利亚,东至新几内亚群岛,在很多日本扩张主义者眼中,那时的日本似乎已经实现了所谓"大东亚共荣圈"目标。

也就是说,日本的学术尤其是日本的"东洋史学"繁荣的背后是日本对亚洲地区殖民的扩张。日本突袭珍珠港开启太平洋战争后,日本更是一方面假借对抗美国而将自己塑造成亚洲解放者、引领者的形象,一方面将战火从东亚燃烧到东南亚以弥补其战争的能耗。

---

① 有高岩,日本东洋史学家、元史研究专家,中国元代社会、经济和法律等领域内研究的开拓性学者。
② 矢野仁一『大東亜史の構想』、東京:目黒書店、1944 年、第 3 頁。

有高岩在其著作《大东亚现代史》中说:

> 本次"中国事变"(全面侵华)以来,一变东洋史古旧之南北两大势力对立抗争之形势。"皇军"之伟大威压,正由东方而奔向大陆,且与欧洲德、意呼应,楔入大亚细亚之中央。待至勃发大东亚之战,英、法、兰、美积年之罪恶,受彻底惩膺。南方数亿民众,于数十百年中振起,得以仰见朗朗之天日。此实乃"皇国"史上破天荒之大事业,亦系亚细亚大陆及南洋方面空前之壮举。世界历史将以此为一转机而改变其大方向。
>
> 与我国政治、经济乃至诸般之事业必须在与以往全然相异之新构想下加以改变之同时,吾等亦亟求史学研究与历史教育之立场,发挥其全新之面目。今姑且勿论历史专门性研究之态度,吾等以为于历史之实际教育方面,必将国内史与国外史统括于一。此应为以国史为中心之东亚史与西洋史所承担之任务……俟应一举撤废"东洋史""西洋史"之名称,将外国史之教材,分为以国史为中心之东亚史与世界史、(国史、东亚史、世界史)三者乃同心圆,国史周围有东亚史,东亚史周围有世界史。[①]

有高岩这样的聪明的学者以自己的学术紧紧地拥抱当时的日本国家之"大业",以历史学家的眼光和态度去颂扬"皇军"之伟大,诚然让人"钦佩"的同时,也感到了一种十分不快的刺痛感。不过,如果我们发现有高岩早在数年前就曾在《东洋史通》一书中表达过类似的观念,也就不会对日本当时东洋史学界整体的变质变形,沦为权势者的工具而过分感到诧异了吧。

1937 年,在为文部省撰写的《(概观)东洋通史》一书中,有高岩曾言:

> 近来东亚之一隅,正在建设"满洲帝国",此与我国存在唇齿辅车之关系。与此相共,日人在中国、印度、南洋以及西伯利亚各地,近时之进展,赫然醒目。如是,于国家而言,东洋史学具有空前之重要性。

---

① 有高岩『大东亜現代史』、東京:开成館、1943 年、第 11 頁。

> 此时若概说东洋史之一般,鸟瞰现势,则可展望国家未来之命运也。故而最近文部省特改正高等及中等诸学校之历史科要目,以"明征国体"与"昂扬民族意识"为大眼目,于东洋史教授事项,提出多少与历来相异之要求。①

我们考虑 1937 年这个特殊的时间,对历史稍有意识的中国人都会明白这意味着什么。在日本全面侵华之前,有高岩博士怀着所谓一腔的热情和希望,展望日本国家之命运,却摩拳擦掌地指向中国,鼓吹开创"满洲帝国"。着实让今日的学人为日本的东洋史学之历史使命感到震惊和羞愧。但是,在那个时代,对于日本东洋史学者而言,却是自然而然的事情吧。

看到有高岩书中所言的"满洲帝国",就不得不提及日本东洋史学中一个重要而又诡异的学术领域,即"满洲学"。

从 19 世纪末开始,在日本的东洋史学内部出现了被称为"满洲学"的研究方向。由政府和学院共同参与和推动,直至 20 世纪三四十年代,曾经风靡一时。

严绍璗在《日本中国学史》一书中,对"满洲学"做过详尽的考察,并对"满洲学"的学问本质做了较为严格的界定:

> 所谓"满洲学"(由此衍生了"满蒙学""蒙古学"),这是以中国东北地区和蒙古地区为对象的一种以人文学和社会学为中心的综合性调查研究,尤以收集实地资料为主。本来,就其研究和调查的对象而言,理应属于"中国学"的范畴之内。然而,抛却"中国学"的概念,另立新名,这本身就不是学术性的,而是政治性的——在日本近代文化运动中逐步形成的对其境外各区域性的人文与社会的研究,一向都是以"国别"概念来命名其学术的,如"中国学""印度学""荷兰学"等。现在,在"中国学"之外,把对中国东北地区的研究称为"满洲学",试欲与"中国学"等并列,这无疑是日本企图分割中国的军国主义恶势力在学术中的表现。事实上,如果从所谓"满洲学"的内容来看,它事实上是与日本军国主义企图霸占东北地区的欲望与行动密切相关联的。它

---

① 有高岩『概观東洋通史』、東京:同文書院、1937 年、第 2 頁。

再清楚不过地证明了这一"学术"的虚伪性。①

如果我们是站在中国学史的视角上去理解和批判的,可以认为"满洲学"是日本近代中国学的一个领域和组成部分。但实际上,"满洲学"已经不是"学问"二字所能涵盖的了。这一"问问"脱离了"学问"的本质,自产生之日起就与日本的国家意志和权力绑定在了一起。

如若反顾学术史,我们也可看到日本知识界对所谓"满洲"的兴趣具有深刻的思想史渊源,而且早就和日本的"国家意志"联系在一起了。江户末期,日本就兴起了一股对外扩张的"国策论",以皇权史观而闻名于世的佐藤信渊②和吉田松阴③为首,他们都把占领"满洲"进而统治东亚当作基本的国家战略。

1890 年,作为日本陆军大臣的山县有朋发表了"主权线"和"利益线"的讲话,在讲话中他主张日本的自身的利益线超越国界,而以朝鲜和中国东北为界。其超越国界的思维,成为后来日本军国主义"大陆政策"的构想原点之一。

1905 年,日本为了实现霸占中国东北之目的,与俄国在中国的领土上发生了一场非正义的战争。日本军国主义最终发动九一八事变,1932 年建立伪满洲国。而日本的"满洲学"正是在上述极富侵略性的"满洲观"的影响下,在上述政治、军事背景下逐步发生的一种所谓学术的事实。

仅以上述时期日本出版的有关中国东北地区的图志为例,我们便可感受到日本"满洲学"的趣味与行为主体。具体见表 5-1:④

表 5-1　日本出版关于中国东北地区的图志

时间	图志名	卷幅	作者	备注
1894 始	东亚舆地图	242 幅	陆军参谋部	
1894	蒙古志	1 卷	陆军参谋部	
1901	满洲旅行记	1 卷	小越平隆	

① 严绍璗:《日本中国学史》,南昌:江西人民出版社,1991 年,第 552-553 页。
② 佐藤信渊(1769—1850),日本江户时代末期的思想家,以"经世家"著称。倡议向西方学习。
③ 吉田松阴(1830—1859),字义卿,号松阴,江户末期思想家、教育家。明治维新的精神领袖及理论奠基者。
④ 引自严绍璗《日本中国学史》,南昌:江西人民出版社,1991 年,第 559-560 页。

（续表）

时间	图志名	卷幅	作者	备注
1906	满洲通志		中野二郎	主要据俄国资料
1907	满洲地志	3册附图	守田利远	
1908	东蒙古志	3卷	"关东都督府"	
1912	满洲志	16卷	"关东都督府"	
1913	吉林省志	1辑	泉廉治	
1916	满洲地志	2卷	满洲社	16卷本《满洲志》之缩本
	蒙古通志	1卷	中岛辣	
1917	北满洲		外务省	俄国资料
1919	吉林省志		中野竹四郎等	
	黑龙江省志		大谷弥十次等	
	蒙古地志	3卷2册	柏原孝久等	
1922	满荣全书	7卷	满铁调查部	
1923	满蒙西伯利亚图		满铁调查部	二百万分之一
	俄领沿海接壤图		满铁调查部	二百万分之一
1924	南满地质图		满铁地质所	三十万分之一
1925	满洲地质图幅		满铁地质所	四十万分之一
1932	"满洲国"图		东亚同文会	二十六万分之一
	"满洲国"图地	236卷	陆地测量部	有三种缩尺

众所周知,近代地理学的发达和西方的殖民活动密不可分,同样,日本对东北地区展开文物调研和考古发掘等一系列活动也与其文化的侵略是分不开的。

日本对亚洲其他国家和地区进行以学术名义的调研和考察,最早发生在朝鲜地区,这也是日本"东洋史学"的起点。这自然与日本自 19 世纪末开始争夺对朝鲜的"宗主权"密切相关,而日本对中国东北地区的考古和调研则又与甲午战争同步:"1895 年,青年考古学者鸟居龙藏,受官方学会之嘱托,由大连入境,对普兰店、海城、貔子窝等地的文物进行考察,由此开始了日本对'满洲'整整半个世纪的考古作业;鸟居龙藏本人作为'满洲考古学'的奠基人,也在近 40 年的时间里对中国满蒙地区进行过 8 次重大的考古活动。"[①]

与这些地面的文物考古相对应,他们竟然还肆无忌惮地在中国土地上进行地下考古的挖掘。据我们调查,从 20 世纪的 20 年代至 30 年代的 10 年左右的时间内,日本在辽宁地区数次进行地下发掘并将出土文物全部运回日本国内,这些文物至今还被保存于日本的各个博物馆和研究所。

更需要我们思考的是,史料和考古早已证明,中国的东北地区自秦汉以来就在华夏文化圈内,是中国历代版图中不可分割的组成部分,是中国固有之领土。历史上的东北地区,一直受到汉字文化的影响,是华夏文化的有机组成部分。事实如斯,日本学者利用文化调查和地下考古的文物,发现了诸多"汉化"的痕迹。然而,有趣之处在于,这些"汉化"的文化现象竟然成为中国汉族文化"入侵"东北地区(即日本学者所言"满洲")之证据,并以此为依据,日本帮助东北地区讨回历史的公道——"要求""满洲"独立。这无疑是对历史事实的罔顾和刻意扭曲,可笑至极。如若站在史学方法论的立场上,考察日本"满洲学"的叙事策略和思考逻辑,则会更为清晰地意识到被权力所玷污的"学术"只能沦为一种可笑而荒谬的存在之事实。

对于日本"满洲考古学"的考察,给我们一个极好的启示,那就是,我们在研究日本的中国学(东洋史学)的时候,不能仅仅关注其成果与论点,还应该更为关注其思考的方法,其方法的史学观念之前提,以方法论的立场和视野,思考其学术的整体性逻辑。换言之,我们需要在关注日本中国学(东洋史学)认识论、知识论的同时,还应该关注其方法论,关注其叙事策略与方法,并考察其基于目的和立场的具体表述。

此外,谈及"满洲学",就不得不提及白鸟库吉开创的"满鲜历史地理学"。它是指日本自 20 世纪初叶开始的对朝鲜和中国东北地区的历史地理勘查和研究。其成立直接在"满铁"的首任总裁后藤新平[②]支持下得以实现。

后藤新平在其《满铁总裁就职情由书》中明确指出,"满铁"是经营"满洲"的

---

① 严绍璗:《日本中国学史》,南昌:江西人民出版社,1991 年,第 561 页。
② 后藤新平(1857—1929),德国医学博士,日本殖民主义经营者,先后在中国台湾和东北从事殖民统治和管理。被儿玉源太郎发现,成为台湾民政长官。1906 年出任"满铁"总裁,提倡新旧大陆对抗论。1908 年后任递信大臣、内务大臣、外务大臣和东京市长。1929 年病死。

中心机构,经营"满洲"关系着(入侵并占领)中国大陆和(抵御)俄国南进的重大问题。其后,他还提出自己的统治哲学——"文装的武备论"。也就是说,统治中国东北地区可以使用武力夺取,但是武力也需要文化的外衣和协助,因此,在这样的思路之下,诞生了"满洲学"中的历史地理调查和"满洲旧惯"(从不动产到民俗、习惯等)调查。[①]

在那一段时间,白鸟库吉留学欧洲回国,受到西方的东方学之刺激,正筹备创设日本的"东方学",从而引领世界的"亚洲研究"。于是,在时任日本文部省副大臣泽柳政太郎的介绍下,白鸟库吉和后藤新平得以结识,并在相近的观念推动之下,两者很快实现合作,1908 年在"满铁"内部组建了"满铁地理历史调查部",白鸟库吉被委派为主任,成员多是白鸟库吉引荐并委任的东京帝国大学东洋史学专业的学者(津田左右吉除外),如箭内亘博士、池内宏博士、稻叶岩吉博士、松井等学士与和田清博士等。虽然在 1915 年,因为"满铁"决策层意见发生严重分裂,导致白鸟库吉将调查部活动从"满铁"转入东京帝国大学。但是,从 1915 年 12 月起,这个调查部先后刊出了《满鲜地理历史研究报告》共 14 卷,从而构筑起了作为"满洲学"三大支柱之一的历史地理学。[②]

与此相应,虽然内藤湖南和橘朴与白鸟库吉、矢野仁一等的史学存在着巨大的差异,但在"满洲学"的问题上,他们也都以自身的学问为依托承认了日本军国主义创建的伪满洲国。如山田神吾在《内藤湖南与"满洲帝国"——主要与橘朴的思想作比较》一文中,指出橘朴是以西欧社会科学为依据,为建设理想世界而充满热情的人物,他也将自己的农村民主主义梦想寄托于"满洲国",并为之而努力。而内藤湖南则站在彻底的现实主义立场上,以中国历史的内在发展逻辑为立论前提,去肯定"满洲国"人民自身治理自己的"满洲国"之"实事"。而且,两者都批判了日本军部将"满洲国"纳入日本之"傀儡政权"的做法,但他们又都不约而同地肯定了"满洲国"之事实。在此处呈现出了日本的"东洋史学""东洋学"抑或"日本中国学"作为学术体系的复杂性和狡黠的一面。

---

① 严绍璗:《日本中国学史》,南昌:江西人民出版社,1991 年,第 566 页。
② 严绍璗:《日本中国学史》,南昌:江西人民出版社,1991 年,第 568 页。

总而言之,随着白鸟库吉、矢野仁一、内藤湖南以及橘朴等日本学者的努力和倡导,日本"东洋史学"等学术跟随日本的殖民活动日趋一致,步步推进,最终确立了"满洲学"这样一个特殊的变异形态,这也意味着日本"东洋史学"的整体变异和全面沦陷。

第六章

日本"东洋史学"的双重性问题

日本"东洋史学"与原有日本汉学的性质迥然不同,它是在日本以"明治维新"为标识的近代化潮流中形成的一种"国别文化研究"。它最显著的特点在于摆脱了传统的"经学主义"文化观念,而以"近代主义"和"理性主义"作为其学术的导向。不过,以往对日本"东洋史学"的研究,相对关注学术史和知识论层面的问题,而忽略了历史哲学视域中认识论和方法论层面的研讨,故而导致我们对日本"东洋史学"在理解上的错位。比如,在研究"二战"前的日本东洋史学时,很多学者关注到其整体上曾作为日本殖民国策一部分的事实,这一事实固然没有问题,但得出这一判断的认识前提似乎是"东洋史学"的国家主义立场违背了西方近代史学的科学原则和理性精神。殊不知,包括西方在内的近代史学自身的近代性或曰现代性,既包含了科学理性,也包含了国家主义、民族主义、文学审美和宗教神学等要素,既有客观实证的一面,也有审美情感和诗性的一面,是一种多元文化内共生的文化现象,具有普遍意义上的双重性抑或多重性品格。换言之,日本近代"东洋史学"的整体挫折和变异,恰恰说明了其作为近代西方人文学术之赓续的一种必然的内在逻辑。

换言之,截至目前,学界对日本东洋史学发展过程中殖民主义、国家主义等问题的讨论,多在知识论和学术史层面展开,主张这是日本近代史学发展中的挫折或变异。实则在历史哲学的视域中,作为西方近代学术思想之赓续,日本"东洋史学"与生俱来地带有双重性品格,即科学性和人文性。科学性主要指其所依凭的理性思维和实证主义思想,而人文性主要指宗教意识和情感、民族和国家主义立场以及文学审美等要素。

本章我们再次回到日本东洋史学的东京学派的代表性人物白鸟库吉和津田左右吉的史学研究,讨论史学的双重性品格在其研究中的表达,并尝试在对比中探究其背后的思想原因。

第一节　对现代历史学的反思

何兆武先生在《对历史学的若干反思》一文中指出:"通常我们所使用的'历史'一词包含有两层意思,一是指过去发生过的事件,一是指我们对过去事件的理解和叙述。前者是史事,后者是历史学,有关前者的理论是历史理论,有关后者的理论是史学理论。历史理论是历史的形而上学,史学理论是历史学的知识论。两者虽然都可以用'历史哲学'一词来概括,但大抵前者即相当于所谓的'思辨的历史哲学',而后者则相当于所谓'分析的历史哲学'"①

站在历史哲学发展的角度,同样,我们也可以看到,无论是"思辨的历史哲学"抑或"分析的历史哲学",两者的兴衰交替,无疑都有着深刻的社会背景,其发展与变化与西方社会内在的发展互为印证、密不可分。历史哲学这一门学科诞生的认识论前提,就是基督教文明的优越性,并将这种"西方中心论"视为其内在追求的一部分。

后来,伽利略、牛顿等一批杰出的自然科学家的出现,科学主义的思维也开始延伸至人文科学之内,并出现了以法国的孔德为代表的实证主义思潮。在孔德看来,包括人文学术在内的科学,不应该以逻辑层面的推理为依据,它需要以确凿的事实为基础。在早期的实证主义者看来,所谓"科学"是对客观世界的事实和现象准确把握和描述,只有经验的"世界"(世界的真实),才能被称为是"确实的",即"实证的"。同时,孔德也指出了人类发展的历史,迄今为止的阶段性发展特点:经"(虚构的)神学"阶段而发展至"(抽象的)形而上学"之阶段,并最终抵达"(实证的)科学"之阶段;且人类进入实证阶段的同时,也意味着人们放

---

① 何兆武:《对历史学的若干反思》,《历史与历史学》,武汉:湖北人民出版社,2007年,第1页。

弃了对宇宙起源和命运诸现象内在原因的探讨。①

在此之前,18世纪的孔多塞就曾自信满满地指出他所认为的事实——(当时的)欧洲正处于人类发展史的最高阶段。这种近代西方文化中基于科学和实证的自信,最终在黑格尔哲学那里抵达一个巅峰。只是后来,随着西方危机凸显,特别是20世纪的两次世界大战对人类文明的摧毁和打击,西方学者开始质疑和反思源发于欧洲的近代文明,原来盛极一时的、思辨的历史哲学转而式微,线性史观也日渐受到批评。如王晴佳所言:"就历史哲学的研究而言,自20世纪初期以来,其主流趋向则已经从历史规律论转到了历史认识论,也即从思辨的历史哲学,转向了分析的历史哲学。当代历史哲学的主要兴趣,于是集中于探讨历史认识论的问题。"②

如果说先前的历史研究,其研究过程和方法主要基于考古的发掘、文献的解读和实证的分析过程,追求过去(世界)的一种真实,尝试复原历史发生过的事件,从而描述一种历史图景、发现一种有迹可循的规律、获取一种隐蔽的意义的话。那么,自20世纪50年代,越来越多的人开始对上述历史学观念采取质疑甚至是否定的态度,与此同时越来越多的研究者们开始关注另外一种历史哲学,即批判的抑或分析的历史哲学。按照当代历史哲学家、荷兰格罗宁根大学思想史与史学理论教授安克斯密特(Franklin Rudolf Ankersmit, 1945—)的说法:"这样(批判或分析)的历史哲学的灵感来自对'历史学家的故事'——即历史学家是如何成功讲述(描述)关于过去的真实故事——的哲学反思。这使得历史哲学成为认识论的一个分支。"③

换言之,分析或批判的历史哲学关心的方向,指向人们认识、理解甚至感受历史的思维方法和方式,而对于"历史自身"的状态不再那么关心。于是,对于分析的(或批判的)历史哲学来说,重要的问题并非对"历史本身"的探讨和解释,而是对"历史学"的探讨和解释。④

---

① 孔德:《实证哲学教程》,洪谦编:《西方现代资产阶级哲学论著选辑》,北京:商务印书馆,1982年,第27页。

② 王晴佳:《从历史思辨、历史认识到历史再现——当代西方历史哲学的转向与趋向》,《山东社会科学》2008年第4期,第15页。

③ 陈赟:《从思辨的历史哲学、批判或分析的历史哲学到文明论的历史哲学》,《同济大学学报(社会科学版)》2018年第4期,第70–71页。

④ 张文杰:《20世纪西方分析或批判的历史哲学》,《史学月刊》2007年第9期,第84–85页。

　　随着历史哲学从思辨转向分析或批判,一个原本不是问题的问题开始凸显出来,这就是作为发现者、理解者抑或是陈述者的历史学家本身(研究主体),他们自身的内在情感、立场、世界观以及其理解、描述历史的方式和方法,也成为历史学研究的对象,成为历史学自身内在的一个重要课题。实际上,在实证主义思潮风起云涌的 19 世纪后期,欧洲的思想界就已出现类似的声音。例如,布莱德雷(F. H. Bradley, 1846—1924)就在《批判史学的前提》一书中指出以下问题:"所谓的'史实'并不是对'过去'简单地复制,而必然是经过了历史学家之手的再造品。"[1]在这样的观念之下,我们所熟知的编撰历史知识的过程,作为执笔者的历史学研究者的作用和位置得以凸显,变得至为关键。因此,就有人指出,历史研究者主体的判断是历史研究的基础,历史研究者是'批判史学'的真正的圭臬。[2]

　　因此,作为历史学家,搜集、辨别和分析丰富的原典性的材料固然重要,但是丰富的史料自身,终究还是无法构成历史知识,赋予史料以意义和生命的终究还是历史学家、历史学家的思想,甚至是内在的信仰和情感力量。在《历史学导论》的作者、英国著名历史理论学者沃尔什看来,历史学家的思维方式绝非自然科学式的,而属于一种"综合方法",历史学家一定都有自己的哲学观念,并一定以此作为前提的观念去探索过去,而这作为前提的观念对历史学家如何面对、理解和解说历史的方式有着决定性的影响。[3]

　　德国的历史学家、哲学家狄尔泰在德国的天才哲学家尼采(Friedrich Wilhelm Nietzsche, 1844—1900)之后,也表达了对实证主义历史学(精神领域)研究的不满,并基于这样的不满,开始尝试以"生命的阐释学"去统摄整个人文精神学术领域,并力图从中寻求精神科学的认识论基础作为其学术的目标。他将这样的学术方法和路径称为"历史理性批判"。狄尔泰主张的历史研究的关键词是"理解"(verstehen),即研究者必须对史料所反映出的历史过程和事件本身,在其研究的过程中取得一种"感同身受"的"理解"。所谓"感同身受",此处应该是指(史学)研究者的生活经验与他的研究对象(过去的事情)之间产

---

[1] 王晴佳:《从历史思辨、历史认识到历史再现——当代西方历史哲学的转向与趋向》,《山东社会科学》2008 年第 4 期,第 17 页。

[2] 王晴佳:《从历史思辨、历史认识到历史再现——当代西方历史哲学的转向与趋向》,《山东社会科学》2008 年第 4 期,第 17 页。

[3] (英)沃尔什:《历史哲学导论》,何兆武、张文杰译,北京:北京大学出版社,2007 年版,第 222 – 223 页。

生出一种内在的对话关系。即："史家之所以能获得解释历史的权力,根本原因就在于他可以对他所面对的史实,(在认识论层面)产生了一种'心有灵犀一点通'的感觉。"①

也就是说,"历史"的呈现需要"叙述"来完成,而"叙述"的主体只能是作为历史学家的人(研究主体),而完成"叙述"必然需要经由研究主体的理解和想象。

马克思则早在《费尔巴哈论纲》中就已强调,历史与人是统一的,作为对人类社会反思的史学也就是人学。这样的真知灼见,在进入 20 世纪以后,赢得了越来越多的回应。即历史以及历史学绝非空洞毫无温度的理论与概念,而是由人参与其间的带有主体能动性的过程。

进入 20 世纪,相对论、量子力学、信息论等现代科学的飞跃式发展,对人文学科尤其是主体性哲学等产生了不可估量的影响和冲击。

此外,需要注意的是,上述历史叙述的达成,还需要借由"语言"这个必然之途径。因此,语言学派的主要代表人物路德维希·维特根斯坦(Ludwig Josef Johann Wittgenstein, 1889—1951)在《逻辑哲学论》中就提到"语言的界限意味着世界的界限"这样的观点。在维特根斯坦看来,人类活动只有按照语言自身的表达方式来理解,人类的思想才能够被捕捉和定位。只是,自此,人们对"语言"本身的认识也发生了巨大的转变。在西方文化语境中,随之出现了"语言学的转向"这一冲击力极大的文化现象,因为其冲击力和破坏力之强,这一语言学的转变甚至被有的学者称为"语言学的革命",其影响辐射、波及整个人文社会科学的领域。其中,最有力的冲击来自后结构主义的挑战,由此也促发了德里达(Jacques Derrida, 1930—2004)之"解构"的努力:质疑语言可以反映世界并传达信息的功能,从而宣告主观与客观的世界彻底脱钩。不过,在海德格尔(Martin Heidegger, 1889—1976)等学者看来,西方的主客观二元论本身亦非合理,主客之间的语言本身也并非透明的。因此,即使承认存在客观的世界,如何通过语言传达这一客观的真实却是难以实现的。

在上述语言哲学思潮发生的同时,历史学研究自身也开始了语言学的转向。其标志就是海登·怀特(Hayden White, 1928—2018)在 1973 年发表的

---

① 王晴佳:《从历史思辨、历史认识到历史再现——当代西方历史哲学的转向与趋向》,《山东社会科学》2008 年第 4 期,第 18 页。

《元史学》。① 随着后来的荷兰哲学家安科史密特（Franklin Rudolf Ankersmit,1945—）、列维—施特劳斯（Claude Levi-Strauss, 1908—2009）、罗兰·巴特（Roland Barthes, 1915—1980）等学者的加入，一并促成了历史哲学中的"叙述主义"（narrativism）的流派。②

　　概言之，站在历史哲学的视角下，西方的历史学在 20 世纪，大致经历了从历史思辨、历史认识到历史再现（叙述）的发展过程。③ 但这并不能说明这三者之间存在高低之分和优劣之别，也并不意味着后者对前者的简单否定和排斥，甚至也不可以据此就认为这三者之间是严格按照时间的顺序而出现。需要特别指出的是，尤其在中国的历史学界，马克思的历史哲学依然是我们最重要的思想指导和理论依据。但是，我们也应该注意到以下的事实，即西方历史学的发展与变化也深刻影响着我们的史学观念和思维，特别是在史学史和史学理论的相关领域，对历史家及其认识论的重视，对讲述历史的语言本身的重视等都给予了当下的历史学研究者极大的冲击和启发。

　　在这样的视角下，历史学不再仅仅是一门实证的科学，因为你无法进行可控的实验来证实或证伪。近代以来的历史学都是科学和人文的统一，只有承认历史学中非科学的即非理性、非实证的因素，才是科学的历史学，也才是真正的历史学。因此，作为一名当代的中国研究者，若以日本东洋史学这门学术及其思想作为研究对象，就必须注重考察其双重属性的问题，即：日本东洋史学作为一种学术机制内在的史学观念前提，以及在特定史学观念前提下日本东洋史学

---

① 怀特本人并不认同自己所受的解构主义的影响，而将自己的理论称为"形式主义的批评"（Formalist criticism）。

② 实际上这几位学者中列维—施特劳斯和罗兰·巴特主要的领域并非历史学研究，前者是著名的文化主义人类学学者，被称为结构主义人类学创始人，而后者则是法兰西学院第一位符号学讲座教授。而海登·怀特主要的影响则在文学研究领域，他是密歇根大学哲学博士，曾担任美国斯坦福大学比较文学系教授。蜀肯斯和蒙斯洛在《历史学性质读本》中也认为，历史哲学界的"语言学转向"，似乎以"美学转向"更为贴切，因为怀特和安科史密特等人的理论，强调史家治史，应该超越以往重建过去的简单目的，而注重历史叙述的形式表达，于是就将史学与美学相连了。

③ 如上文所述，语言学转向中的"历史叙述"观念的兴起已经改变了原来意义的"历史哲学"之观念，如按照安克斯密特在 20 世纪后半叶的划分方法，历史理论应该分作三个部分：思辨的历史哲学、批判的历史哲学和历史书写学。批判的历史哲学侧重于从认识论的角度解答历史知识的可能性问题，它更偏重于历史理论的哲学层面，其代表可推柯林武德、沃尔什。历史书写学则更侧重于从历史叙述的话语层面考察历史写作的诗学、修辞学，它在形式上独立于某种哲学思维。由此也可见"历史哲学"这个概念有其限度，特别是历史书写学的挑战，使得以"历史哲学"来概括整个历史理论不再恰当。不过，此处不易展开此类话题，故我们暂且仍以"历史哲学"来概括和描述。

(研究主体)研究的目的和叙述方式。在某种意义上,即要求我们全面理解和对待日本"东洋史学"的叙述主体的情感体验和民族主义立场等认识论和方法论等课题。

要之,历史学的双重性,即科学性与人文性的矛盾与统一,应是近代以来的人文学术的基本品格和内在规定。历史学中基于人文性内容(国家、民族立场、宗教情感与体验、文学性与审美的追求等)所体现出的人性,或许才是史学中最有意味之处,也是史学存在的独特性。历史学的本质就是人类世界中意义的追问与寻觅,唯有在人类的世界方能有历史学的呼吸。抹杀了它显示出来的人的特性,也就毁灭了它独特的个性与本性。[①]

同样,"东洋史学"亦是如此,与接续西方近代史学中的理性精神与实证考古等科学史观相比,日本"东洋史学"所体现出的民族主义立场、殖民主义观念以及与此相应的史学方法论和认识论等才是其史学最为本质的一种体现。也就是说,作为一名中国学者,研究日本东洋史学,最应该关注的恰恰是其主观性、人文性的部分而非客观与理性的因素。弗兰克·安克斯密特曾言:"历史学家承担起从令人反感的道德和政治价值中分辨其精华的这一最重要和最需要责任的任务,这也是历史学唯一能够充分履行的职责。"[②]

第二节　白鸟库吉的儒学研究悖论

1887—1902 年,德国兰克学派的历史学者里斯应聘执教于东京帝国大学史学科,为日本传入了欧洲近代的史学理论和方法,以东京帝国大学的国史科和史料编纂所为中心,造就了日本第一批具有近代文化观念的史学家,[③]其中

---

① (德)恩斯特·卡西尔著:《人论》,甘阳译,上海:译文出版社,2013 年,第 301 页。
② (荷)弗兰克·安克斯密特著:《为历史主观性而辩》,陈新译,《学术研究》2003 年第 3 期,第 80 页。
③ 葛兆光先生所言,在里斯之外,另有两位美国学者直接在日本史学史上产生了影响。如 1877 年,美国的考古学家和生物学家莫斯(Edward S. Morse, 1838—1925)和考古学家高兰德(William Gowland, 1842—1922)先后对日本古坟时代、石器时代遗迹的发掘和研究,其研究结论和思想、方法等在日本产生了很大的影响。促使日本的历史学成为一门追求客观真实、解构神话的一种学问。详见葛兆光《亚洲史的学术史:欧洲东方学、日本东洋学与中国的亚洲史研究》,《世界史评论》2021 年第 2 期:第 5 - 6 页。

就有白鸟库吉。

白鸟库吉是 19 世纪末、20 世纪初在西方近代文化观念下,尤其是在兰克史学学派的直接影响下成长起来的日本第一代东洋史学家。他论说广阔、横跨数个领域,在亚洲史的关照下完成了自己的学术体系的建构,成为日本东洋史学的先驱者之一。面对中国,他提出了著名的"尧舜禹抹杀论"论断,对中国古代文化进行了科学的批判性研究;而当他面对日本时,又声称自己是儒教的支持者,表现出了一个保守主义者的立场。可以说,这种对儒学的双重态度正源自其史学的双重性品格。

白鸟库吉在中学生时代就接受了当时时任中学校长、日本东洋史的倡议者和初创者那珂通世和担任英文老师的三宅米吉的直接提携和帮助。这样的经历让他很早就关注欧洲东方学和汉学的研究成果,其对历史学的关注和兴趣也多半由此而来。

1886 年,兰克的弟子里斯受聘到日本东京帝国大学,白鸟库吉则成为日本东京帝国大学第一批史学科目的学生。大学期间,白鸟库吉专攻史学,并热衷于里斯的授课,并逐渐接受了兰克史学的批判主义方法和观念。

不过,值得注意的是,兰克史学的观念在后来接受者或反对者中有不同的理解和理解的侧重。大体而言,日本近代的史学接受了兰克史学的实证主义精神和方法,力求在历史的文献和材料之中寻找历史的内在发展动力。特别是兰克关注到世界史上民族的衰败不是因为外来的侵入,而是一个民族内部"道义"与"生命力"的颓废,亦即"道义"和"生命力"二者的分离。这种对民族内在精神构建的关注和追求,也铸就了兰克官方史学家的地位和位置。

如前面的章节所述,1909 年 8 月,时年 44 岁的东京帝国大学文科大学史学科兼任教授白鸟库吉,在东洋协会评议委员会上,发表了题为《中国古传说之研究》的著名讲座。在这个讲座中,白鸟库吉对儒学经典特别是"尧舜禹三代"之说,提出了强烈的怀疑态度,表达了否定的意见。

白鸟库吉所提出的命题,便是日本东洋史(中国史)研究史上影响颇为巨大的"尧舜禹抹杀论"。这一观念极具冲击性与破坏性,直接动摇了当时日本传统的汉学家和传统思想者对儒学、对中国文化的信任与信仰,其余音至今不绝于耳。

其后,白鸟库吉又分别以《〈尚书〉的高等批评》和《儒教的源流》《儒教在日本的顺应性》等题为文,进一步表达并完善了他著名的"尧舜禹抹杀论"之理念。

简而言之,就是说,中国上古史所谓的"尧舜禹"应该是传说中的、理想的人物,并非实际存在的事实。这只是一种(低级的)偶像崇拜社会形态的文化样态之表征。基于西方近代史学的客观和实证立场,以批判的态度看待中国古代历史,无疑属于日本东洋史学作为近代一门学科的内在逻辑。

首先,我们看到白鸟库吉提出"尧舜禹抹杀论"的观点的史学观念前提就是近代欧洲实证主义、社会学之父孔德的人类社会发展三阶段理论。而且,如我们前文所述,白鸟库吉史学中的中国文化观念,以及史学中对中国儒学的批评所借助和使用的方法、手段无疑都是属于西方近代的思想和方法论,具有资产阶级近代文化所具有的批判性和理性主义立场(而且这一批判性还可以追溯到黑格尔、孟德斯鸠等人对于中国文化的否定和排斥)。显然,这样的表述与观念已经不同于传统的汉学家,白鸟库吉已经将中国文化看作是一种外在于日本的、客观的研究对象。但有意思的是,他在阐述"尧舜禹抹杀论"的怀疑主义学说的同时又主张"使儒教之生命因而得全矣";在他批评儒学的同时,又宣称自己"我不是儒教的敌人,而是儒教的拥护者"。[①]

要之,一方面,白鸟库吉抛出了震惊世界思想和文化界(特别是史学思想界)的"尧舜禹抹杀论",以此开辟了对中国文化的怀疑主义和批判主义之先河;而另外一方面,白鸟库吉又声称自己是坚定的"儒教"拥护者。这两个看似完全相反的观念竟然同时出现在白鸟库吉这个著名东洋史学者身上,颇有戏剧性和象征性的意义。正如严绍璗所说:"与世界上许多杰出的社会科学家与文学艺术家一样,他陷入了自身的二律背反之中,然而,一旦涉及日本思想本身时,白鸟氏的主客观就能实现一体化,肯定儒学在日本的价值。"[②]

第三节　津田左右吉史学中的二律背反

作为白鸟库吉的助手和弟子,津田左右吉(1873—1961)继承了白鸟库吉对中国文化的怀疑主义立场,将对"日本记纪神话"的批判,引入中国历史文化的

① 严绍璗:《日本中国学史》,南昌:江西人民出版社,1991 年,第 333 页。

② 严绍璗:《日本中国学史》,南昌:江西人民出版社,1991 年,第 333 页。

研究,且完全排除中国文化对日本的影响,并完全否定中国儒学的价值,在"科学"的指引下,致力于日本社会和国民的近代性创设,从而在西方近代文化的参照下,创造出一个既区隔中国又不属于西方的独特的、属于日本的"近代"。从另外一个维度上,体现了其史学中的科学性和人文性的矛盾与统一。

比之于白鸟史学,津田左右吉虽然同样生长于"脱亚入欧"的思潮之中,但以福泽谕吉为首的启蒙思潮随着日本内外形势的变化而影响日深,加之津田左右吉出身并非东京帝国大学而是早稻田这所著名的私立高校,与官方意识形态保持有一定的距离,因此,津田左右吉的东洋史学具有更多的"近代性"和"启蒙价值",甚至可以说津田左右吉史学代表着一种"未来"的史学。也就是说,今天反观日本东洋学的学术史,津田左右吉的东洋史研究被认为不仅创造了一种"没有东洋的东洋史学",也被认为是一种努力确立近代性的天皇制度和国民史观的"津田史学"。

津田左右吉继承白鸟库吉对中国文化批判主义的立场,以西方的近代性学术观念为基本手段和途径,为了完成对日本古代文化("日本记纪神话"为代表)的批判,并引入对中国历史文化的批判性研究,并拒绝承认东洋文化统一性的历史基础,进而否定中国儒学和文化的全面价值,其目的在于从学术上寻找和确立近代日本在未来世界中的位置,并确立一条通往现代世界的独特的日本之路。

津田左右吉史学中的二律背反主要表现在他曾以史学的科学立场论证日本天皇神话的虚构性,但在"二战"后,他又以史学的态度、通过科学的路径,论证并肯定现有天皇制的优越与合理,引起诸多关注与讨论。

笔者认为,津田史学中的双重性表达就主要体现在科学批判方法与天皇制之间产生的"张力"之上。这一点与白鸟库吉史学的双重性在本质上一致,但在具体表达形态上又具有个性化特征。这一个性化特征恰恰是史学双重性中人文性内在的要求(与理性要求格律与规则不同,人文要求个性和具体),即不同的精神特质和生命体验造就出来不同的艺术风格与表达。

津田史学中的双重性还体现在其对中国古代历史文化的态度上,这与其史学方法论密切相关。在对"记纪神话"进行科学分析和解构的同时,津田左右吉也对中国文化极尽科学剖析之能事。津田一贯坚持其立足于本文的原典批判和研究,并主张排除个人主观和偏见,将儒家文化作为客观的学术对象来看待。

将儒家文化客观化、相对化,这样的做法,无疑是一种近代性的学术思维,是一种学术意义的进步。不过,通过这一近代性的、科学的手段和方式,津田左右吉得到的"孔子"形象是一个"既不是一个超人,也不是一个生来就不同于常人的人"。① 这样的结论相比较之前被神化、被放在神坛和圣坛的高大形象具有一定的时代进步,让孔子的形象有了现代生存的土壤与可能,但是从另外一个方面看,这样的操作只是一种必要的铺垫和衬托,这也只是为了津田左右吉下一步的推论,即论述(否定)中国,并进而肯定日本文化在历史上的独立性发展。②

换言之,津田左右吉对日本古代文化的批判,致力于把日本国民对于天皇的信仰,从原有的"神话体系"中解放出来,剔除日本古代文化中不符合近代文化的"君权神授""天孙降临"等皇权主义的观念形态,从而使日本的天皇制度经得起近代的"理性阐释"的考验,从而构建起符合世界文化发展的近代的国民精神。故津田左右吉史学中的中国文化批判和否定也是服从于这样的精神和总体的目的的。即津田左右吉为了完成"国民精神的近代性构建"这一终极目的,必须将日本古代文化中不符合近代性"科学阐释"的部分剔除干净,为了完成这一目的,津田左右吉才会在完成初步的"纪记神话"批判的基础上,展开对作为"纪记神话"思想来源的《老子》《淮南子》等中国古代文献及其思想的批判和研究。而这一切的展开又是与津田左右吉内心对日本命运的关注,对日本文化的热爱密不可分的。

据此,作为研究者,我们就不应只关注津田左右吉对于日本和中国古代文化批判性的观点和立场,还需要看到他批判方式的文化属性是西方的科学主义理性,以及他批判中国文化的目的不是否定中国文化,而是为了下一步的推论(肯定日本的独特性价值)而进行的必要的步骤,而发现上述津田左右吉史学整体性(内在连续性和统一性)的事实是在历史哲学的视域中,即在历史哲学视域所规定的史学方法论的视角下完成的。

要之,在史学方法论的视角下,我们不仅看到津田左右吉在"二战"前表现

---

① 津田左右吉:《津田左右吉全集》第 14 卷,东京:岩波书店,1964 年,第 149 页。
② 若比照同时代鲁迅等人对于中国文化的批判性改造,将会是一个有趣的话题。他们共享近似的近代性思想资源,但鲁迅等人的批判和否定,是出于对中国文化腐朽和落后部分的一种批判性改造,是一种恨之入骨之爱,是基于本民族衰弱的自我反思和自我解剖,是一种否定之否定的肯定,是为了中国文化和民族的未来,其否定之中是一种希望。

出对天皇制度的批判与其"二战"后又发表拥护天皇制的言论之间的内在统一，认识到津田左右吉始终是一个天皇制的拥护者和支持者之事实，我们还可以看到：津田左右吉并不一味地否认中国文化对日本文化曾经的影响，他只是认为日本文化并没有被包含在以中国文化为代表的东洋文化之中，日本人始终是以发展自己独特的历史为历史使命和责任，因此，历史上或文化意义上所谓的"东洋"是不存在的，客观上，这也导致津田左右吉对西方文化中心主义所给予的"停滞的东洋"形象的摆脱和否定。

综上，我们可以说津田史学的双重性即科学性和人文性，在某种意义上集中表达为其对日本"现（近）代性"的理解和追求：基于西方理性思维之上的日本国民精神改造。而津田左右吉必须面对的问题是，他想要依靠西方的"现（近）代性"不仅要否定中国，还要借此排斥欧美，从而抵达现（近）代性的日本。简言之，在西方之"现（近）代性"成为自身的"现（近）代性"之部分的前提下，如何否定和反抗西方？或许，这也是津田左右吉史学中不可忽略的一种二律背反现象之一。

在这样的视角下，白鸟库吉和津田左右吉的历史学就不再仅仅是一门客观的、实证的科学，只有承认他们历史学中非科学的即非理性、非实证的因素，才是科学的即真正的历史学之态度。

总之，历史哲学的立场，就要求我们要重视作为发现者、理解者抑或是陈述者的历史学家本身（研究主体），重视分析和考察他们自身的内在情感、立场、世界观，以及其理解、描述历史的方式和方法。具体到日本"东洋史学"相关的研究课题，相比于实证主义思想和具体的观点和方法，我们更应该关注的是作为东洋史学家内在精神层面的统一与复杂，更应该关注每个东洋史学者在非理性层面（对日本、中国乃至世界的情感与体验、宗教因素、文学与审美表达等）的丰富性。当然，从历史哲学的立场出发，也规定着我们在关注个体和主观因素的同时，确立一种认识论和方法论层面的整体观念，认真对待和理解日本"东洋史学"的叙述主体的情感体验和民族主义立场等隐藏其间的认识论和方法论等课题。如日本"东洋史学"对中国、东亚和亚洲乃至世界有着不同的描述和叙述，仅从汉族与少数民族、从中原王朝与周边关系的视角出发，就出现了众多有影响力的东洋史叙事方法和模型，比如白鸟库吉的"南北双元论"、津田左右吉的"日本文化独特论"、内藤湖南的"解毒学说"、矢野仁一的"满蒙非中国论"、宫崎市定的"朴素的民族与文明主义"等。而其丰富的历史叙事策略背后则暗含了日本"东洋史学"基于其双重性品格在内的方法论,即"西方的近代性"和"日本的民族主义"的统一。

实际上,双重性乃是一切人文学术共有的品格,这也必然要求相关研究者在研究意识和方法上进行更新,探索一种跨越不同的学科(甚至是去学科化)的综合方法,从单纯的知识论走向知识论、认识论和方法论的综合。

第七章

"二战"后的日本"东洋史学"

　　"二战"前的日本"东洋史学",围绕着"东洋"的概念构建了一种新的世界史观和方法。在史学方法论的视角下,我们可以说日本的"东洋史学"借助西方的"近代",侧重从周边看中国,从南北的民族对抗看中国,从汉族与少数民族关系看中国,将中国相对化,并进而消解中国的主体性,从而在"亚洲""东亚"等概念中确立日本历史和现实的位置。另一方面,日本面对西方的"近代",在学习、接受和借鉴之外,还借助传统的、"东洋"(中国和日本)之历史与思想去对抗、克服欧美的"近代",并据此完成日本在世界史中的位置。因此,"二战"前的日本"东洋史学"的"东洋",是一个被日本近代所创造的一个新的概念,也是一种方法和途径,经由中国和欧美,去理解和界定自身。

　　但是,随着第二次世界大战的结束,日本帝国梦想终成泡影,对外扩张主义彻底失败,与之相依附的"东洋史学"之"东洋"概念丧失了原有的政治和文化语境,业已失去了学术的生命力,但日本"东洋史学"作为一门世界史的学科却被保留了下来,且作为一种史学方法论,仍然具有借鉴意义。

　　"二战"后,包含日本"东洋史学"的史学界和知识界也在反省和批判中开始寻找新的学术观念与方法。日本的"东洋史学"开始有意识地将学术和国家意志相分离,并将"东洋"向"东亚""亚洲"等方向推进,研究的方法和理论也与其他学科形成互补和交融,西岛定生的"东亚文化圈"相关的论述、宫崎市定等人的"亚洲史研究"、滨下武志为代表的"朝贡贸易体系"以及川胜平太等人的"海洋文明论"等都有着超越过去"东洋"的努力,向我们展现了日本"二战"后"东洋史学"的变化与方向。而上述变化既有学术内部的反省与发展的力量,也有着深刻的国际政治、文化格局的因素,尤其是美国对日本潜在的作用与影响。如,1960 年"安保运动"①及之后的"美国福特基金事件"②等,再次迫使日本史学界追问自身的"研究主体性"等问题。

随着冷战的结束和国际政治、经济格局的变化,日本的"东洋史学"也在适应经济高速增长与停滞、消费化时代的到来等内部环境的同时,也面向亚洲其他国家和地区(尤其是中国的崛起)和美国主导下"美日同盟"的不断强化,摇摆于"东亚""亚洲"和"亚太"之间。

进入 21 世纪之后,日本史学界又出现了"东部欧亚""中央欧亚"等新的研究动向,③在方法论和日本中国学研究的双重视野下,我们看到这是日本再次将自身从"亚洲""脱离"的一种表现,也是日本选择在新的世纪继续倚重美国所主导的"亚太"秩序的学术表征。

第一节　"二战"后"东洋史学"的反思与争论

正如上面的章节所指出的那样,站在日本近代东洋史(中国史研究)学术史

---

① 1960 年 1 月 19 日,日美两国签订新的《日美安保条约》。该条约由于在驻日美军及核武器使用、琉球群岛以及小笠原群岛等问题上未能有所推进,且该条约涉及区域扩大化,在美苏冷战的格局下,日本民众认为这样的条款有极大的战争风险,会给日本带来危险,于是掀起了"二战"后最大规模的反战社会运动,即安保运动。这样的思潮也影响到日本的各个层面,包括对中国和亚洲的研究。很多学者都是在这样的社会意识下走向"东洋史学"研究。滨下武志曾在访谈中谈及他年轻的时候非常关心社会议题,1960 年美国和日本签订安保条约,使他重新思考战争对日本和整个亚洲所造成的影响:"借由观察各国历史,探索自己的认同。为了理解近代日本的发展,我试着了解亚洲不同区域的历史,例如'二战'后美军占领冲绳(琉球)以致其形成和日本国内不同的历史脉络;其他像是朝鲜、中国的历史,并进一步比较世界各国的发展与互动,例如美日关系和中苏关系等。"详见"中研院"明清研究推动委员会《明清研究通讯》第 66 期,2018 年。
② 1962 年 5 月,日本部分年轻的学者将美国福特基金会等美国财团对日本国立国会图书馆下属的东洋文库、京都大学南亚研究中心予以巨额资助的事实公布于众。当月召开的日本历史学研究大会表达了反对接受福特基金的声明。与此同时,《历史评论》也发行专辑表达了反对意见。同年 7 月 5 日在明治大学就此问题展开了讨论。山本达郎、贝塚茂树主持召开,约 300 名学者出席。旗田巍指出,接受美国基金这样的研究与战前的日本东洋史学受到军国主义的支持类似,都是蔑视"东洋"的研究。详见旗田巍「日本における東洋史学の伝统」,『歴史像再構成の課題』,東京:御茶ノ水書房,1966 年,第 213 頁。
③ 黄东兰:《作为隐喻的空间——日本史学研究中"东洋""东亚"与"东部欧亚"概念》,《学术月刊》2019年第 2 期,第 152 - 166、184 页。

的视角观察,在"东洋史学"作为日本"帝国学知"和日本近代的自我认知途径的视角和意义上,作为日本"东洋史学"两大重镇的京都学派和东京学派,在各自的方法论中呈现出丰富的史学观念和理论前提(包括两大关键词"近代"和"民族主义"),且在相互的差异背后凸显出了更为深刻的一致性。

台湾的何培齐博士亦曾撰文指出上述两大学派和阵营的史观虽然不同,但都不可避免地参与了日本为侵略亚洲大陆所设立的研究工作。或因此,他们也都可以被讥为为帝国主义者服务的工具。①

第二次世界大战结束后,日本战败投降,给日本思想文化界的冲击是巨大而深远的。诚如"二战"后成长起来的京都大学东洋史学者谷川道雄②和台湾学者高明士先生所观察的那样,日本学术思想界经历了反思和痛苦的同时,也需要努力尝试着重启学术的建设。而对于"二战"后的日本中国史(东洋史)研究来说,东京学派和京都学派事实上必须面对"二战"前整体学术观念和方法上"破产"之事实,最大的课题是在反思"二战"前"东洋史学"整体性变异的同时,亟须树立新的理念指导对中国历史发展过程展开全方位和系统化的考察。这些新理念包括:"不用停滞而是用发展的思想来把握中国史,科学合理地理解中国史,认为中国史作为世界史的一环是有其普遍原理的,等等。利用这些新理念对中国史开展研究,最为突出的是站在马克思主义立场上的历史学家们。"③

"二战"后日本历史学研究的生力军,在很长一段时间内是以历史学研究会为中心的青年学者们。他们批判战前东洋史学中普遍将中国和亚洲的历史看成停滞社会的观念,主张应该以发展的眼光和立场将中国历史看作是一种生产形态的发展史。因此,在这样的前提下,中国历史的时代区分问题成为他们关注和研讨的核心问题。如此,也就必然要重新审视内藤湖南所倡导的"唐宋变革论"。站在这样的角度观之,日本"二战"后"东洋史学"争论的核心和关键性问题之一,就是关于"中国历史时代划分"的问题。即也可认为是围绕以内藤提出的"唐宋变革论"为核心的、有关中国历史时代划分问题的争论。

---

① 何培齐:《内藤湖南的历史发展观及其时代》,《史学集刊》2008 年第 4 期,第 90 - 101、106 页。
② 谷川道雄(1925—2013),被很多学者认为是继内藤湖南和宫崎市定之后京都大学东洋史学的第三代领袖。他是日本中国六朝隋唐史领域的领袖型学者,从 20 世纪 70 年代提出并倡导运用"共同体"理论研究和把握中国的中世纪,对推动日本学界的有关研究发挥了领导作用。代表著作有《隋唐帝国形成史论》《中国中世社会与共同体》《世界帝国的形成》《中国中世的探求》等。
③ 谷川道雄:《"二战"后日本中国史研究的特点与动向》,《江汉论坛》2009 年第 4 期,第 97 页。

东京帝国大学东洋史学专业的青年教师前田直典于 1948 年在《历史》第 1 卷第 4 期发表了《东亚古代的终结》（「東アジアにおける古代の終末」）一文，明确反对内藤湖南的“唐宋近时世学说”，引起了“二战”后日本史学界关于中国历史时代划分的论战。

前田在《东亚古代的终结》一文中，根据东京帝国大学的东洋史学者、中国经济史研究专家加藤繁的观点，主张从战国到唐末期，历史发展的动力都是豪族。而豪族的生产力主要依靠奴隶的劳动，这是古代社会的主要特征。因此，前田提出了“唐代五代说”，这样的观点直接开启了后来的“宋代中世说”。这无疑就否定了内藤湖南为代表的京都学派将宋代视为“近世”的观点。稍后西岛定生也主张，“奴隶制性质”的劳动力经过唐末五代的动乱方才告一段落。仁井田升则站在中国法制史的脉络中也论证了宋代乃是中世纪的开始这一结论。

与此相对，宫崎市定为首的京都学派代表人物继承并发展了内藤湖南的唐宋历史观，发表了一系列针对性的论著，反驳“历研派”的诸说。① 1950 年 10 月，宫崎市定公开出版发行了其代表性的名著——《东洋的近世》，在该书的前言中，宫崎明确指出：“以往人们研究世界史的时候，总是习惯以西洋为主，而以东洋为附属，今日看来，这一为人所习惯的立场必须发生改变了。……本书论旨，大多祖述先师内藤湖南博士的高论，谨请读者留意。”②

宫崎市定十分清楚地了解其内藤先师以文化为中心论述的特点和不足，因此在该书中从多个层面举出例证和材料，以补充内藤湖南在经济和政治制度层面论证的匮乏。最重要的一点是力图证明宋代社会已经具有明显的资本主义现象。

此外，宫崎市定还通过《宋代以后的土地所有制》等文章的实证性研究指出：“六朝、隋唐时代的大土地所有虽然是广大而统一的庄园，但在宋代以后逐

---

① 这一时期，宫崎市定发表的著述主要有以下诸篇（「宋代以後の土地所有形体」，『東洋史研究』第 12 卷第 2 號，1952 年）、（「内藤史學の真價」，『内藤湖南全集月報』3，『内藤湖南全集』第 8 卷附錄，東京：筑摩書房，1969 年，5－8 頁）、（「獨創的な支那學者内藤湖南博士」，宫崎氏『中國に學ぶ』，東京：朝日新聞社，1971 年）、（「部曲から佃戶へ——唐宋間社會變革の一面（上）」，『東洋史研究』第 29 卷第 4 號、1971 年 3 月）、（「部曲から佃戶へ——唐宋間社會變革の一面（下）」，『東洋史研究』第 30 卷第 1 號、1971 年 6 月）。

② 宫崎市定『東洋的近世』前言，東京：岩波書店，1991 年、第 136 頁。原文：なお最後に本書の論旨は、先師内藤湖南博士の高説を祖述するところの多いのをことわっておく。原出宫崎市定『東洋的近世』，東京：教育タイムス社、1950 年；再刊于『アジア論考』上卷，東京：朝日新聞社，1976 年。

渐出现分散的趋势,而且前者的直接生产者是具有农奴性质的佃客,后者的佃户则是契约性小作人。宇都宫也在分析了从东汉开始盛行的大土地所有以后,认为在那里的直接生产者主要不是奴婢而是佃客。"①

针对宫崎市定的"宋代资本主义之说",周藤吉之、堀敏一、柳田节子等学者做了针锋相对的批判。其中,柳田节子分别于 1973 年和 1976 年发表了《宋代佃户制的再检讨》和《宫崎史学和近世论》等文章,针对宫崎市定的相关论述,她在方法论层面强调中国广袤疆域的"地区差异"不能够一言蔽之。

双方的论战自 20 世纪 70 年代末开始日渐变得悄无声息。一般认为,这是在"二战"后日本经济稳定高速增长、物质丰富、消费主义成为主导的社会背景下,日本的"东洋史学"学界重视理论、关注大问题意识的热忱也面临着日益消退的必然。不过,至少经过双方的辩驳与争论,史学界的人们也认识到,日本学界所言说的"近代"具有西欧社会的地域性特征,并不能作为一种世界史范围内的普遍性来看待,研究中国历史如若被西方的"近代"所限定,必然会得出勉为其难的结论。

1980 年,"历史学研究大会"以"地域和民众"为主题得以召开。这在一定程度上暗示了日本历史学界整体学术兴趣的转移。②

与此同时,20 世纪 80 年代后期,日本开始兴起"亚洲研究"的风潮,这也被很多学者认为是日本"二战"后的"东洋史学"向"亚洲学""亚洲区域研究"转变的最重要的动向与特征。③

---

① 谷川道雄:《"二战"后日本中国史研究的特点与动向》,《江汉论坛》2009 年第 4 期,第 97 - 100 页。

② 双方的论战却激励了几乎整个日本中国史学界的学者们参与其中。对于宫崎市定而言,这场论战暴露了内藤湖南所提倡的"唐宋变革论"在内在经济学和制度层面的不足,于是他适时地提倡在世界史的视域内考察中国的"近世"等论说。受宫崎市定所提倡的在世界史建构的视域中的"交通"等史学观念和方法论之影响,东京学者谷井俊仁从"交通"的角度考察,发表了《明清近世论》,主张"近世"的内涵就是伴随着前近代交通网络的极大发展而出现的一种超越"地域"的"天下"观。而岸本美绪则从世界史的共时性、明末清初读书人的历史观等角度着眼,使用"近世"一语指称明末清初以后的时期。宫崎市定于 1956 年出版的《九品官人法的研究——科举前史》,其本意在于研究胥吏,以增补对中国特异的官僚制度生态的了解之不足,却证明了这一时代的选举制度和官僚制度始终贯穿着贵族制,且其经济基础即是作为地方豪族生活据点的大庄园式农村。如此,宫崎便从社会经济和制度上把内藤中世说更全面地具体化了。宫崎的这种研究影响到整个东洋史学界,从而强化了其学术地位和影响力。

③ 邵轩磊:《"二战"后日本之中国研究系谱》,《中国学的知识社群研究》第 16,台北:台湾大学,2009 年,第 14 页。邵先生根据子安宣邦之论,认为 20 世纪 90 年代出现了诸多亚洲论述的著作,并以此为标志说明日本亚洲论述的兴起。

20 世纪 80 年代末期以降,日本文部省下拨了巨量资金用于资助亚洲相关研究的项目(COE 计划)。这被视作东亚国际政治经济关系在即将迈入 21 世纪之际的一次变量,由此也引发了中国和韩国等国家的不同亚洲叙述;与此相对应,在国家层面必然也就体现为一种亚洲论述话语权的争夺与较量。

但实际上,从日本"东洋史学"在"二战"后实际发展的角度来看,日本"二战"后在对东洋史学的反思过程中就出现了从"东洋史"到"亚洲史"的转变动向。

在"二战"前日本"东洋史学"的形成就是以其内在"东亚视野""亚洲视野"为推动力的。但是"二战"前的"东亚"和"亚洲"受制于日本军国主义而未能成为一种真正的科学求证。"二战"后日本的"东洋史学"基于科学和态度,对"二战"前的史学进行检讨,但其"东亚""亚洲"甚至"世界史"的视野原本就是"东洋史学"的内在追求。①

1949 年,历史学研究大会提出"世界史的基本法则"的主题;1953 年,历史学大会以"世界史中的亚洲"为主题展开。

特别是,1960 年日本设立了亚洲经济研究所(アジア经济研究所),专门针对亚洲其他国家和地区的经济、政治、社会等各种问题,进行资料性、基础性与综合性的研究。1998 年 7 月,亚洲经济研究所与日本贸易振兴会(JETRO)整合,成为日本贸易振兴会的附属研究机构。该机构在此后所推进、开展的活动,皆以促进扩大日本与亚洲、中东、非洲、拉丁美洲、大洋洲、东欧诸国等国家和地区的贸易活动、经济援助为目标。

另外,"二战"后日本的"亚洲研究"在 20 世纪 70 年代已成一种"风尚",尚可从文献学上获得证明。如,若以"亚洲"(アジア)为检索关键词在日本国立国会图书馆的藏书目录中检索,获得 235 042 条检索条目。② 虽然结果显示相关的"亚洲(アジア)研究"集中于 20 世纪 90 年代之后,但在 20 世纪 70、80 年代以"亚洲"命名的著述也占有较高的比率。这说明,日本"亚洲研究"的兴起,与

---

① 1948 年,前田直典发表《东亚古代的终结》一文,他提出研究中国历史应该将之放在"东亚世界"之中去思考和研究。这样的东亚视野是否具有与"二战"前的呼应不得而知,但至少证明"东洋史学"自身面向东亚、亚洲的"世界史的性格"。

② 检索日期:2019 年 10 月 16 日。

20 世纪 70 年代末开始的日本经济高速发展——资本扩张导致对海外市场的需要——为契机和内在动力的。

从学术史的脉络中我们也可发现,日本的"亚洲研究"之转向与日本"二战"后对"东洋史学"的反省与调整也密切相关。在方法论层面上,日本"二战"后"东洋史学"的变化,意味着"停滞的亚洲""落后的东洋"世界史观念的溃败,日本知识界和思想界开始借由"二战"后的亚洲"解放的中国"重新建构"日本"的形象与位置。

此外,"二战"后日本"东洋史学"的发展尚需值得注意的是,日本"东洋史学"在"二战"前的两大流脉,即京都大学的"东洋史学"和东京帝国大学的"东洋史学"在"二战"后也有着各自的发展特色,且其各自的特色可以说是对各自"二战"前东洋史(中国)研究脉络的一种辩证的继承。

如京都大学的"东洋史学"更像是一种以中国为绝对核心的文史哲不严格区别的综合性研究,"是基于自身实地经验和情感投射的'中国通'式的研究,这样的研究主张'把中国当作中国来理解',讲究体察内在的中国历史和文化。"① "二战"后日本京都大学的"东洋史学"并未抛弃自身的研究传统,而是继续"二战"前的研究思路与风格,在"东洋史学""中国学"研究领域,依然是侧重于中国语言、文化、文学、历史和哲学的经典性研究重镇,特别是宫崎市定为首的东洋史学学者面对"败战的战前东洋史学",在 20 世纪五六十年代就开始了"亚洲史研究"的努力和拓展。

而与此相对,东京大学的"东洋史学",一方面继承了"二战"前由白鸟库吉所倡导和引领的对"现实亚洲""现实中国"的研究路径与特色,积极与国家力量相结合,以实地调研和文献批判为主要方法,侧重"现实""东洋""中国"的研究与分析。一方面,以前田直典(1915—1949)、西岛定生(1919—1998)②为代表,基于对"二战"前"东洋史学"的反思,开始倡议"东亚文化圈"的概念和方法。③

---

① 钱婉约:《从汉学到中国学:近代日本的中国研究》,北京:中华书局,2007 年,52 - 55 页。

② 西岛定生于 1939 年考入东京帝国大学东洋史学科,师从加藤繁、和田清等名家。在和田清从东京大学东洋史学科退休之后,西岛成为日本东京大学东洋史学科的掌门人,并执教 30 年,1981 年退休。

③ 1948 年,东京帝国大学东洋史研究者前田直典(1915—1949)在史学会议上指出,在历史上,中国和印度分属不同的世界,各有其独特的历史文化。而东亚的世界就是以中国为中心的世界,包 (转下页)

而在西方学术方法尤其是区域综合研究的影响下,东京地区的学者以沟口雄三(亚洲基体理论)和滨下武志(朝贡体系理论)为代表,开始构建新的"亚洲学"的知识论。

第二节 "二战"后"东洋史学"的变化与方向

"二战"后的日本"东洋史学",仅从字面上理解,是日本历史学界以过去的"东洋"的历史为研究对象而进行的历史学研究。但实际上,放在学术史的视野中,事实却并非如此明确和纯粹。

日本史学史专家永原庆二在评述战前日本的"东洋史学"时,指出:"史学界已经开始认识到这样的事实,即史学虽然是以过去的历史为研究对象,但由于经由研究主体,就是以现在问题意识来反映过去的方式呈现出来,在本质上就有了'政治思想特性'"。①

永原庆二的上述观点与意大利历史学家、哲学家克罗齐(Benedetto Croce,1866—1952)"一切历史都是当代史"②的观念十分相似。据此,一方面,可以说明日本的东洋史学实际上是无法脱离研究者自身的立场与意识的,这一判断既适用于"二战"前,也适用于"二战"后。另一方面,也提示我们,需要注意到"二战"后日本"东洋史学"研究的对象和方法都有所变化,而这一变化的背景则是研究者所处的现实土壤和文化语境发生了根本性变化。

"二战"结束后,日本面临最大的现实语境和课题就是"战败"的内化与

(接上页)括朝鲜以及越南。前田早逝,未能将这样的思考实践化。但他的同事兼友人西岛定生借助这样的思路,提出并实践了"东亚世界论"的学术构想。以《东亚世界的形成》(1970 年)为主要代表。在该书的总论中,西岛定生提出要从"东亚世界"这一视角理解日本历史发展的必要性。在此之前的1962 年,西岛定生就发表题为《六—八世纪的东亚》一文,指出爵位制度不仅适用于唐代以前的中国国内,亦通行于中国王朝与日本、朝鲜诸国,并将这种适用于中国王朝与外国间的爵位秩序命名为册封体制,指出册封体制即规定古代东亚国际关系的国际秩序。时至今日,册封体制依然是深受重视的一个历史概念。

① 永原慶二「戦後日本史学展開と諸潮流」、朝尾直弘編『岩波講座日本歴史 24　別巻』、東京:岩波書店、1971 年、第 2 頁。

② 对此判断有不同的理解,这里面强调的不是研究者对于历史的歪曲,而是强调研究者在构建历史过程中的重要作用,而历史也只有进入当代人的视域之中,才会发出声音,拥有生命。

克服。① 日本史学界,包括东洋史研究领域的诸多学者对原有的"史学观念"和"史学立场"等进行了较为深刻的反思,对相应的"实证主义史学"之方法也感到了失望。与此同时,日本史学界也开始围绕史学研究的根本性问题,如"近代性""天皇制"等进行了重新的思考和追问,并基于"二战"后日本的文化语境提出了新的解答。

此外,日本的史学界也开始反思历史学与社会、社会民众的关系问题,尤其是具有左翼思想背景的史学家,更为积极地推动马克思主义史学的研究,进而批判战时日本的法西斯体制和天皇史观等,主张建设新时代的民主的日本。如日本史学家、思想家远山茂树曾在《"二战"后的历史学与历史意识》一书的后记中,提及他写作该书的目的:"本书不仅是关涉历史学问题的讨论,学问、思想到底是什么? 它们对于现代日本人意味着什么,我希望借由此书在一个更为宽广的问题意识层面进行思考和理解。"②

不过,值得注意的是,受制于日本国内外的政治文化语境和自身的局限,以及研究主体和依赖资料文献等问题,日本的史学界在反思战前史学的同时,也有对战前史学的默认与继承。

在某种意义上,"二战"前的"东洋史学"可以说是为了解决当时日本所面临的时代之问,即在亚洲之内,日本何以独立而强大? 中国何以沦为半殖民地,印度更是沦为殖民地? 换而言之,就是找到"中国落后而日本进步"的原因。因此,日本史研究被作为国史,而西洋史研究的对象多是欧洲先进国家,如德国、英国和法国等国的历史,与这些发达国家和地区相较,意大利史、俄罗斯史等国家和地区的历史都被忽视了,更不用提及理应被纳入世界史视野的南美洲、大洋洲和非洲等地区的历史了。另外,在国史和西洋史之外,即东洋史,东洋史学自然就是以中国历史为核心的历史研究。令人诧异的是,这样的"东洋史学"并

---

① "二战"战败后,日本政府高层和知识分子以及一般普通民众面对的世界和要解决的课题并不一样。即便在反思战争这一点上有着"战败"这一相通经历的原点,但基于不同的立场和视野,"战败"的含义和体验却有着相当的差异。因此,日本"二战"后的思想文化极为复杂。不过,日本社会主流的价值观念已经转向,日本的知识分子,尤其是战前被压抑的自由主义、民主主义和社会主义的思潮开始活跃。日本共产党以马克思主义为指导思想,其领导人德田球一、志贺义雄等提出取消天皇制度的口号,与高野岩三郎的《被囚禁的民众》、羽仁五郎的《天皇制的剖析》等都给当时的知识分子以及青年人以极大的冲击和影响。

② 遠山茂樹『戦後の歴史学と歴史意識』、東京:岩波書店、1968 年、341 頁。

不包括朝鲜历史的研究,尤其在"日韩合并"之后。因为基于日本殖民主义的立场,朝鲜历史已经不被当作"他国"的历史去理解和接受了。甚至是印度、东南亚、中东等地区的历史研究也被排出了"东洋史学"之外。在当时的日本知识界看来,只有中国的历史和欧洲近代以来的德国、英国和法国的历史才有讲授的理由,即按照前面章节所述的、"二战"前日本东洋史研究领域的"远端文明论"和《大东亚史概说》等的观念,也只有这些国家和地区的历史文化影响并决定了日本迄今为止的文化的"先进性"。①

不过,随着日本的战败,"二战"后日本"东洋史学"所面对的上述命题已经失效。后来随着新中国的建立,更是刺激了日本的左翼知识界的反思和反省,所谓"日本先进、中国落后"的东洋史观念已经成为过去式。于是,在史学内部展开了对内在于自身的殖民主义史观、日本中心主义史观(实为变异的"西方中心主义"史观)的批判,并开始反思之前所持有的"亚洲停滞论",强调发现亚洲的独特性。

随着中国新民主主义革命的成功,日本史学界和思想界开始关注和重视中国社会的性质及其发展道路的分析和理解,其中中国历史的分期问题再次成为理解中国历史社会特质的一个关键问题。于是,围绕着中国历史的分期问题,以历史研究学会为主体的学者与京都学派的宫崎市定等人展开了学术的争论与对话。随后,基于对"二战"前日本"东洋史学"的反思,大约在 20 世纪 60 年代,在安保斗争的背景下,东京大学东洋史的学者们以西岛定生为代表,想要把东洋史学的研究从已经被限定的、被殖民主义污染的"东洋"概念中解放出来,于是借助"东亚(東アジア)"这样一个文化地理概念完成对"二战"前东洋史学的超越,开始倡议"东亚文化圈"的构建,对后来的学者们产生了持续的、辐射性的影响。并引发了后来的滨下武志提出的"东亚朝贡体系"的理论与构想。但是,进入 20 世纪 70 年代以后,日本迅速迈入经济增长、物质繁荣的消费时代,在美式区域研究和近代化史观的风潮中,在中国步入改革开放新时代、回归到发展观的时代氛围中,这场学术的争论从表面上看最终在消退,但遗留下来的问题,依然影响着日本的"东洋史学"的发展与变化。

20 世纪 80 年代以来,随着日本国内外形势的发展,日本和世界其他国家

---

① 永原庆二:《20 世纪日本史学》,王新生等译,北京:北京大学出版社,2014 年,第 149－150 页。

及地区包括与中国交往的频繁化、日常化，以及日本"东洋史学"研究群体的时代更迭，"二战"前已经步入研究领域的研究者在"东洋史学"的舞台上逐一消退，而新的研究者基本上没有战争的体验，也没有在中国或亚洲其他国家和地区的实际生活体验，而流行于世的政治学、国际关系学、民族主义和区域政治等人文学科的观念，对社会、文化、经济、法制进行综合研究的思想方法等，奠定了"东洋史学"向"亚洲研究"转向的思想基础和知识前提，也促使这一时期的"东洋史学"研究思路与方法开始涌现多元化的倾向和特点。

不过，日本的"亚洲研究"也较为复杂，这里面既有"东北亚"的研究，也有"东亚"的研究，还有在20世纪末日本史学家开始出现的"东部欧亚"（Eastern Eurasia）和"中央欧亚"（Central Eurasia）等概念和思潮。[①]

20世纪80年代末以来，随着日本的泡沫经济崩溃，美国持续强化了对"亚太地区"的控制和影响。加之中日韩之间遗留的历史问题，尤其是日本民主党在2009年上台之后，着手强化与中韩之间的战略部署，提出"东亚共同体"之构想，最终却不得不面对以失败而告终的现实，这样的情形和变动，迫使日本重新面对美国所主导的美日同盟之"亚太框架"。

总之，"二战"后日本的东洋史研究，大体而言存在着两个发展的方向和路径，一个是基于传统史学的路径，经由马克思主义史学、革命史观和近代化论等思潮的刺激，出现新的方法与思路。值得特别关注的是京都地区的学者，如宫崎市定等在20世纪五六十年代开始的构建"亚洲史学"的努力。另一方面，随着冷战的结束，亚洲和世界版图重新整合，中日交往频繁，中国影响力与日俱增，加之西方学术的刺激和影响，出现了以东京地区的学者西岛定生、沟口雄三和滨下武志为代表的"东洋史学"研究者，在新的时期开创性地致力于"亚洲研究"理论体系之构建。其中，最有影响力的莫过于沟口雄三的"亚洲基体论"和滨下武志的"朝贡体系论"。对于后者，我们还需关注其与川胜平太等自1984年以后推进、开展的"亚洲经济圈"的相关研究，以及他们与"海洋文明论"观念

---

① East Asia，在近代日语中，有两个对应的译介词汇，一个是"东方亚细亚（東方亜細亜）"，省略称之为"東亜"。后来日本侵略扩张时期，日本对亚洲的侵略抵达一个高点，日本政府开始推广"大东亚"的构想，于是出现了"大东亚史""东亚新秩序"，甚而出现了所谓的"大东亚共荣圈"的口号。此时的"大东亚"之概念，在东洋史学的语境中，已经从一个地理概念沦为在武力征服和侵略之下的殖民政治和秩序符号，成为日本帝国主义势力范围的圈定：从印度次大陆、东南亚到太平洋西南部的被日本军队控制的广大地区。

结合,产生的巨大影响。①

换言之,原有的"东洋史学"产生的思想史背景及殖民主义色彩和使命也已丧失意义,②因此,这些变化意味着日本"二战"后仍然以"东洋史学"命名的史学研究在某种意义上必然面临着一种衰竭的命运。如"二战"后新一代的研究者就曾激烈地批判"东洋史学"没有分类能力、缺乏方法论,研究者没有问题意识,甚至将之看成一种病态的存在。如增井经夫就撰文《东洋史学风的矮小性》,指出日本的"东洋史学"尚处于幼稚阶段的可怜之事实。③

因此,"二战"后日本的"东洋史学"在教育领域体制内作为学制和学科方向虽得以留存,且保留了"东洋史"作为日本历史学学科之内的一个组成部分,但在思想领域内的"东洋史学"之观念随着日本的战败,业已被宣告失败和破产。因此,"二战"后"东洋史学"的再出发必然需要新的观念前提和价值立场,这也是沟口雄三在《作为方法的中国》一书中所强调的"以中国为方法,以世界为目的"之价值。

因此,正如沟口雄三的这句话所提示的那样,"二战"前日本"东洋史学"在观念和价值立场上的失败,并没有完全否定其在方法论层面的意义,这也是日本"二战"后"东洋史学"继续得以存在的内在原因。只不过,日本"二战"后的"东洋史学"往往以"非东洋史学"的样态出现,如前文所提及的区域研究、亚洲史学以及中国史研究等。故,在此结语之处,本书再次重述对日本"东洋史学"的一个基本认知和判断:

日本"东洋史学"作为日本近代产生的独特学术和思想机制,主要以中国历史、文化为研究对象。在方法论层面,乃是近代日本为了确立"自我"[自身在亚

---

① 1984年,滨下武志与川胜平太等在日本社会经济史学会大会上,以"近代亚洲贸易圈的形成和结构———以19世纪后半期至第一次世界大战前为中心"作为共同论题,向大会提交了系列论文并做了会议发言。次年,相关论文集中发表在《社会经济史学》杂志上。这是"亚洲经济圈"理论在日本学术界的正式提出。当时的论文主要包括滨下武志《近代亚洲贸易圈中的银流通》、K. N. 唐立《亚洲贸易圈从前近代贸易向殖民地贸易的转换1700—1850年》、杉原熏的《亚洲内部贸易的形成和结构》、川胜平太的《亚洲棉布市场的结构和展开》以及角山荣的《亚洲内部的米贸易和日本》等。

② 作为一门学科,日本"二战"前的"东洋史学"被保留了下来,作为思考、确立"日本自我"一种方法和手段的"东洋史学"也依然具有理论和现实的意义,但是作为思想根基的"停滞的东洋"的东洋史学观念已经破产。

③ 转引自邵轩磊《"二战"后日本之中国研究系谱》,《中国学的知识社群研究系列》第16,台北:台湾大学,2009年,第115页。

洲乃至世界（史）之位置]，而以"东洋（中国）"和"近代"为方法的、一种学术方式和路径，其背后有着深刻的民族主义立场和目的。因此，自其产生之日起，就与日本近代以来的东亚（亚洲）策略的演进密切相关，曾沦为日本近代"东亚新秩序"在人文社会学科中的建构和变异形态，至今也仍是日本各色东亚（亚洲）战略与论述的思想资源与学术支撑。

一、中文文献

1. 中文专著及译著

宫崎市定：《宫崎市定论文选集》（上），中国科学院历史研究所翻译组编译，北京：商务印书馆，内部刊行，1963 年。

宫崎市定：《宫崎市定论文选集》（下），中国科学院历史研究所翻译组编译，北京：商务印书馆，内部刊行，1965 年。

劳思光：《中国哲学史》上册，台北：三民书局，1981 年。

中国日本史研究会编：《近代日本的史学与史观》，《日本史论文集》，北京：生活・读书・新知三联书店，1982 年。

（法）孔德：《实证哲学教程》，洪谦主编：《西方现代资产阶级哲学论著选辑》，北京：商务印书馆，1982 年。

（法）列维—斯特劳斯：《野性的思维》，李幼蒸译，北京：商务印书馆，1987 年。

（英）杰弗里・巴勒克拉夫：《当代史学主要趋势》，上海：上海译文出版社，1987 年。

严绍璗：《日本中国学史》，南昌：江西人民出版社，1991 年。

刘俊文主编：《日本学者研究中国史论著选译　第一卷　通论》，黄约瑟译，北京：中华书局，1992 年。

钱婉约：《内藤湖南研究》，北京：中华书局，2004 年。

刘萍：《津田左右吉研究》，北京：中华书局，2004 年。

王屏：《近代日本的亚细亚主义》，北京：商务印书馆，2004 年。

谷川道雄：《日本京都学派的中国史论——以内藤湖南和宫崎市定为中心》，李济沧译，瞿林东主编：《史学理论与史学史学刊》（2003 年卷），北京：社会科学文献出版社，2004 年。

沈仁安：《日本起源考》，北京：昆仑出版社，2004 年。

子安宣邦：《东亚论——日本现代思想批判》，赵京华译，长春：吉林人民出版社，2004 年。

竹内好：《近代的超克》，李冬木等译，北京：生活・读书・新知三联书店，2005 年。

内藤湖南研究会：《内藤湖南的世界》，西安：三秦出版社，2005 年。

(美)黄仁宇:《中国大历史》,北京:生活·读书·新知三联书店,2007年

(英)沃尔什:《历史哲学导论》,何兆武、张文杰译,北京:北京大学出版社,2007年。

何兆武:《对历史学的若干反思》,《历史与历史学》,武汉:湖北人民出版社,2007年。

李圭之:《近代日本的东洋概念——以中国与欧美为经纬》,中国学的知识社群研究系列第10,台北:台湾大学政治系中国中心,2008年。

铃木贞美:《日本的文化民族主义》,武汉:武汉大学出版社,2008年。

严绍璗:《日本中国学史稿》,北京:学苑出版社,2009年。

(美)R.R.帕尔默:《现代世界史——至1870年》(上),北京:世界图书出版公司,2009年。

邵轩磊:《战后日本之中国研究系谱》,中国学的知识社群研究系列第16,台北:台湾大学政治系中国中心,2000年。

柯林武德:《历史的观念》,北京:光明日报出版社,2009年。

白永瑞:《思想东亚:朝鲜半岛视角的历史与实践》,《"东洋史学"的诞生与衰退——东亚学术制度的传播与变形》,北京:生活·读书·新知三联书店,2011年。

沟口雄三:《沟口雄三著作集:中国的冲击》,王瑞根译,孙歌校,北京:生活·读书·新知三联书店,2011年。

(德)斯特凡·约尔丹主编:《历史科学基本概念辞典》,孟钟捷译,北京:北京大学出版社,2012年。

(美)格奥尔格·伊格尔斯、(美)王晴佳、(美)苏普里娅·穆赫吉:《全球史学史》(第二版),杨豫、(美)王晴佳译,北京:北京大学出版社,2012年。

(英)迈克尔·斯坦福:《历史研究导论》,刘世安译,北京:世界图书出版公司,2012年。

梁启超:《中国历史研究法》,北京:中华书局,2009年。

(德)恩斯特·卡西尔:《人论》,甘阳译,上海:上海译文出版社,2013年。

何新:《希腊伪史考》,北京:同心出版社,2013年。

小熊英二:《近代以来日本的民族主义》,林振江、白智立编:《解读日本——日本名人北大演讲录》,北京:新华出版社,2013年。

永原庆二:《20世纪日本史学》,王新生等译,北京:北京大学出版社,2014年。

朱本源:《历史学理论与方法》,北京:人民出版社,2014年。

葛剑雄、周筱赟:《历史学是什么》,北京:北京大学出版社,2015年。

2. 中文论文

滨田耕作:《东亚文明之黎明》,张我军译,《辅仁学志》第2号,1930年,第34-35页。

郁达夫:《日本的娼妇与文士》,《抗战文艺》第1卷第4期,1938年。

王鹏令:《面向主体和科学——近十年来中国辩证唯物主义研究中的两种趋向》,《中国社会科学》1987年第3期,第68-72页。

黄少华:《思维微观机制:当代认识论研究的中心》,《兰州大学学报(社会科学版)》1989年第3期,第83-89页。

李然、贺永泉:《论历史认识的主体性》,《社会科学》1990年第2期,第71-76页。

江晓原:《中国天学之起源:西来还是自生?》,《自然辩证法通讯》1992年第2期,第49-56、80页。

刘家和:《历史的比较研究与世界历史》,《北京师范大学学报(社会科学版)》1996年第5期,第46-51页。

严绍璗:《日本近代中国学中的实证论与经院派学者——日本中国学家狩野直喜·武内义雄·青木正儿研究》,《岱宗学刊》1997 年第 2 期,第 46 - 54 页。

钱婉约:《日本中国学京都学派刍议》,《北京大学学报(哲学社会科学版)》2000 年第 5 期,第 126—132 页。

江华:《〈白银资本——重视经济全球化中的东方〉——世界体系学派的一部新力作》,《世界社会科学》2001 年第 3 期,第 92 - 96 页。

弗兰克·安克斯密特:《为历史主观性而辩》,陈新译,《学术研究》2003 年第 3 期,第 80 - 85 页。

陈慈玉:《案牍研究与田野调查:日本东洋史学之一侧面》,《"中央研究院"近代史研究所集刊》第 42 期,2003 年。

方秋梅:《"近代"、"近世",历史分期与史学观念》,《史学史研究》2004 年第 3 期,第 54 - 64 页。

王晴佳:《论民族主义史学的兴起与缺失(上)——从全球比较史学的角度考察》,《河北学刊》2004 年第 4 期,第 128 - 133 页。

陈星灿,马思中:《胡适与安特生——兼谈胡适对 20 世纪前半叶中国考古学的看法》,《考古》2005 年第 1 期,第 76 - 87 页。

刘家和、陈新:《历史比较初论:比较研究的一般逻辑》,《北京师范大学学报(社会科学版)》2005 年第 5 期,第 67 - 73 页。

汪晖:《如何诠释"中国"及其"现代"——关于〈现代中国思想的兴起〉的几个问题》,《天津社会科学》2006 年第 2 期,第 123 - 133 页。

石之瑜、叶纮麟:《东京学派的汉学脉络探略:白鸟库吉的科学主张及其思想基础》,《问题与研究》2006 年第 5 期,。

陈星灿,马思中:《李济与安特生——从高本汉给李济的三封信谈起》,《考古》2007 年第 2 期,第 75 - 78 页。

陈星灿:《从一元到多元:中国文明起源研究的心路历程》,《中原文物》2002 年第 2 期,第 6 - 9 页。

张文杰:《20 世纪西方分析或批判的历史哲学》,《史学月刊》2007 年第 9 期,第 84 - 93 页。

汪晖:《对象的解放与对现代的质询——关于〈现代中国思想的兴起〉的一点再思考》,《开放时代》2008 年第 2 期,第 73 - 87 页。

何培齐:《内藤湖南的历史发展观及其时代》,《史学集刊》2008 年第 4 期,第 90 - 101、106 页。

钱乘旦:《评麦克尼尔〈世界史〉》,《世界历史》2008 年第 2 期,第 130 - 138 页。

王晴佳:《从历史思辨、历史认识到历史再现——当代西方历史哲学的转向与趋向》,《山东社会科学》2008 年第 4 期,第 11 - 23 页。

郑书义:《方法论在翻译学中的应用》,《理论界》2008 年第 2 期,第 124 - 125 页。

张广达:《内藤湖南的唐宋变革说及其影响》,《张广达文集:史家、史学与现代学术》,桂林:广西师范大学出版社,2008 年。

谷川道雄:《战后日本中国史研究的特点与动向》,《江汉论坛》2009 年第 4 期,第 97 - 100 页。

池田知久:《津田左右吉与中国、亚洲》,曹峰译,《文史哲》2011 年第 3 期,第 75 - 92 页。

陈星灿:《考古学对于认识中国早期历史的贡献——中外考古学家的互动及中国文明起源范式的演变》,《南方文物》2011 年 2 期,第 85 - 88、76 - 77 页。

吉开将人:《民族起源学说在 20 世纪中国》,《复旦学报(社会科学版)》2012 年第 5 期,第 30 -
  40 页。

严绍璗:《"文化语境"与"变异体"以及文学的发生学》,《中国比较文学》2000 年第 3 期,第 1 -
  14 页。

严绍璗:《中国儒学在日本近代"变异"的考察——追踪井上哲次郎、服部宇之吉、宇野哲人
  的"儒学"观:文化传递中"不正确的理解"的个案解析》,《国际汉学》2012 年第 2 期,第
  451 -472 页。

庄会秀:《安特生与中国彩陶研究》,《陕西教育(高教版)》2012 年第 10 期,第 9 - 10 页。

陈赟:《从思辨的历史哲学、批判或分析的历史哲学到文明论的历史哲学》,《同济大学学报
  (社会科学版)》2018 年第 4 期,第 69 - 79 页。

吴原元:《新时代海外中国学学科发展的四重维度》,《国际汉学》2018 年第 4 期,第 12 -
  18 页。

黄东兰:《作为隐喻的空间——日本史学研究中的"东洋""东亚"与"东部欧亚"概念》,《学术
  月刊》2019 年,第 152 - 166、184 页。

葛兆光:《亚洲史的学术史:欧洲东方学、日本东洋学与中国的亚洲史研究》,《世界史评论》
  2021 年第 2 期,第 3 - 68、290 页。

杨鹏:《中国史学对日本中国学的迎拒》,华中师范大学博士学位论文,2011 年。

3.其他中文资料

汪晖:《亚洲想象的历史条件》,http://www. unirule. org. cn/symposium/c207. htm。该文是
  2001 年 12 月 28 日,汪晖在北京天则经济研究所第 207 次天则双周学术讨论会上的主题
  演讲,由高飞整理成文。

甘文杰:《东洋史学与"东京文献学派"初探——兼论黄现璠与这一学派的学术关系》,
  http://kbs. cnki. net/forums/81308/showThread. aspx,2011/6/5。

二、日文文献

1. 日文专著

宮崎市定『中等東洋史　解説』、東京:岩波書店、1988 年。

松岡正崗『宮崎市定の〈亜洲史概説〉』、https://1000ya. isis. ne. jp/0626. html。

宮崎市定『素朴主義と文明主義再論』、『宮崎市定全集　2　東洋的近代』、東京:岩波書店、
  1992 年。

坪井九馬三『史学の研究法』、東京:早稲田大学出版、1903 年。

徳富蘇峰「嗟呼、国民之友生れたり」、『蘇峰文選』、東京:民友社、1916 年。

津田左右吉『上代日本の社会及び思想』、東京:岩波書店、1933 年。

有高巌『概観東洋通史』、東京:同文書院、1937 年。

宮崎市定『東洋における素朴主義の民族と文明主義の社会』、『シナ歴史地理叢書　4』、東
  京:冨山房、1940 年。

有高巌『大東亜現代史』、東京:開成館、1943 年。

宮崎市定『アジア史研究』、京都:東洋史学会、1957 年。

宮崎市定『中国古代史概論』、京都:ハーバード、燕京同志社、1957 年。

宮崎市定『東洋史の上の日本』、『日本文化研究　Ⅰ』、東京:新潮社、1958 年。

津田左右吉『津田左右吉全集』第十四巻、東京：岩波書店、1964 年。

津田左右吉『「文明概論」解題』、『津田左右吉全集』第二十四巻、東京：岩波書店、1965 年。

津田左右吉『学究生活五十年』、『津田左右吉全集』第二十四巻、東京：岩波書店、1965 年。

旗田巍『日本における東洋史学の伝統』、『歴史像再構成の課題』、東京：御茶ノ水書房、
　　1966 年。

遠山茂樹『戦後の歴史学と歴史意識』、岩波書店、1968 年。

内藤湖南『學變臆説』、『内藤湖南全集』第一巻、東京：筑摩書房、1970 年。

内藤湖南『燕山楚水』、『内藤湖南全集』第二巻、東京：筑摩書房、1971 年。

白鳥芳郎「祖父白鳥庫吉との対話」、『白鳥庫吉全集』第十巻『月報 10』、東京：岩波書店、
　　1970 年。

白鳥庫吉『中国古伝説之研究』、『白鳥庫吉全集』第八巻、東京：岩波书店、1970 年。

五井直弘『近代日本と東洋史学』、東京：青木書店、1976 年。

斎藤毅『明治のことば』、東京：講談社、1977 年。

津田左右吉『シナ思想と日本』、東京：岩波新書、1977 年。

宮崎市定『東風西雅』、東京：岩波書店、1978 年。

宮崎市定『世界史における中国と日本』、『東風西雅』、東京：岩波書店 1978 年。

宮崎市定『東洋における素朴主義の民族と文明主義の社会』、東京：平凡社、1989 年。

宮崎市定『アジア史論考』（上巻）、東京：朝日新聞社、1976 年。

宮崎市定『宮崎市定全集』第一巻『中国史』、東京：岩波書店、1993 年。

宮崎市定『宮崎市定全集』第二巻『東洋史』、東京：岩波書店、1992 年。

宮崎市定『宮崎市定全集』第三巻『古代』、東京：岩波書店、1991 年。

宮崎市定『東洋史』、東京：岩波書店、1992 年。

宮崎市定『中国の歴史思想』、『宮崎市定全集』第十七巻『中国文明』、東京：岩波書店、
　　1992 年。

宮崎市定『水滸伝——虚構のなかの史実』、東京：中公文庫、1993 年。

島田虔次『宮崎史学の系譜論（月報 25）』、『宮崎市定全集』第二十四巻、東京：岩波書店、
　　1994 年。

宮崎市定『自跋集：東洋史学七十年』、東京：岩波書店、1996 年。

宮崎市定砺波護編『東西交渉史論』、東京：中公文庫、1998 年。

礪波護・藤井譲治『京大東洋学の百年』、京都：京都大学学術出版会、2002 年。

宮崎市定『隋の煬帝』、東京：人物往来社、1965 年。

佐藤弘夫『概説日本思想史』、京都：ミネルヴァ書房、2005 年。

色川大吉『明治の文化』、東京：岩波書店、2007 年。

洼寺紘一『東洋学事始：那珂通世とその時代』、東京：平凡社、2009 年。

2. 日文论文

宮崎市定『アジア史研究』第一巻、京都：東洋史学会、1957 年。

前田直典「東アジアに於ける古代の終末」、『歴史』第 1 巻第 4 号、1948 年。

山本一成「教科目としての「東洋史」の成立と「世界史」構想への試み」、『社会科研究』、
　　1973 年。

三宅米吉「文学博士那珂通世君伝」、『那珂通世遺書』、東京：大日本図書、1915 年。

内藤更次郎「人间湖南断章」之三、『内藤湖南全集』第六巻『月報』、東京：筑摩書房、1970年。

奈須恵子「戦時下日本における「大東亜史」構想──「大東亜史概説」編纂の試みに着目して」、『東京大学大学院教育学研究科紀要』、1995年。

粕谷一希「内藤湖南への旅(8)宮崎市定の位置──「アジア史論」の方法と磁場」、『東北学』、2005年。

石川忠司「宮崎市定(1901～1995)「世界史」そのものと化す──無敵の歴史学(特集　読み継がれよ20世紀日本)」、『文学界』、2011年。

安岡章太郎「世界史としてのアジア史──「宮崎市定アジア史論考上・中・下(思想と潮流)」、『朝日ジャーナル』、1976年。

白鳥庫吉「『日尚書』の高等批評、特に堯舜禹に就いて」、『東アジア研究』、1912年。

白鳥庫吉「日本に於ける儒教の順応性」、『明治圣徳記念学会記要』、1915年。

永原慶二「戦後日本史学展開と諸潮流」、朝尾直弘『岩波講座　日本歴史24別巻』、東京：岩波書店、1971年。

三、英文文献

J. A. Simpson and E. S. C. Weinet, The OX ford English Dictionary (Oxford: Clarendon Press, 1989).

Stefan Tanaka, *Japan's Orient: rendering pasts into history*, (Berkeley: University of California Press, 1993).

后　记

2014 年，我完成博士毕业论文《日本中国学视阈下的宫崎市定研究》并通过答辩，过了几日，意外接到通知，我申报的"日本'东洋史学'研究"项目获批国家社科基金青年项目。意外之中还有一些惊喜，因为，我原定的博士论文题目其实就是日本"东洋史学"研究。

提及日本"东洋史学"项目获批，我不得不感谢一位国图的前同事张若冰，若非她主动帮我这个自由散漫的人修改格式，或许我的申报如石沉大海、再无声息。

完成此项目的过程中，为求生计，我周转各地，最终落脚首师大，并在首师大完成结项。项目调入也颇为周折，所幸在首师大社科处褚老师的耐心指导下完成了转入和结项等事宜。

在上述颠簸的生活和经历中，日本"东洋史学"的研究也走走停停，未能如预想的深入和体系化。但至少，在阅读原典文献、参阅先人研究的基础上，在发生学和跨文化的立场下，这项研究首次以整体性和系统论的观点对日本"东洋史学"的发生、发展及变异做了学理性的梳理和讨论。本书即是这一项目的最终结项成果。

前言中提及了马库斯·加布里尔的一个主张，即"世界不存在"。或许，我们也可以假定"世界"存在，并将可知的"世界"与可言说的"世界"区分开来，然后再进入问题的讨论更为合理一些。倘若我们以"世界"——可被万物共识共知的唯一的世界——不存在为前提，我们也必须承认存在一个可被人类感知与言说的"世界"之事实。虽然,我们所说的"世界"一定是感性、知性和理性编织的言语中的"世界",但至少在我们人类的认知或想象中,存在着一个统一的"世界"之可能(即便不能被完全认知与言说)。

《金刚经》第三十品中有言:"如来所说三千大千世界,即非世界,是名世界。"(一般简化为"三段义":佛说世界,既非世界,是名世界。)从缘起性空的立场,探讨了"世界"的存在与虚妄,特别提示了一个关于"世界"的真相,即"世界"既是一种命名的假定方式,也是我们赖以生存和理解"存在"的必然的途径。换言之,若以神巫流行的过去作为参照,科学至上的当下,"世界"向我们显现出迥然有别的图景。当然,即便在当下,不同的人内心所建构起的"世界图景"也并不相同,如经过数十年科学教育的大学生与终身生活在山林中的所谓的"野蛮人"、高高在上的权贵阶层与流落街头的孩童,他们之间的"世界图景"一定有诸多不同。更为值得注意的是,同样接受现代文明的洗礼,在同一所学校就读的不同专业的学生也会拥有不一样的"世界图景"。

如今,分化的世界与分化的学科互为表里,学科只是知识性的生产和建构,人们的专业学习只是意味着工具理性意义上的知识和技巧的提升,所谓学术也不再与内心的情感体验和审美经验以及信仰、道德实践等产生必然的联系,甚至是必然不产生关联。一言以蔽之,人被知识异化了。就以文学和历史学为例,我们可以清晰地看到在人文科学研究发展的脉络下,"语言—世界"向"分化学科—分裂世界"的精神退化。

回到本书,所谓日本"东洋史学",也是被过度圈禁于现代学术闭环之物。我们诚然需要学术史、思想史的研究,本书也多在上述学科化的操作路径中思考并完成的。不过,细心的读者,也可看到本书中还存在着另外一条试图超越过度学科化的隐线,即重视文学和历史学的共通性生存体验、方法及本质。或许,我们可以尝试将文学与历史学视为美学的另外一种样态,和强调理性的逻辑推演的哲学一并,在个别性的细微之处,也在连接着未知之地的长镜头之下昭示着人类整体生存的现状和未来。